入門 社会保障

川村匡由 編著

ミネルヴァ書房

まえがき

　今回の新々カリキュラムの養成教育課程の指定科目の教育内容のうち，その
ほとんどが変わらなかったのは「社会保障」だが，それだけ「社会保障」は
「社会福祉の原理と政策」などとともに共通基礎科目としての評価が再確認さ
れたからである。

　とりわけ，重要なことは国民主権，基本的人権の尊重，平和主義を三大原則
とする日本国憲法を国是に，国民の生存権および国の社会保障的義務を定めた
同法第25条第1〜2項を踏まえた年金，医療，介護，子育てはもとより，雇用
や労働災害（労災），公的扶助（生活保護），社会手当，社会福祉とのつながりで
ある。このため，社会福祉士および精神保健福祉士などのソーシャルワーカー
（SW）は，2065年の本格的な少子高齢社会および人口減少に向け，これらのニー
ズを有する利用者やその家族に寄り添った支援に努めるとともに，政府および
自治体の公的責任としての公助である社会保障の制度・政策を基本としながら
も，これを補完する自助および互助としての事業・活動に取り組むことである。

　また，その結果，問題があればソーシャルアクション（社会的活動・社会改良
運動）により利用者やその家族はもとより，広く住民に提起し，「地域共生社
会の実現」および地域包括ケアシステムの深化，すなわち，官製の地域福祉を
市民自治・主権にもとづく公私協働による真の地域福祉として推進し，地域社
会の持続可能性を追求することが重要である。

　なお，本文中の下線の部分はこれまでの社会福祉士や精神保健福祉士の国家
試験で出題された個所，および今後も出題が予想されるため，要注意されたい。

2021年3月

武蔵野大学名誉教授

川村匡由

i

目　　次

<table>
<tr><td>第1章</td><td>現代社会における社会保障制度の現状</td></tr>
</table>

学びのポイント

　私たちは生涯にわたり疾病や失業，障害，死亡，加齢などに伴い，さまざまな生活問題に直面する。これを税金や社会保険料を財源とする所得の再分配を通し，その緩和や解決を図る制度・政策が社会保障である。さて，その日本の社会保障は大きな転換期を迎えている。なぜなら，進行する少子高齢化と人口減少，経済の長期的な低迷，家族関係の希薄化や雇用の不安定化など，これまで社会保障が前提としてきた社会からは大きく変わりつつあるからである。

　そこで，本章では最初にこのような社会保障を取り巻く社会の変化をとらえたい。

1　人口動態の変化——少子高齢化と人口減少

　日本の総人口は図表 1 - 1 のとおり，2019年10月 1 日現在， 1 億2,617万人である。年齢階層別にみると，年少人口（0～14歳）は1,521万人，生産年齢人口（15～64歳）は7,507万人，老年人口（65歳以上人口）は3,589万人で，総人口に占める割合はそれぞれ12.1％，59.5％，28.4％である。実は，国勢調査が始まった1920年には5,596万人だったが，人口は一貫して増え続け，1967年に初めて 1 億人を超え，2008年には 1 億2,808万人になった。もっとも，これをピークに減少に転じている。

　国立社会保障・人口問題研究所の将来推計（2017年推計）によると，人口の減少はとどまることなく，しかも急激に進行し，2053年には 1 億人を割り，2065年には8,808万人になる見込みである。中でも減少が著しいのは年少人口（0～14歳）と生産年齢人口（15～64歳）である。生産年齢人口は1995年に8,716万人でピークを迎え，その後，減少に転じ，2019年に7,507万人，2065年には4,529万人になり，ピーク時の52％になると推計されている。このような社会

図表 1 - 1　高齢化の推移と将来推計

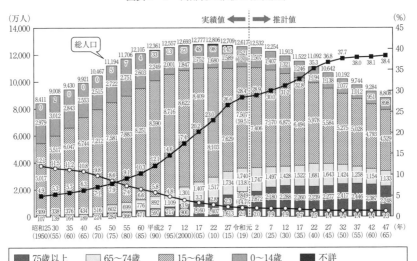

凡例：
- 75歳以上
- 65〜74歳
- 15〜64歳
- 0〜14歳
- 不詳
- 高齢化率（65歳以上人口割合）（平成29年推計）
- 65歳以上人口を15〜64歳人口で支える割合

注：(1)　2019年以降の年齢階級別人口は，総務省統計局「平成27年国勢調査　年齢・国籍不詳をあん分した人口（参考表）」による年齢不詳をあん分した人口に基づいて算出されていることから，年齢不詳は存在しない。なお，1950年〜2015年の高齢化率の算出には分母から年齢不詳を除いている。ただし，1950年及び1955年において割合を算出する際には，注(2)における沖縄県の一部の人口を不詳には含めないものとする。

(2)　沖縄県の昭和25年70歳以上の外国人136人（男性55人，女81人）及び昭和30年70歳以上23,328人（男8,090人，女15,238人）は65歳〜74歳，75歳以上の人口から除き，不詳に含めている。

(3)　将来人口推計とは，基準時点までに得られた人口学的データに基づき，それまでの傾向，趨勢を将来に向けて投影するものである。基準時点以降の構造的な変化等により，推計以降に得られる実績や新たな将来推計との間には乖離が生じうるものであり，将来推計人口はこのような実績等を踏まえて定期的に見直すこととしている。

資料：棒グラフと実践の高齢化率については，2015年までは総務省「国勢調査」，2019年は総務省「人口推計」（令和元年10月1日確定値），2020年以降は国立社会保障・人口問題研究所「日本の将来推計人口（平成29年推計）」の出生中位・死亡中位仮定による推計結果。

出典：内閣府『高齢社会白書 2020年版』。

を支える年齢階層の減少は消費と生産をめぐる社会的な活力を損なうリスクになる，といわれている。

　また，出生数は第1次ベビーブーム期（1947〜1949年）には毎年約270万人，第2次ベビーブーム期（1971〜1974年）の1973年には同210万人であったが，それ以降は急速に減少し，1991年以降は減少の速度が落ちて増減を繰り返してはいるものの，今日まで一貫して減少傾向である。2016年には同98万人となり，

1899年の統計開始以来，初めて100万人の大台を下回った。そして，2019年現在，86万5,234人となっている。今後も出産期の人口の減少に伴い，出生数の減少は避けられない。

　一方，合計特殊出生率をみると，第1次ベビーブーム期には4.3を超えていたが，1950年以降に急激に低下した後は第2次ベビーブーム期を含め，しばらくはほぼ2.1台で推移していた。その後，1975年に2.0を下回ってから再び低下傾向となり，2005年には過去最低の1.26となった。ちなみに，2019年現在，1.36である。

　ところで，世界的な傾向として農業離れが少子化を促進する，という事実がある。都市化に伴い，女性が教育を受けて社会進出するようになると，女性は出産する子の数をコントロールするようになるという。一時期において人口爆発が懸念されたアフリカでさえそのような兆候があり，世界の人口は2050年をピークに，急激な減少に転じると実態調査を踏まえて予測するものもある。日本の出生率の低下も必然といえる要素を含んでいる。しかも，合計特殊出生率が人口置換水準[(1)]を下回る状況が1974年以降，40年以上にわたって続いている。そして，この出生率の低下が高齢化の原因である。

　そこで，総人口に占める老年人口の割合（高齢化率）の推移をみると，1950年（4.9％）以降，一貫して上昇している。1970年に7％を超えて高齢化社会といわれ，その24年後の1994年には14％を超えて高齢社会といわれた。2019年現在は28.4％で，団塊世代がすべて75歳以上になる2025年には30.0％，2053年には38.0％になり，それ以降，少なくとも2065年までは38％台前半で推移すると推計されている。老年人口は2042年に3,935万人となり，ピークを迎える。その年の高齢化率は36.1％，75歳以上の高齢者の割合は20.4％になる。このような老年人口の増加を見据えて，高齢者ケア政策は展開されている。

　現に，日本人の平均寿命は2019年現在，男性は81.41歳，女性は87.45歳だが，医療の進歩や公衆衛生の発展，所得水準の向上や衣食住にわたる生活改善，社会保障の充実等を背景に，平均寿命は男女ともに過去最高を更新し続けており，今後も延びて2065年には男性84.95歳，女性91.35歳になると推計されている。

　図表1-2は健康寿命[(2)]と平均寿命の推移を表したものだが，それによると，

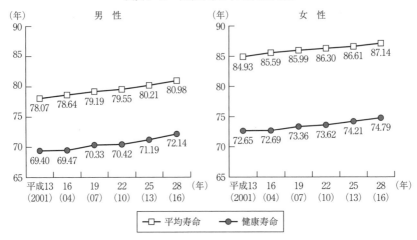

図表 1-2　健康寿命と平均寿命の推移

資料：平均寿命：平成13・16・19・25・28年は，厚生労働省「簡易生命表」，平成22年は「完全生命表」
　　　健康寿命：平成13・16・19・22年は，厚生労働科学研究費補助金「健康寿命における将来予測
　　　　　　　と生活習慣病対策の費用対効果に関する研究」，平成25・28年は「第11回健康日本
　　　　　　　21（第二次）推進専門委員会資料」
出典：図表 1-1 と同じ。

健康寿命は2016年時点で男性が72.14歳，女性が74.79歳で，平均寿命が延びる
に従って健康寿命も延びていることがわかる。この平均寿命と健康寿命の差は
男性でおよそ 9 歳，女性でおよそ12歳である。

　そこで，この期間を短縮して社会保障給付費を抑制する，あるいは健康寿命
を延伸することで活動可能な期間を増やすことが政策課題の一つとなっている。
75歳を超える年齢になると入院受療率や要介護認定率などが著しく高まるため，
この年齢階層の拡大が高齢者ケア政策において注視されている。このため，効
率的なケア体制を確立すべく，地域医療構想[3]や地域包括ケアシステム[4]などとい
った医療と介護における政策が一体的に展開されている。

2　家族の変化

　家族，または世帯は社会における最小単位の生活共同体である。世帯員の誰
かが労働により収入を得て，それを世帯単位で消費する。このような循環のな

かで，近代社会における生活は基本的には成り立っている。この家族，または世帯を単位として自己責任の原則が貫かれているため，家族のあり方が傷病や失業など生活事故に対する抵抗の強弱を規定している。

　近代化に伴う核家族化の進行により，依然として一般世帯の1世帯当たり人員は減少し続けている。現在は世帯人員が1人の世帯が最も多く，2人以下の世帯がいずれも増加しているのに対し，3人以上の世帯は減少している。

　次に，65歳以上の者のいる世帯についてみると，2018年現在，その世帯数は2,493万世帯で，全世帯（5,099万世帯）の48.9％になる。全世帯のうち，半分が高齢者を含む世帯ということである。その65歳以上の者のいる世帯について，1980年においては三世代世帯の割合が最も高くて50.1％。子や孫と同居する高齢者が一般的であったが，わずか38年後の2018年においては夫婦のみの世帯が32.3％，さらに単独世帯が27.4％で，これらの世帯類型が6割を占め，三世代世帯はわずか10.0％となっている。夫婦のみで暮らし，配偶者が亡くなれば一人暮らしになる。このような高齢者が今日では一般的である（図表1-3）。

　図表1-4は専業主婦世帯と共働き世帯の推移を表している。近代化に伴い，農業従事者など自営業者が減少し，賃金労働者化されていく過程で経済活動から撤退し，主婦業に専念する女性，つまり，専業主婦層は拡大した。このような性別分業は工業化や賃金の上昇を背景に1970年代にピークを迎えている。

　しかし，1980年代以降，不足する家計を補うため，多くの既婚女性がパート（タイム）労働に従事するようになった。それは脱工業化およびサービス産業の拡大により，非正規雇用者の需要が高まってきていたことも関係するが，専業主婦世帯が減少するとともに共働き世帯が増加していった。それを1986年に施行された雇用の分野における「男女の均等な機会及び待遇の確保等に関する法律（男女雇用機会均等法）」が後押ししてきた。その流れはバブル経済崩壊後の不景気にあって1995年前後に停滞し，停滞しつつも専業主婦世帯数と共働き世帯数は逆転している。労働が不安定化し，一人当たりの賃金が低下する中で，リーマン・ショック後に一時停滞したのち，共働き世帯は再び急激に増加してきている。

　女性の雇用者は1975年に1,167万人であったが，1990年は1,834万人，2015年

図表1-3 65歳以上の者のいる世帯数及び構成割合（世帯構造別）と全世帯に占める65歳以上の者がいる世帯の割合

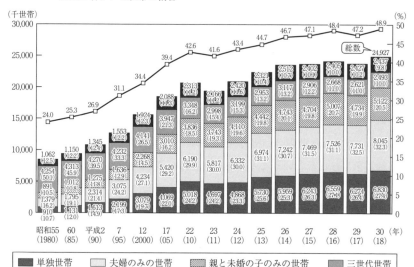

注：(1) 平成7年の数値は兵庫県を除いたもの，平成23年の数値は岩手県，宮城県及び福島県を除いたもの，平成24年の数値は福島県を除いたもの，平成28年の数値は熊本県を除いたものである。
(2) （ ）内の数字は，65歳以上の者のいる世帯総数に占める割合（％）。
(3) 四捨五入のための合計は必ずしも一致しない。

資料：昭和60年以前の数値は厚生省「厚生行政基礎調査」，昭和61年以降の数値は厚生労働省「国民生活基礎調査」による。

出典：図表1-1と同じ。

には2,474万人になっている。雇用者総数に占める女性の割合も1975年に32％，1990年に37.9％，2015年に43.9％と1975年から一貫して上昇し続けている。

　しかし，ダブルインカム（共働き）で豊かになったとはいえない。夫婦ともに働いて，ようやく人並みの生活が可能になり，実際，そのような世帯が増えてきている。かつて女性が家庭内の介護を担ってきた時代があったが，産業構造の変化により，その条件はほとんど失われている。介護の社会化が求められているといえる。また，そもそも同居する家族がない一人暮らし高齢者，あるいは身寄りのない高齢者が増えてきている。一人暮らしの高齢者は男女ともに増加傾向にあり，1980年には男性約19万人，女性約69万人，65歳以上人口に占める割合は男性4.3％，女性11.2％であったが，2015年には男性約192万人，女

図表1-4　専業主婦世帯と共働き世帯（1980〜2019年）

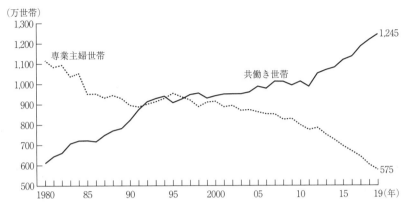

注：(1)　「専業主婦世帯」は，夫が非農林業雇用者で妻が非就業者（非労働力人口及び完全失業者）
　　　　の世帯。
　　(2)　「共働き世帯」は，夫婦ともに非農林業雇用者の世帯。
　　(3)　2011年は岩手県，宮城県及び福島県を除く全国の結果。
　　(4)　2013年〜2016年は，2015年国勢調査基準のベンチマーク人口に基づく時系列用接続数値。
資料：厚生労働省「厚生労働白書」，内閣府「男女共同参画白書」，総務省「労働力調査特別調査」，
　　　総務省「労働力調査（詳細集計）」
出典：労働政策研究・研修機構資料。

性約400万人，65歳以上人口に占める割合は男性13.3％，女性21.1％となっている。ちなみに，国立社会保障・人口問題研究所の将来推計（2018年推計）によると，65歳以上の一人暮らしは高齢者人口がピークになる2040年には2020年から200万人ほど増加し，男性20.8％，女性24.5％，つまり，男性高齢者の5人に1人，女性高齢者の4人に1人が一人暮らしになる。

　しかも，河合克義らの研究で明らかなように，一人暮らし高齢者の多くが社会的に孤立した状態にある。さらに未婚化の進展により配偶者も子もなく，だから身寄りのない社会的に孤立した高齢者はおのずと増えていくことになる。唐鎌直義の研究により，一人暮らし高齢者の多くが低所得であることも明らかにされている。低所得貧困問題と社会的孤立問題を併せ持つ高齢者に対する支援のあり方が課題となっている。

3　経済環境の変化——低成長社会と社会保障の持続可能性

　1973年は70歳以上高齢者の医療費の無料化や年金の給付額の引き上げなどが実施され，「福祉元年」といわれた年である。

　しかし，この同じ年に第四次中東戦争が勃発して石油価格が高騰，第一次オイルショックを契機として経済の低成長時代を迎え，「福祉元年」から一転して「福祉見直し」論が唱えられるようになった。1979年の新経済社会7カ年計画では，個人や家族の自助努力，近隣・地域社会の連帯を強調する「日本型福祉社会」論が登場し，1981年に発足した第二次臨時行政調査会を経て政策として具体化していった。このため，福祉への公費支出は抑制され，1983年の老人保健制度の施行に伴い，10年間続いた高齢者の医療費無料制度も廃止された。

　しかし，1980年代において高齢者の介護をめぐってさまざまな問題が噴出し，政府は「日本型福祉社会」の破綻を認め，1989年に「高齢者保健福祉推進十か年戦略（ゴールドプラン）」を策定し，高齢者の入所施設および在宅福祉サービスを民活導入で量的に整備する方向に舵を切った。

　1994年には厚生大臣（現・厚生労働大臣）の諮問機関「高齢社会福祉ビジョン懇談会」の報告書「21世紀福祉ビジョン」により介護保険制度が構想され，同年に社会保障審議会に設置された「社会保障将来像委員会」第2次報告「21世紀に向けての社会保障制度の見直し」において，介護保険の構想が初めて公式に示された。

　この介護保険の構想は「介護の社会化」を謳う一方，医療費を抑制しようとするねらいがあった。介護サービスの整備により「社会的入院」を回避すること，さらに，高齢者医療費に含まれていた介護色の強い部分，老人保健施設の給付や訪問看護などについて老人保健制度から切り離し，給付に上限のある介護保険制度に移すことで医療費を中心とする社会保障費の総額を抑制するのも一つのねらいであった。

　ちなみに，介護給付費は介護保険法が施行された2000年度に3兆6,000億円であったが，2018年度には9兆6,000億円となり，およそ3倍になっている。

これに連動し，65歳以上の介護保険料の全国平均は2000年度の月2,911円から2018〜2020年度の月5,869円に上がっている。このことが介護保険制度の守備範囲の制限および縮小を要するとする根拠となり，そのための合意形成を容易にした。介護保険制度は「介護の社会化」といわれて始まったが，"介護費用の社会化"でもあったことに気づかされる。

　介護保険制度は構想段階から激しい議論が展開された。保険料と利用料の負担を原則とした契約制度への移行については多数の問題点が指摘されていた。その多くは真に介護サービスを必要とする社会階層にあって，まさにその経済的問題ゆえに制度から排除される。本来，社会福祉・社会保障の中核にあるべき低所得・貧困問題が介護保険制度では捨象されている，というような指摘であった。介護負担をめぐる虐待，心中，殺人などの事件も後を絶たない。

　また，1997年12月の介護保険法の成立に先立ち，1997年6月の国民健康保険法改正により国民健康保険被保険者資格証明書[7]の発行が義務化された。被保険者資格証明書の発行は保険料未納者や滞納者に対する制裁措置として，すでに1986年の国民健康保険法改正により導入されていたが，発行は市町村の判断に委ねられていた。

　しかし，介護保険制度の構想に合わせるかのように，1年以上の保険料未納者に対し，市町村の発行義務化が法制化された。そして，2000年4月に施行後，1年の猶予期間を経て2001年より義務化され，被保険者資格証明書の発行数は急増した。1997年に約5万9,000世帯であったのが，2002年には同23万世帯に対して発行されて4倍になった。

　医療機関の窓口負担を10割とする被保険者資格証明書の発行が保険料滞納世帯の受診率を著しく抑制することは，全国保険医団体連合会や全日本民主医療機関連合会などの調査[8]により指摘されてきた。低所得者の医療保障を大きく後退させる制度改正となった。まさに，"制度の狭間"が政策的につくられてきているといえる。介護給付費と保険料の上昇を抑制しつつ，持続可能な社会保障制度を構築することが政策課題となっているが，それで社会は持続可能といえるのだろうか。

　2015年9月の国際連合（国連）サミットにおいて，「貧困をなくそう」「飢餓

をゼロに」「すべての人に健康と福祉を」「質の高い教育をみんなに」など17の
目標を定めたSDGs（持続可能な開発目標）が採択された。このSDGsは将来の世
代の暮らしを持続可能な形で改善することをめざし，貧困の根本的な原因に取
り組むとともに人間と地球の両方にとってプラスとなる変化の実現に向け，す
べての人を団結させるものとされている。「地球環境を守ること」とともに「誰
一人取り残さない」持続可能で多様性と包摂性のある社会の実現を求めている。

　このように「誰一人取り残さない」ためには所得の再分配のあり方を含めた
社会保障制度全体の見直しが必要になる。持続可能な社会保障制度はあらゆる
人々の人権を保障することが前提にならなければならない。

4　労働環境の変化

（1）非正規雇用の拡大

　日本は第二次世界大戦（アジア太平洋戦争）後において，第一次産業中心から
第二次・第三次産業へと産業構造の転換が図られてきた。かつては多くの世帯
が自営業として農業，林業，水産業などに従事してきたが，高度経済成長期に
おいて賃金労働者が著しく増加し，世帯員のいずれかが企業に雇用され，支給
される賃金によって世帯員全員の生活を賄うという生活形態が一般的になった。
図表1-5は，江口英一と川上昌子により示された戦後における社会階級階層
構成の時系列変化の表の一部をグラフ化したものである。

　それによると，戦後，第一産業従事者，特に農林水産業の従事者が急激に減
少し，賃金労働者化されてきたことがみてとれる。たとえば，自営業者の割合
は1950年は58.1％（農林漁業職業従事者47.7％，都市自営業者10.4％）であったが，
その10年後の1960年には44.0％（農林漁業職業従事者32.3％，都市自営業者11.7％）
になり，2000年には12.9％（農林漁業職業従事者4.9％，都市自営業者8.0％）にな
っている。特に農林水産業の従事者については，1950年には47.7％と15歳以上
就業人口の半数近くを占めていたが，戦後の貿易の自由化や工業化などに伴う
産業構造の転換により2000年には4.9％まで大幅に減少しており，農林水産業
の従事者の割合は半世紀で10分の1になった。他方，賃金労働者の割合は1950

図表 1 - 5　自営業者と賃金労働者の割合

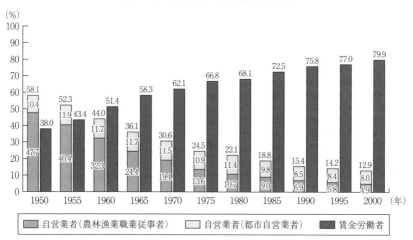

出典：江口英一・川上昌子『日本における貧困世帯の量的把握』における表「戦後における社会階
　　　級階層構成の変化」を基に筆者作成。

年は38.0％であったが，1960年は51.4％，1970年には62.1％と増加し続け，
2000年には79.9％になっており，半世紀で倍増した。

　1950年では農林水産業の従事者に都市部の小売り業などの自営業者を加えた
自営業者の全体の6割弱に対し，賃金労働者は4割弱であった。それが2000年
には自営業者1割強に対し，賃金労働者は8割になり，半世紀を経て自営業者
と賃金労働者が大きく逆転している。労働力流動化政策による生産年齢人口の
都市部への移動，核家族化，これらにより介護や保育などの負担が世帯の中だ
けでは担いきれなくなってきた。賃金労働者化による職住分離も大きな要因で
ある。長時間労働や共働き世帯の増加，生活様式の変化なども関係している。
同時に，地域住民相互の関係についても同じ理由で希薄化している。いずれに
せよ，介護や子育てなどの社会化の必要性は産業構造の転換という国の経済政
策の中で社会的につくられてきた問題であり，家族の責任に帰することができ
ない性質を有している。

　すでに確認したとおり，賃金労働者の割合が2000年には全体の8割になって
いる。かつては戦後の安定した経済成長の中で企業が良質な労働力を確保する
目的のためであったが，日本型雇用と呼ばれる終身雇用と年功序列賃金により，

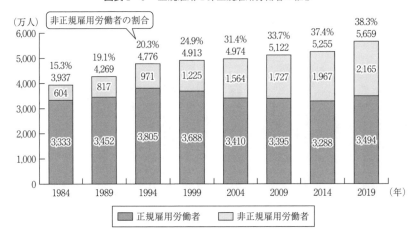

図表 1 - 6　正規雇用と非正規雇用労働者の推移

注：(1)　(特別調査) を基準に 5 年間隔で実施。
　　(2)　非正規雇用労働者とは，勤め先での呼称が「パート」「アルバイト」「労働者派遣事業所の
　　　　派遣社員」「契約社員」「嘱託」「その他」である者。
出典：1999年までは総務省「労働力調査 (特別調査)」，2004年以降は総務省「労働力調査 (詳細集
　　　計)」を基に筆者作成。

労働者には比較的安定した雇用が保障されてきた。

　しかし，1991年にバブル経済が崩壊し，1993年頃から失業率の上昇が認められるようになった。それは毎年200万人以上が生まれた団塊ジュニア世代の就職氷河期とも重なり，人数に見合う就職先が確保されることはなかった[10]。

　その指標である完全失業率は1992年までは 2 ％台前半で抑えられてきたが，1993年は2.5％，1994年は2.9％，1995年には3.2％になり，1998年以降は 4 ％を上回るようになった。1997年11月には三洋証券や北海道拓殖銀行が次々と経営破綻したほか，山一證券が自主廃業した。企業の連鎖倒産やリストラが相次ぐ中で，完全失業率は1998年に4.1％，2001年には 5 ％になっている。長期にわたる日本の安定成長期は終焉し，「失われた20年」と呼ばれる低成長期に突入した。

　そこで，長期の不況と経済のグローバル化による国際的な価格競争にさらされた企業は，人件費削減のためのリストラと福利厚生を含めた雇用条件の見直しを図るようになった。1995年，日本経営者団体連盟 (日経連) が「新時代の

『日本的経営』挑戦すべき方向とその具体策」を示し，終身雇用の見直しとともに派遣労働を奨励するようになった。また，政府も1996年，1999年，2000年，2004年と労働者派遣法を立て続けに改正，人材派遣についての規制を著しく緩和し，日経連が奨励する派遣労働を後押ししている。ちなみに，「労働力調査」における非正規雇用労働者の割合の推移については図表1-6に示したとおりである。

　それによると，労働者，すなわち，正規雇用労働者と非正規雇用労働者の合計に占める非正規雇用労働者の割合は1989年に19.1％，1994年に20.3％であったが，1999年に24.9％，2004年に31.4％になり，2014年には37.4％になっている。同じ年の「就業形態調査」の結果は40.5％となり，注目を集めた。

　確かに，女性と高齢者を中心として雇用は拡大している。もっとも，拡大したのは主に非正規雇用で，不安定な労働が拡大しているのも事実である。

（2）男女雇用機会均等法

　男女雇用機会均等法は，女性労働者の福祉の増進と地位の向上を目的とした勤労婦人福祉法（1972年）に代わり，1985年5月に成立，1986年4月に施行された。

　第34回国連総会（1979年）において男女の性役割にもとづく差別や偏見を撤廃し，男女平等の実現をめざす女子差別撤廃条約が採択された。日本は1985年に批准しているが，この条約を批准するにあたっては雇用における男女差別全般を規制する法律が必要であった。1984年の国籍法改正に続き，家庭科教育の見直しなどと並んで男女雇用機会均等法は制定された。

　これにより募集，採用，配置，昇進に関する男女の機会均等努力が企業に義務づけられ，教育訓練や福利厚生，定年，退職，解雇に関する差別が禁止された。もっとも，罰則規定や賃金についての規制もなく，法律の遵守は企業の努力義務に委ねられているといったさまざまな批判があったが，1997年6月に従来の努力目標を明確な禁止規定とするなどの改正がされ，その後も必要な改正がされている。

（3）障害者雇用促進法

　1960年の身体障害者雇用促進法に始まり，1987年に名称が変更されて「障害

者の雇用の促進等に関する法律（障害者雇用促進法）」となっている。身体障害者に加えて知的障害者も適用対象となり，2006年には精神障害者も適用対象としている。国連における障害者の権利に関する条約（障害者権利条約）など国際社会の要請や国内における障害者団体の要求に応えつつ発展を続けている。

　具体的には，ノーマライゼーションの理念にもとづき，すべての事業主に対して法定雇用率以上の割合で障害者を雇用する義務が定められており，2018年4月以降の法定雇用率は民間企業2.2%（2021年4月までに2.3%），国・自治体2.5%（2021年4月までに2.6%），都道府県などの教育委員会2.4%（2021年4月までに2.5%）となっている。もっとも，障害者雇用促進法はあくまでも事業主を主体とする法律で，障害者の権利を主体とする法律ではない。採用は事業主の合理的判断に委ねられている。

（4）ワーク・ライフ・バランス

　「仕事と生活の調和（ワーク・ライフ・バランス）憲章」（憲章）と「仕事と生活の調和促進のための行動指針」（行動指針）が2007年12月，総理大臣官邸において開催された関係閣僚，経済界，労働界，自治体の代表などからなる「仕事と生活の調和推進官民トップ会議」において決定された。ここではワーク・ライフ・バランスを実現した社会について，次のように述べられている。

　　　「国民一人ひとりがやりがいや充実感を感じながら働き，仕事上の責任
　　　を果たすとともに，家庭や地域生活などにおいても，子育て期，中高年期
　　　といった人生の各段階に応じて多様な生き方が選択・実現できる社会」。
　そして，めざすべき社会について，具体的には以下のように述べられている。
　　　①　就労による経済的自立が可能な社会
　　　経済的自立を必要とする者，とりわけ，若者がいきいきと働くことがで
　　　き，かつ経済的に自立可能な働き方ができ，結婚や子育てに関する希望の
　　　実現などに向け，暮らしの経済的基盤が確保できる。
　　　②　健康で豊かな生活のための時間が確保できる社会
　　　働く人々の健康が保持され，家族・友人などとの充実した時間，自己啓
　　　発や地域活動への参加のための時間などを持てる豊かな生活ができる。

　③　多様な働き方・生き方が選択できる社会

　　性や年齢などにかかわらず，誰もが自らの意欲と能力を持って様々な働
　き方や生き方に挑戦できる機会が提供されており，子育てや親の介護が必
　要な時期など個人の置かれた状況に応じて多様で柔軟な働き方が選択でき，
　しかも公正な処遇が確保されている。

　このようなワーク・ライフ・バランスが推奨された背景には，女性の社会進
出に伴う性別分業意識の修正が進まない現実があった。かつては夫が働き，妻
は専業主婦として家庭や地域での役割を担うという性別分業が一般的であった
が，今日では共働き世帯が著しく増加している。

　しかし，働き方や子育て支援などの社会的基盤の整備は追いついていない。
職場や家庭，地域での性別分業意識は依然として残っている。それは総人口お
よび生産年齢人口の減少に伴い，女性や高齢者の就業参加を促すにあたり，そ
のための環境整備が必要であるという事情もある。ちょうどこの頃の2007年，
団塊世代が一斉に定年退職時期を迎え，労働力不足が指摘されていた。

　他方では，労働力が不足する中で正規労働者の長時間労働が深刻になってい
た。また，そのような現状が少子化要因の一つとなり，人口減少に拍車をかけ
ていた。このため，長時間労働の是正などを含めた働き方の見直しと，地域に
おける子育て支援体制の構築が課題であった。ワーク・ライフ・バランスはこ
のような労働環境の変化を背景に推進されてきた。

　その後，2010年 6 月にはリーマン・ショック後の経済情勢等の変化，労働基
準法や育児休業，介護休業等育児又は家族介護を行う労働者の福祉に関する法
律（育児・介護休業法）等の改正などの施策の進展を受け，「憲章」「行動指針」
ともに改定された。また，2016年 3 月には経済情勢の変化や子ども・子育て支
援新制度等の施策の進展を受け，「行動指針（数値目標）」が一部改定された。
これを受け，厚生労働省は非正規職員を対象とした正社員就職支援，長時間労
働の削減や年次有給休暇の取得促進などに向けた企業の取り組みの促進，育
児・介護休業法の周知徹底や男性の育児休業の取得促進などに取り組んでいる。

　しかし，ワーク・ライフ・バランスのための政策的な取り組みが始まって13
年が経とうとしているが，「憲章」と「行動指針」が描いた社会には遠く及ば

ぬ現実がある。長時間労働の是正は大きな進展がなく，女性の職場内での地位
や賃金格差も改善に向けた展望が示されないままであり，家庭内での家事・育
児負担も著しくバランスを欠いたままである。男性の育児休暇の取得について
も大きな進展はみられない。

　それに「憲章」が描いた社会に矛盾はないだろうか。「多様な働き方」とは
パートタイマーやアルバイト，契約社員や臨時職員，派遣社員など非正規雇用
を推奨する意図をもって使用されてきた言葉である。それと「就労による経済
的自立が可能な社会」との整合性はあるのだろうか。政府はこれまで非正規雇
用を拡大する経済界を規制緩和によって後押ししてきたが，「若者がいきいき
と働くこと」ができて，「子育てに関する希望の実現」を図るためには何より
も労働規制と社会保障の充実が必要である。ワーク・ライフ・バランスの実現
に向け，さらなる課題の焦点化が求められている。

注
(1)　人口が増加も減少もしない均衡した状態となる合計特殊出生率の水準。若年期の
　　死亡率が低下すると人口が減りにくくなるため，この水準値は減少する。1974年当
　　時は2.11，現在は2.07といわれている。
(2)　2000年にWHO（世界保健機関）が提唱した概念で，「健康上の問題で日常生活
　　が制限されることなく生活できる期間」を指す。日常的に介護などを必要としない
　　期間。
(3)　2025年に向けて病床の機能分化・連携を進めるため，医療機能ごとに2025年の医
　　療需要と病床の必要量を都道府県ごとに推計し，策定する医療計画の一部。2014年
　　に成立した医療介護総合確保推進法により2015年度より実施。
(4)　人生の最期まで住み慣れた地域で自分らしい暮らしを続けるための住まい・医
　　療・介護・予防・生活支援が一体的に提供される地域の包括的な支援体制。
(5)　河合克義『大都市のひとり暮らし高齢者と社会的孤立』法律文化社，2009年。一
　　人暮らし高齢者の3割くらいが病気をしても誰も来てくれないなど，一人暮らし高
　　齢者の社会的孤立の実態を明らかにした。
(6)　唐鎌直義「高齢者の貧困とその原因」『地域ケアリング』2016年4月号，25-29頁。
　　一人暮らし世帯で160万円，二人世帯230万円という実質的生活保護基準で2014年の
　　高齢者単独世帯をみると，男性は37.7％，女性は56％が貧困世帯であることを明ら
　　かにしている。
(7)　被保険者資格証明書で受診する場合，患者は医療機関の窓口で医療費の10割を支

払い，保険給付分を「特別療養費」として保険者に請求し，償還を受ける。

(8)　全国保険医団体連合会は2003年度，被保険者資格証明書で受診した患者の受診率について調査し，受診率が極めて低いことを明らかにしている。2002年度の一般被保険者受診率と比較すると，福岡県で100分の1程度，神奈川県で25分の1程度の受診率であることを示している。また，全日本民主医療機関連合会は2007年3月，保険料の滞納により国民健康保険証を取り上げられ，少なくとも2年間で29人が死亡していることを明らかにしている。医療機関の窓口で医療費10割の負担ができず，受診を手控えるうちに悪化し，手遅れになったケースがほとんどであったことを示している。

(9)　1950年から2000年までの50年間について，「国勢調査」の285の職業小分類を24の職業群に分類し，その職業群に「事業所統計報告書」から得られた情報をもとに，産業別，事業所規模別，従業上の地位別の構成比を掛けて「社会階層」とし，それを構造化し，社会階級階層構成表として示したもの（江口英一・川上昌子『日本における貧困世帯の量的把握』法律文化社，2009年，40-43頁から必要事項を抜粋）。

(10)　小熊英二『日本社会のしくみ——雇用・教育・福祉の歴史社会学』講談社現代新書，2019年，49-60頁。

参考文献

厚生労働省『厚生労働白書　令和2年版』2020年。
内閣府『高齢社会白書　令和2年版』2020年。
村上武敏『医療福祉論——退院援助をめぐる社会科学的な探究』明石書店，2020年。

── 現場は今 ──

　労働の変化に伴う人口動態や家族の変化などにより，いわゆる"制度の狭間"が現出している。保証人問題やゴミ屋敷，買い物難民，8050問題などもその一つで，いずれも社会的につくられた社会的孤立問題の一つの表れである。

　社会福祉の現場で求められるのは住民の主体的な支え合いや関係機関と連携した相談支援の体制づくりだが，"制度の狭間"といわれる問題は他方で介護保険制度の後退や公共交通機関の統廃合，あるいは成年後見制度や老人福祉法における運営上の不備といった制度の後退，および不適切な運営によってつくられている問題でもある。このため，これらの問題の解決における「つながり」という安易な国民への転嫁は問題を本質的に解決する展望がないばかりか，社会保障の不備を覆い隠すことになる。政策的に求められる「つながり」づくりの中で社会保障を発展させる道筋をどう描くか，社会福祉の現場における主体的な取り組みが求められている。

第2章	社会保障の概念・理念と対象

学びのポイント

> 近代社会は落層する者をつくり出していく社会であるが，国民には生存権があり，国家にはその保障の義務がある。すなわち，社会保障により生活に困窮した人々を救済するとともに，疾病，失業，障害，死亡，加齢などに伴う生活問題の発生を未然に防止する必要がある。「ゆりかごから墓場まで」[(1)] の私たちの暮らしを保障する仕組みとして，社会保障は今や国民生活において不可欠なものとなっている。
>
> ここでは，このような社会保障の役割や意義，概念，範囲，理念などの理解を通して，社会保障とは何かについて明らかにしたい。
>
> 併せて，今日では，「地域共生社会」が政策課題となり，さらに「全世帯型社会保障」への転換が求められている。これらの政策が何を求めているのか，社会保障理念の変化とともにとらえていきたい。

1 社会保障の概念・理念と範囲

（1）国際的な社会保障の概念

1）社会保障概念の誕生

旧ソビエト連邦（現・ロシア）において，レーニンが1912年に示した「労働者保険綱領」に社会保障概念がみられることが指摘されているが[(2)]，資本主義国において社会保障という言葉が法制度上の名称として最初に使用されたのはアメリカで，1935年に成立した社会保障法（Social Security Act）である。ルーズベルト大統領のニューディール政策[(3)]の一環として制定された。社会保険・公的扶助・社会福祉事業の3つで構成されていたが，老齢年金や公的扶助の適用範囲が限定的であるなど包括的な社会保障制度とはいえなかった。

2）「ベヴァリッジ報告」における社会保障

　第二次世界大戦中に戦後の国民生活の再建構想を策定するため，社会保険および関連サービスに関する各省委員会が設立された。1942年に委員長のベヴァリッジの個人責任で発表されたのが『社会保険および関連サービス』（Social Insurance and Allied Services），いわゆる「ベヴァリッジ報告」である。克服すべき「5つの巨人（悪）」として窮乏・疾病・無知・不潔・怠惰を挙げ，これらに対する社会政策の必要性を示している。

　本報告における社会保障の定義は次のとおりである。「失業，疾病あるいは災害によって稼得が中断された場合にこれに代わって所得を維持し，老齢による退職や本人以外の者の死亡による扶養の喪失に給付を行い，出産，死亡，結婚などに伴う特別の出費を賄い，そうすることで所得を保障することを意味している」。さらに，「第一義的には，社会保障は最低限度までの所得の保障を意味する」ことが捕捉されている[(4)]。

　「ベヴァリッジ報告」は所得保障に関する勧告であり，社会保険を基本とし公的扶助で補完するという社会保障の基本的な体系が示された。社会保険を基本としたことの是非はともかくとして，本報告はイギリスにとどまらず，各国の社会保障制度に多大な影響を与え，戦後の福祉国家の成立に資するものとなった。

3）ILO における社会保障の範囲

　ILO（国際労働機関）は，1919年の国際連盟の結成に伴い，創設された世界の労働者の労働条件と生活水準の改善を目的とした機関である。イギリスで「ベヴァリッジ報告」が公表される9カ月前に当たる1942年3月，ILO は『社会保障への道──1834-1914年イギリス』（The Relief of Poverty 1834-1914）を出版し，社会保障について，社会保険と社会扶助が結合されたもので，国家が促進するものであるという見解を示している。

　ILO は各国の社会保障費用を調査し，国際比較するため，社会保障の範囲を定めている。社会保障費用調査においては，3つの基準[(5)]を満たすものを社会保障給付費として定義している（第3章1参照）。

　ILO の調査は社会保障費用を国際比較する上での基本資料であったが，1996年以降は諸外国のデータの更新が途絶えており，国際比較ができない状況にな

っている。

4）OECD における社会保障の範囲

OECD（経済協力開発機構）は経済成長，開発途上国援助，自由貿易の拡大の3つの目的を有する機関である。戦後，ヨーロッパの経済復興のために組織されたOEEC（欧州経済協力機構）が改組され，1961年に設立された。そのOECDは1996年より社会支出統計を公表している。社会支出統計は日本を含めたOECD加盟国が毎年，継続的に統計データを提供しており，社会保障制度に関わる国際比較を行う場合には用いられることが最も多くなっている。

そして，以下の2つの基準を満たすものを社会支出と定義している。

第1に，人々の厚生水準が極端に低下した場合，それを補うために個人や世帯に対して公的，あるいは民間機関により行われる財政支援や給付。

第2に，社会的目的を有しており，制度が個人間の所得再分配に寄与しているか，制度への参加が強制性を持っている。OECDの社会支出に含まれる社会保障制度は9つの分野に分けられている。分野別の定義と日本における支出の具体例は図表2-1のとおりである。

（2）日本における社会保障の概念

1）日本国憲法第25条（国民の生存権と国の保障義務）

日本国憲法は1946年11月3日に公布され，翌1947年5月3日に施行された。社会保障という言葉は，この同法第25条に規定されたことで広く知られるようになったといわれている。第25条第1項に国民の生存権，第2項に国の生存権保障義務が規定されている。以下はその条文である。

第25条　すべて国民は，健康で文化的な最低限度の生活を営む権利を有する。

2　国は，すべての生活部面について，社会福祉，社会保障及び公衆衛生の向上及び増進に努めなければならない。

ここでは，「社会保障」と「社会福祉」が併記され，かつ同等に位置づけられているが，「社会保障」について明確に定義されていたわけではない。具体的な定義を示したのは社会保障制度審議会（現・社会保障審議会）である。

図表 2 - 1　社会保障分野別分類の定義と支出の例（OECD 基準）

分　野	OECD 定義	日本において含まれる制度
高　齢	退職によって労働市場から引退した人及び決められた年齢に達した人に提供される現金給付が対象。給付の形態は年金及び一時金を含み，早期退職をした人の給付もここに含めるが，雇用政策として早期退職をした場合の給付は「積極的労働市場政策」に計上。高齢者を対象にした在宅及び施設の介護サービスを計上。施設サービスにおいては老人施設の運営に係る費用も計上。	厚生年金保険：老齢年金給付，脱退手当金等 国民年金：老齢年金，老齢福祉年金等 介護保険：介護サービス等諸費，介護予防サービス等諸費 社会福祉：高齢者日常生活支援等推進費 生活保護：介護扶助
遺　族	被扶養者である配偶者やその独立前の子どもに対する制度の支出を計上。	厚生年金保険：遺族年金給付 国民年金：遺族基礎年金等
障害，業務災害，傷病	業務災害補償制度下で給付されたすべての給付と障害者福祉のサービス給付，障害年金や療養中の所得保障としての傷病手当金などを計上。	厚生年金保険：障害年金給付，障害手当金 国民年金：障害年金，障害基礎年金等 労働者災害補償保険
保　健	医療の個人サービス及び予防接種や健康診断等の集団サービスを計上。傷病手当金等の疾病に係る現金給付は「障害，業務災害，傷病」に計上。	OECD SHA2011に基づく公的保健医療支出額 但し，介護保険からの支出額及び補装具費については「高齢」等に計上されているため除外。 最新年度は速報値，それ以前は確定値。
家　族	家族を支援するために支出される現金給付及び現物給付（サービス）を計上。	児童手当：現金給付，地域子ども・子育て支援事業費 社会福祉：特別児童扶養手当，児童扶養手当等 雇用保険：育児休業給付，介護休業給付
積極的労働市場政策	社会的な支出で労働者の働く機会を提供したり，能力を高めたりする為の支出を計上。障害を持つ勤労者の雇用促進を含む。	雇用保険：職業紹介事業等実施費，教育訓練給付等 雇用対策：若年者等職業能力開発支援費
失　業	失業中の所得を保障する現金給付を計上。なお，年金受給開始年齢であっても失業を理由に給付されるものを含むが，それが労働政策の一部であれば「積極的労働市場政策」に含まれる。	雇用保険：一般求職者給付金，高年齢求職者給付金等 雇用対策：高齢者等雇用安定・促進費
住　宅	公的住宅や対個人の住宅費用を減らすための給付を計上。	生活保護：住宅扶助 住宅：住宅対策諸費
他の政策分野	上記に含まれない社会的給付を計上。具体的には公的扶助給付や他に分類できない現物給付。	生活保護：生活扶助，生業扶助 社会福祉：防災政策費，臨時福祉給付金等給付事業助成費

資料：国立社会保障・人口問題研究所「社会保障費用統計」（2015年）の巻末参考資料を基に作成。
出典：厚生労働省『厚生労働白書 2017年版』。

2）「50年勧告」（社会保障制度審議会）

社会保障制度審議会は社会保障制度の調査，審議，勧告にあたる内閣総理大臣の所轄に属する諮問機関で，社会保険に関する立法等にあたって政府に勧告する権限を有する。1948年に公布された社会保障制度審議会設置法にもとづき1949年に発足した。

1950年10月16日付で総理大臣に提出された「社会保障制度に関する勧告」（「50年勧告」）で，社会保障について「社会保障制度とは，疾病，負傷，分娩，廃疾，死亡，老齢，失業，多子その他困窮の原因に対し，保険的方法又は直接公の負担において経済保障の途を講じ，生活困窮に陥った者に対しては，国家扶助によって最低限度の生活を保障するとともに，公衆衛生及び社会福祉の向上を図り，もって全ての国民が文化的社会の成員たるに値する生活を営むことができるようにすること」と規定している。

そして，「このような生活保障の責任は国家にある。国家はこれに対する総合的企画をたて，これを政府及び公共団体を通じて民主的能率的に実施しなければならない」と生活保障の国家責任を謳っている。それと同時に，「国民もまたこれに応じ，社会連帯の精神に立って，それぞれの能力に応じてこの制度の維持と運用に必要な社会的義務を果たさなければならない」と国民の協力を求めている。

社会保障が国の一般財源の基盤の上に構築されるべきか，社会保険料を財源とする社会保険制度の上に形成されるべきかという問題が審議会での重要論点の一つであったが，イギリスが社会保障のモデルであり，しかも，当時の厳しい財政状況から後者の途を採る以外になかったといわれている。国民が必要な費用を拠出する社会保険制度を中心とし，これを国家扶助，公衆衛生，社会福祉で捕捉する社会保障の全体像が示されている。

日本の社会保障制度は基本的にはこの勧告が示した内容に沿って整備されてきたが，本勧告は当時の社会経済状況の現実を踏まえた緊急的，かつ最低限の要求であることを考えると，その後の社会保障制度が本勧告の趣旨を十分に汲んで展開したものとは言い難いものがある。

3）「社会保障将来像委員会第一次報告」（社会保障制度審議会）

　社会保障制度の基本的な考え方を最初に示した「50年勧告」から40年を経て，日本の社会経済や国民意識は大きく変化した。そして，21世紀の高齢社会に向けて，社会保障制度の総合的な見直しが必要になってきている。

　社会保障制度審議会はこのような問題意識をもって1991年11月に社会保障将来像委員会を設置し，社会保障の基本理念，21世紀に向けての社会保障の基本的あり方から，社会保障の各制度の具体的な見直し，特に社会福祉分野の保障の立ち遅れとその解消策等について検討を行い，1993年２月に「社会保障将来像委員会第一次報告──社会保障の理念等の見直しについて」を発表した。ここでは社会保障について「国民の生活の安定が損なわれた場合に，国民にすこやかで安心できる生活を保障することを目的として，公的責任で生活を支える給付を行うものである」と定義している。

　かつて，「50年勧告」で示された社会保障の課題は，戦争により社会経済が混乱し国民生活が疲弊する中で，いかにして国民の生存を保障するかということであった。しかし，その後の高度経済成長は国民の生活水準を引き上げると同時に，生活格差をはじめとする新たな課題をもたらしている。

　そして，1973年のオイルショックを契機に低成長に移行し，1970年代半ばから1980年代前半にかけ，スタグフレーションとそれに伴う財政危機により，先進諸国では「福祉国家の危機」が叫ばれ，社会保障制度抑制の気運が高まった。このような経済の変化，人口の高齢化，家族の変化，労働関係の変化，都市部への人口集中，生活保障手段の多元化など社会経済および社会保障の範囲，内容，対象者，目的，給付水準など社会保障の変化を受け，21世紀の高齢社会に対応するために社会保障制度の総合的な見直しが必要である。このような問題意識のもとで社会保障の概念は改められた。

　さらに，具体的に「社会保障をみんなのために，みんなでつくり，みんなで支えていく制度ととらえ，国民にすこやかで安心できる生活を保障することを目的とするといった共通認識をもつことが重要である」としている。

2　社会保障の役割と意義——セーフティネットを中心に

（1）社会保障の役割と意義

1）近代社会における生活と生活問題

　社会保障の対象は生活問題であるが，そもそも生活とは何か。そこで，まずは近代社会における基本的な生活構造を図表2-2で理解したい。

　私たちは消費生活を営んでいる。生活とは命をつなぐ営みであり，人間が生き続けるためには衣食住が必要になる。食事をするためにはスーパーマーケット（スーパー）へ行き，豚肉や玉ねぎ，大根や豆腐などの食材を買ってくる必要がある。それで野菜炒めや味噌汁をつくって家族とともに食べる。外出するためには衣服が必要である。時にはシャツやズボンを購入することになる。

　また，雨風をしのいで眠る場所が必要だ。賃貸マンションであれば家賃を払わなければならない。そして，今や介護問題への対応も消費生活の一つである。介護保険料や利用料を払って，ようやく介護サービスは提供される。私たちの暮らしは基本的には世帯を単位として生活財を購入することで成り立っている。

　そして，この消費生活は労働生活によって支えられる。世帯員のうち，誰かが会社などに勤め，労働力を提供して賃金を得る。近代社会では一般的に，消費生活はこの労働生活によって維持されている。働いて得た賃金で世帯員全員が食べる，眠る，遊ぶ。そのような消費生活を通して労働力は再生産される。再び労働生活に向かうことを可能にする。そして，消費生活により生活財が購入されることで新たな需要が生まれる。生活財の生産が必要となり，労働生活が維持されていく。

　こうした消費生活と労働生活の循環を通して生活が維持され，子を産み育てることができる。生命が再生産されていく。これが生活の基本的な形である。ちなみに，大河内一男は日常生活について「消費生活と労働生活の連続的統合」と表現している。経済学的なとらえ方ではあるが，近代社会の基本構造を示している。多くの場合，生活問題はこの循環が崩れるところで生じることになる。失業する，あるいは疾病，障害，加齢，出産などにより労働生活に支障

図表 2-2　生活構造と社会構造

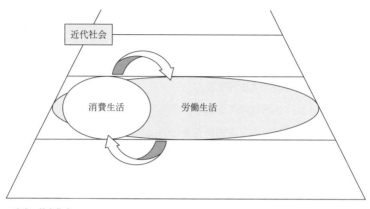

近代社会

消費生活　　労働生活

出典：筆者作成。

をきたすと消費生活が滞り，生活問題が発生する。図表2-2の背景は社会階層を表しているが，労働問題に起因する生活問題により落層することになる。これを底上げし，生活を維持することが社会保障の第1の役割である。

2）社会構造的問題と社会保障

　近代社会は，その構造的な矛盾から必然的に落層するものをつくり出していった。貧困は社会構造的につくられるのである。図表2-3は完全失業率[6]と有効求人倍率[7]のグラフである。いずれも景気の変動などにより増減を繰り返している。1986年に始まるバブル景気は1991年3月に崩壊したといわれている。1992年頃からホームレス（路上生活者）の数が増え始め，完全失業率の上昇は1993年以降に目立つようになった。労働力調査で確認できるのは1948年以降であるが，それから半世紀近くにわたって完全失業率は2％台までで抑えられてきた。

　それが1995年に3.2％になり，年平均では初めて3％台以上を記録した。1997年11月には三洋証券，北海道拓殖銀行が次々と経営破綻し，山一證券が自主廃業している。企業の連鎖倒産やリストラが相次ぐなかで完全失業率は1998年に4.1％になり，2001年には5.0％に上った。それは毎年約200万人が生まれた団塊ジュニア世代の就職氷河期と重なったことも影響しているが，長期にわたる日本の安定成長期は終焉し「失われた20年」と呼ばれる低成長期に突入した。

　また，2008年にはアメリカの投資銀行であるリーマン・ブラザーズ・ホール

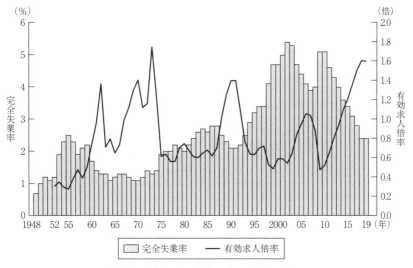

図表 2 - 3　完全失業率，有効求人倍率　1948年〜2019年，年平均

注：有効求人倍率の1962年以前は学卒（中卒，高卒）の求人，求職が含まれる。
出典：労働政策研究・研修機構：総務省「労働力調査」，厚生労働省「職業安定業務統計」。

ディングスが経営破綻したことに端を発し，連鎖的に世界規模の金融危機が発生した。このいわゆるリーマン・ショックの影響を受け，完全失業率は2009年，2010年と連続で5.1％を記録している。

　このように資本主義経済における景気変動により失業者は増減する。それはもちろん，個人の責任ではないし，個人の努力で抗いきれるものではない。

　完全失業率においてもう一つ重要な点は，1976年以降，今日までの44年間，およそ半世紀において，それはバブル景気やアベノミクスなどで有効求人倍率が低くない時期を含め，年平均の失業率が２％を下回ることがなかったという事実である。有効求人倍率では正規と非正規の雇用者の求人は区別されない。求人は正社員の募集とは限らない。雇用形態，さらに場所や業種によるミスマッチもあるだろう。相対的過剰人口(8)と呼べる存在が常に２％以上ある。このような社会構造的問題により貧困はつくられていく。国が社会保障などの整備を通して解決を図るべきゆえんである。

（2）社会保障の機能

　社会保障の機能は，主として，①生活安定・向上機能，②所得再分配機能，③経済安定機能の3つが挙げられる。

1）生活安定・向上機能

　生活のリスクに対応し，国民生活の安定を実現する機能である。それにより不安のない生活を実現する。たとえば，疾病により医療が必要になる。療養のため仕事を中断しなければならない。支出はかさみ，収入は途絶え，二重に経済的打撃を受けることになる。

　しかし，医療保険により，一定の自己負担で必要な医療を受けることができる。療養期間中に手当金が支給される。疾病による生活への衝撃が緩和されることになる。また，仕事を引退した後の高齢期には年金保険により老齢年金を受給することで生活は維持されていく。介護が必要になれば介護保険により必要な介護サービスを利用し日常生活を維持することができる。失業した場合，雇用保険により手当てを受けることで再就職に向けて生活の安定を図る。業務上の疾病などを負った場合，労働者災害補償保険（労災保険）により必要な医療や休業補償などが提供される。

　今後の課題として，子育てや家族の介護が必要であっても就業を継続できるようにするなど，「ワーク・ライフ・バランス」の観点を踏まえ，仕事と家庭生活の両立支援策などを提供する必要がある。社会保障の機能により私たちは将来にわたって不安なく，社会生活を営むことができる。それが社会に対する信頼を醸成するとともに社会全体の活力の基盤となる。

2）所得再分配機能

　国民の間での許容しがたい不平等や格差を是正する機能である。所得の高い者から所得の低い者に税金や社会保険料の負担を通し，所得が移転されることで国民生活の安定を図る。社会保障の財源である税金や社会保険料の多くは所得に応じて拠出が求められ，所得の高い人ほど多くの税金や保険料を拠出する仕組みになっているため，所得格差を緩和する効果がある。また，低所得者はより少ない税や保険料負担で社会保障の給付を受けることができる。

　たとえば，生活保護制度は税を財源とする。生活保護制度を利用していると

いうことは，所得の高い人から低い人への再分配が行われていることになる。医療サービスや保育などの現物給付により再分配を行う方法もある。

　所得の再分配には<u>垂直的再分配</u>と<u>水平的再分配</u>がある。垂直的再分配とは異なる所得階層間の分配で，所得の高い者から低い者への縦の再分配である。水平的再分配とは同一の所得階層間の分配で，不平等や格差を是正するという意味での再分配機能は低い。今日の社会保障制度ではこの水平的再分配の比重が増している。所得の多寡にかかわらず，生活を支える基本的な社会サービスに国民がアクセスできるようになってきているが，国民階層間の著しい格差が放置されるばかりではなく，むしろ逆進的な分配になってきているとの指摘もある。

3）経済安定機能

　景気の変動による国民生活への影響を緩和し，資本主義経済を安定させる機能である。たとえば，雇用保険制度は失業中の家計を下支えする効果に加え，マクロ経済的には個人消費の減少による景気の落ち込みを抑制する効果がある。公的年金にも同様に，障害や高齢により労働に従事することができなくなった人たちの生活を安定させるだけではなく，そのような消費活動の下支えを通して経済社会の安定に寄与する。社会保障は経済の自動安定装置（ビルト・イン・スタビライザー）としての機能を有する。

　また，このように社会保障により将来に向けて不安のない生活が保障されてこそ，個人消費の過度な萎縮を回避できる。

3　社会保障の理念

（1）基本的人権

　人間が生まれながらに当然に持つ生存に関わる基本的な権利を指している。<u>基本的人権</u>は国家権力からの自由を内容とするものであったが，その<u>自由権</u>を保障するためには<u>参政権</u>と<u>社会権</u>が必要である。個人の自由は社会権に支えられて初めて現実のものとなる。日本国憲法，「<u>世界人権宣言</u>」のいずれにおいてもこれらの三つの権利，すなわち，自由権，参政権，社会権を内容として含

んでいる。

　社会保障に関係する権利としては社会権であるが，日本国憲法においては第25条第1項がそれに当たる。「すべて国民は，健康で文化的な最低限度の生活を営む権利を有する」。このような社会権が保障されてこそ，人間の自由は基本的人権と呼ぶにふさわしいものになる。

　「世界人権宣言」は人権および自由を尊重し確保するため，「すべての人民とすべての国とが達成すべき共通の基準」を宣言したものであり，1948年12月10日に開催された第3回国連総会において採択された。社会権に関わる条文としては第22条から第27条までであるが，その中で社会保障に関係するのが第22条と第25条である。以下は，その条文である。

第22条　すべて人は，社会の一員として，社会保障を受ける権利を有し，かつ，国家的努力及び国際的協力により，また，各国の組織及び資源に応じて，自己の尊厳と自己の人格の自由な発展とに欠くことのできない経済的，社会的及び文化的権利を実現する権利を有する。

第25条　すべて人は，衣食住，医療及び必要な社会的施設等により，自己及び家族の健康及び福祉に十分な生活水準を保持する権利並びに失業，疾病，心身障害，配偶者の死亡，老齢その他不可抗力による生活不能の場合は，保障を受ける権利を有する。

　2　母と子とは，特別の保護及び援助を受ける権利を有する。すべての児童は，嫡出であると否とを問わず，同じ社会的保護を受ける。

（2）社会保障制度審議会勧告

1）「50年勧告」（社会保障制度審議会）

　戦後の社会保障制度を体系化した社会保障制度審議会の「50年勧告」では，社会保障の理念とともに制度の具体的なあり方が示され，前述したように，「生活保障の責任は国家にある。国家はこれに対する総合的企画をたて，これを政府及び公共団体を通じて民主的能率的に実施しなければならない」と，国民の生活を保障する義務が国家にあることが示された。

　同勧告の社会保障制度審議会会長（大内兵衛）名で記述された「序説」にお

いても同様に「問題は，いかにして彼らに最低の生活を与えるかである。いわゆる人権の尊重も，いわゆるデモクラシーも，この前提がなくしては，紙の上の空語でしかない。いかにして国民に健康な生活を保障するか。いかにして最低でいいが生きて行ける道を拓くべきか，これが再興日本のあらゆる問題に先立つ基本問題である」と述べられている。

　当時の社会経済状況を踏まえるのであれば，いかにして最低限度の生活を保障するかが現実的な課題であった。

2）「62年勧告」（社会保障制度審議会）

　1962年の「社会保障制度の総合調整に関する基本方針についての答申および社会保障制度の推進に関する勧告」（「62年勧告」）では，所得倍増計画に由来して，または社会保障の整備において計画性を欠いたことから，経済成長のなかで国民所得階層の格差が拡大したという認識に立っている。社会保障制度の重点は国民の最低生活の保障にあり，何よりもまずは最低生活水準以下の者の引き上げに力が注がれねばならない，と社会保障の課題が「ボーダーライン階層に属する国民が多い現状においては，一般のひとびとの生活程度が上がれば格差はますます拡大し，貧困階層がかえって増す」「いかなる社会になってもある程度の貧困はある。これに対しては一定の制度，救貧制度がどうしても必要である。しかもこの貧困の原因なるものは多種多様で，国民の私生活に対する国の干渉には限度があるため，一般的な防貧の施策だけでこの貧困のすべてをなくすることはできない」と述べられている。社会保険は防貧に資するかもしれないが，貧困をすべて取り除くことはできないということである。

　この格差を是正するために「62年勧告」では，社会保障制度を「貧困階層」「低所得階層」「一般所得階層」と所得階層別に区分し，特に貧困・低所得階層対策に重点を置いて整備を進めることが提起されている。すなわち，「一般所得階層」に対する保障は社会保険を中軸とし，防貧および生活の安定を図り，「貧困階層」に対する保障の方法は公的扶助により救貧を目的とする。そして，「低所得階層」に対する保障は公的な社会福祉を主軸とし，各種社会保険をも適用するが公的負担によってこの階層の人々の加入を容易にするという。社会福祉を低所得階層対策として位置づけている。

今日，国民の階層間において貧困と格差が著しく拡がる中で，再評価すべき
考え方ではないだろうか。

3）「95年勧告」（社会保障制度審議会）

　社会保障制度審議会は1991年，社会保障将来像委員会を設置し，社会保障の
理念および原則，制度体系等の抜本的な見直しを進め，1995年7月4日付で
「社会保障体制の再構築（勧告）——安心して暮らせる21世紀の社会をめざし
て」（「95年勧告」）を発表している。

　この「95年勧告」では，「62年勧告」から一転して「我が国の社会保障体制
は，一部の分野を除き，制度的には先進諸国に比べそん色のないものとなって
いる」。「今日の社会保障体制は，すべての人々の生活に多面的にかかわり，そ
の給付はもはや生活の最低限度では」ないと，述べられている。さらに，
「1980年代に入る前後から社会保障の体制と経済・社会との間に摩擦が生じ，
世界的に社会保障の歩みが停滞し，時には後退さえみられる現実を，我々は正
視しなければならない」と社会保障体制の再構築を必要とする背景が述べられ
ている。

　今後21世紀にかけ，高齢化の進展，国民のニーズの多様化・高度化・経済の
低成長化など社会経済の構造変化に直面する一方，人権を基底に置く福祉社会
形成への要望も強力となるものと予測される。このため，社会保障制度につい
てもこのような変化に対応する新たな理念と原則に立ち，体系的整合的な再構
築が行われなければならないとされた。そして，「現在の社会保障制度は，す
べての国民の生活に不可欠なものとして組み込まれ，それなくして国民の生活
が円滑に営まれ得ない体制となっている」。このため，社会保障制度の新しい
理念とは「広く国民に健やかで安心できる生活を保障すること」と述べられて
いる。

　また，「社会保障制度は，みんなのためにみんなでつくり，みんなで支えて
いくもの」であるとして，21世紀における社会保障の基本理念が謳われ，新し
い社会連帯が求められた。公的な社会保障の守備範囲の限定や保険料中心の負
担への転換，措置制度の見直しと市場サービスの促進について具体的に示され
た。

　しかし，宮田和明が指摘しているように，階層間格差の存在を無視した「社会福祉の社会保険化は低所得・貧困層を社会保障制度から締め出す結果に陥るおそれがある」。「保険料負担が可能な中間層にとっては有効な『防貧』手段となるとしても，『保険』から排除されがちな『低所得層』にとっては必ずしも有効な『防貧』手段とならない」。このような社会保障の「理念の転換」を基軸とする制度体系の再構築の段階に入り，現実に様々な問題が生じてきている。[9]

　たとえば，1997年12月の介護保険制度の成立に先立ち，1997年6月に国民健康保険法が改正され国民健康保険被保険者資格証明書[10]の発行が義務化された。被保険者資格証明書の発行は保険料未納者や滞納者に対する制裁措置として，すでに1986年の国民健康保険法改正により導入されていたが，発行は市町村の判断に委ねられていた。もっとも，介護保険制度の構想に合わせるように1年以上の保険料未納者に対して市町村の発行義務化が法制化されている。2000年に施行，1年の猶予期間を経て2001年より義務化され被保険者資格証明書の発行数は急増した。1997年に5万9,000世帯であったが，2002年には23万世帯に発行され，対象世帯は4倍になった。また，医療機関の窓口負担を10割とする被保険者資格証明書の発行が保険料滞納世帯の受診率を著しく抑制することは，全国保険医団体連合会や全日本民主医療機関連合会などの調査により指摘されてきた。[11]低所得者の医療保障を大きく後退させる制度改正となった。

　一方，介護保険制度の導入にあたっても多くの議論があった。1994年の「21世紀福祉ビジョン[12]」において，個人や家族の自助努力，近隣地域社会の連帯を強調した「日本型福祉社会」の破綻が認められ，介護や子育てに対する社会的対応の必要性が提起されていた。これを受け，2000年に介護保険制度が施行されることになったが，保険料と利用料の負担を原則とした契約制度への移行をめぐっては激しい議論があり，多数の問題点が指摘されていた。その多くは真に介護サービスを必要とする社会階層にあって，まさにその経済的問題ゆえに制度から排除される。本来，社会福祉・社会保障の中核にあるべき低所得・貧困問題が，介護保険制度では捨象されているというような指摘であった。そして，指摘されたとおりの問題が露呈し，今日ますます深刻な問題になってきている。

ともあれ，介護保険制度が施行され，介護サービスの利用が措置制度から契約制度に改められた。すなわち，利用者の自由な選択と契約によって介護サービスは提供されることになった。「今後，生活水準の上昇に伴い生活保障のあり方が多様化し，そこに社会保障の受け手の側に認めるべき選択権の問題が生じてくる。その選択の幅は生存権の枠を越えて拡大していくであろう」とされているが，それはサービス提供事業者と利用者との契約であり，しかも，保険料負担と利用料負担が生じるために負担できなければ利用できない。

　介護保険制度は共助の仕組みとされているが，本質的には自助の仕組みになっている。「62年勧告」では，「保険料は能力に，給付は必要に応ずる方向に進むべきである」「低所得者には特別の給付をするという工夫をはかることがのぞましい」と述べられている。「社会保障制度は，みんなのためにみんなでつくり，みんなで支えていくもの」であるという基本理念のもとで出発した介護保険制度は，特に過剰な利用料負担により，その負担が困難な階層を排除する結果となっている。介護保険は単なる保険ではない，社会保険としての機能を見つめ直す必要がある。

4　社会保障制度の展開

　前安倍政権より「地域共生社会⁽¹³⁾」の実現に向けた地域づくりが進められている。2015年9月の「新たな時代に対応した福祉の提供ビジョン」により，住民の主体的な支え合いを育みつつ，高齢者，児童，障害者などといった分野をまたがる総合的なサービス提供体制を構築するビジョンが示された。

　さらに，2016年6月に閣議決定された「ニッポン一億総活躍プラン」において「地域共生社会」の実現が盛り込まれ，同年7月に設置された「我が事・丸ごと」地域共生社会実現本部において，2017年2月には「地域共生社会」の実現に向けた当面の改革工程が決定された。2017年5月には社会福祉法改正案（地域包括ケアシステムの強化のための介護保険法等の一部を改正する法律案）が可決・成立し，市町村において包括的な支援体制づくりに努める旨が規定されている。

　しかし，このような政策を懸念する声も少なくない。生活問題に対する公的責任が自助や互助が強調される中で相対化してしまっている。近代社会が構造的に生み出す生活問題に対し，国家責任として対応するのが社会保障だが，その下部構造に住民の善意による主体的活動を組み込もうとする政策である。このように指摘する声もある。

　また，「全世代型社会保障」への転換が進められている。2013年8月に提出された社会保障制度改革国民会議報告書において，「給付は高齢世代中心，負担は現役世代中心という構造を見直して，給付・負担の両面で世代間・世代内の公平が確保された制度」とし，「若い人々も含め，すべての世代に安心感と納得感の得られる全世代型の社会保障に転換する」ことをめざすとされた。さらに，2019年9月より全世代型社会保障検討会議が開催されている。その中間報告では，「人生100年時代の到来を見据えながら，お年寄りだけではなく，子供たち，子育て世代，さらには現役世代まで広く安心を支えていくため，年金，労働，医療，介護など，社会保障全般にわたる持続可能な改革を検討してきた」「誰もが安心して暮らすことのできる全世代型社会保障の構築」をめざすと述べられている。

　この中間報告では「人生100年時代の到来」を見据えた高齢者を中心とする働き方改革について強調されている。正規職にこだわらない多様な働き方において高齢者も社会保障の支え手とする。つまり，給付だけではなく，社会保障の支え手を全世代型にするということである。そして，世代間において社会保障給付のバランスをとるという名目のもとで，年金，医療，介護など高齢者に対する給付を削減していくことになる。しかも，高所得者ではなく，中所得者の負担増が求められている。これは「地域共生社会」という社会福祉提供体制の効率化と，「全世代型社会保障」という社会保障費の負担の見直しが進められているとみることもできる。

　しかし，「共生社会」は元来私たちが求めてきたものである。「ゆりかごから墓場まで」の社会保障もしかりである。国民の生活実態と地域の実情にもとづき「人生100年時代の到来」を見据えた「だれもが安心して暮らすことのできる」社会への展望を開く社会保障のあり方を追求していかなければならない。

注

(1) 1942年の「ベヴァリッジ報告」の中で示された社会保障制度の目標で，第二次世界大戦後のイギリス労働党政権における社会福祉政策のスローガン。一生涯の生活保障を指す。

(2) 芝田英昭「社会保障とは何か——その概念，源流と役割」芝田英昭・鶴田禎人・村田隆史編『新版 基礎から学ぶ社会保障』自治体研究社，2019年，14-16頁。社会主義国での社会保障概念で，その目的，制度，財源などに大きな違いがあり，この制度が直接資本主義国に波及したわけではないが，資本主義国の社会保障の生成・発展にきわめて大きな影響を与えたことは否定できない，と述べている。

(3) 1930年代に世界恐慌を克服するために行った一連の経済政策で，従来の自由主義的経済政策から政府が市場経済に積極的に関与する政策へと転換したものである。

(4) ベヴァリッジ，ウィリアム／一圓光彌監訳『ベヴァリッジ報告——社会保険および関連サービス』法律文化社，2014年，187頁。

(5) ILO の社会保障費用調査は19次に及んでいるが，提示した基準は第18次ならびに第19次調査における基準。

(6) 労働力人口（15歳以上で労働する能力と意思を持つ者の数）に占める完全失業者（①仕事がなくて調査週間中に少しも仕事をしなかった，②仕事があればすぐ就くことができる，③調査期間中，仕事を探す活動や事業を始める準備をしていた，以上３つの条件を満たす者）の割合のことである。不況のため，求職活動をやめていたり，資格取得のため学校に通い求職活動をしていない人は失業者とはみなされない。

(7) 求職者１人に対して何件の求人があるかを示す数値で，「有効求人数（件）」を「有効求職者数（人）」で割ったもの。求人数や求職者数のデータは厚生労働省が全国のハローワークにおける求人数と求職者数を算出したものを使用し，求人が正社員の募集とは限らない。同省の報道発表における「有効求人倍率」は正規と非正規の求人は区別されず，すべての雇用形態の求人が含まれている。

(8) 産業予備軍とも呼ばれ，好況時には労働力の需要の増加分を賄う。また，一定の失業者を出しておくことで労働者の雇用主に対する発言力を弱め，人件費などを抑制する効果があるといわれている。

(9) 宮田和明「現代の生活問題と社会福祉——『格差社会』における社会福祉の役割」『社会福祉研究』102，2008年，26頁。宮田は「安易な関連づけは慎むべきであるにしても」と断りながら，「児童虐待，高齢者虐待，介護殺人，自殺の急増など，今日的な生活問題の多くは，生活の不安定化が進む中で，強い階層性をもって現れている」と述べている。

(10) 被保険者資格証明書で受診する場合，患者は医療機関の窓口で医療費の10割を支払い，保険給付分を「特別療養費」として保険者に請求して償還を受ける。

⑾　全国保険医団体連合会は2003年度，被保険者資格証明書で受診した患者の受診率
について調査し，受診率がきわめて低いことを明らかにしている。2002年度の一般
被保険者受診率と比較すると，福岡県で100分の1程度，神奈川県で25分の1程度
の受診率であることを示している。また，全日本民主医療機関連合会は2007年3月，
保険料の滞納により国民健康保険証を取り上げられて少なくとも2年間で29人が死
亡していることを明らかにしている。医療機関の窓口で医療費10割の負担ができず，
受診を手控えるうちに悪化し，手遅れになったケースがほとんどであったことを示
している。

⑿　厚生労働大臣の私的懇談会である「高齢社会福祉ビジョン懇談会」により1994年
3月に「21世紀福祉ビジョン――少子・高齢社会に向けて」が示された。21世紀の
少子高齢社会における社会保障の全体像や主要施策の基本方向，財源構造のあり方
などについて提言された。

⒀　厚生労働省「我が事・丸ごと」地域共生社会実現本部によると，「地域共生社会」
について次のように説明されている。「制度・分野ごとの『縦割り』や『支え手』
『受け手』という関係を超えて，地域住民や地域の多様な主体が『我が事』として
参画し，人と人，人と資源が世代や分野を超えて『丸ごと』つながることで，住民
一人ひとりの暮らしと生きがい，地域をともに創っていく社会である」。

参考文献

川村匡由編著『改訂 社会保障』建帛社，2020年。
厚生労働省『厚生労働白書 平成29年版』2017年。
芝田英昭・鶴田禎人・村田隆史編『新版 基礎から学ぶ社会保障』自治体研究社，
　　2019年。
宮田和明『現代日本社会福祉政策論』ミネルヴァ書房，1996年。
村上武敏『医療福祉論――退院援助をめぐる社会科学的な探究』明石書店，2020年。

　社会保障制度審議会「95年勧告」などを通し,「自由に選択と契約を行う自立した個人」というような社会福祉の対象者像が示されてきた。ソーシャルワークにおいては「自己決定」が重視されている。

　しかし,援助対象者において,それが容易でない者がいかに多いか。ある者は障害や高齢による意思能力の問題として,そして,別のある者は経済的問題や家族の不在を理由として自己決定を中心課題とすることが適当ではないケースが散見される。そもそも自己決定が容易でない彼らが抱える生活問題こそが社会福祉の中心課題である。現実には自由な契約のための選択肢どころか,生活を保障する選択肢が見当たらない場合もある。社会福祉の現場に求められているのは自己決定のためのあれこれの選択肢を用意することではなく,まずは生活を保障する確かな道をたった1つでも確保することである。

　いずれにしても,社会福祉が保険化する中で,ソーシャルワーカーの対象論がますます重要になってきている。

<table>
<tr><td>第3章</td><td>社会保障と財政</td></tr>
</table>

学びのポイント

> 社会保障制度のあり方に関しては，給付と負担について考える必要がある。また，日本の社会保障の給付と負担については，各制度における現状の特徴について鳥瞰的に概要を把握することが重要である。社会保障給付費は2019年度に124兆円，対GDP（国内総生産）比は22%であり，その財源としては保険料が最も多く，年金への給付額が際立っている。2020年度以降，新型コロナウイルス感染症への諸対策のため，国家財政は未曾有の事態となっている。

1 社会保障の費用

（1）社会保障費用の規模

社会保障の費用に関する統計には，ILO（国際労働機関）の基準による「社会保障給付費」とOECD（経済協力開発機構）の基準による「社会支出」の2つがある。このうち，「社会支出」は施設整備費など直接個人には移転されない支出まで集計範囲に含んでいる。もとより，各国における社会保障制度は異なるが，ILO，ならびにOECDの定義による社会保障費用の統計が作成されているため，国際比較は可能である。

ILOの基準は1949年から社会保障の定義として用いられてきたが，1996年以降，諸外国においてデータの更新が行われておらず，国際比較では用いることが困難となっている。このため，現在，OECDの基準が社会保障費用の国際比較で最も用いられている。

ちなみに，日本では国立社会保障・人口問題研究所の「社会保障費用統計」は「社会保障給付費」（ILO基準）と「社会支出」（OECD基準）で構成されている。この「平成29年度 社会保障費用統計」（国立社会保障・人口問題研究所）に

図表3-1　社会保障給付費の推移

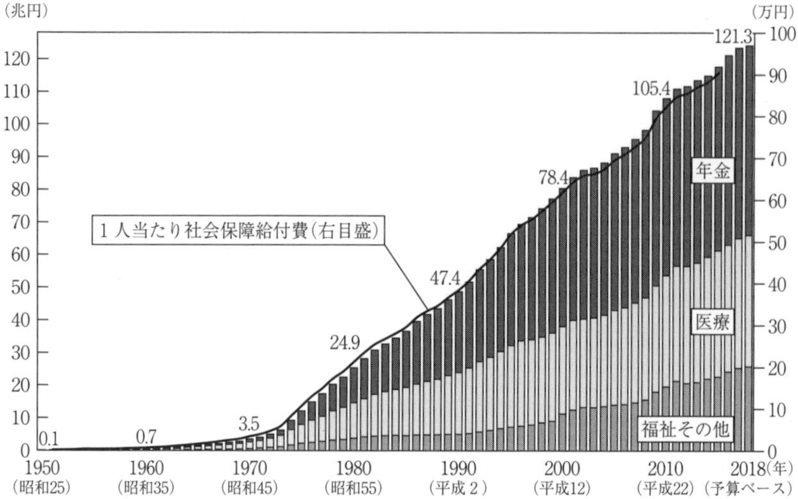

注：図中の数値は，1950，1960，1970，1980，1990，2000及び2010並びに2018年度（予算ベース）の
　　社会保障給付費（兆円）である。
資料：国立社会保障・人口問題研究所「平成27年度社会保障費用統計」，2016年度，2017年度，2018年
　　度（予算ベース）は厚生労働省推計，2018年度の国民所得額は「平成30年度の経済見通しと経済
　　財政運営の基本的態度（2018年度1月22日閣議決定）」。
出典：財務省「社会保障について」（2019年4月26日），筆者改変。

よると，2018年度の社会保障給付費（ILO 基準）の総額は121.5兆円，<u>対 GDP</u>
<u>（国内総生産）</u>は<u>22.2%</u>，1人当たりの社会保障給付費は96万1,200円である
（図表3-1）。また，社会支出（OECD 基準）の総額は125.4兆円，対国内総生産
比は22.9%，1人当たりの社会支出は99万2,000円となっている。

（2）社会保障給付費（ILO 基準）の推移

　<u>社会保障給付費</u>は，社会保障制度の整備や高齢化の進展により増大している。
　具体的には，1970年度に3.5兆円であったが，1990年度は47.4兆円，2010年
度は105.4兆円，2018年度は121.3兆円に増大した。しかし，2019年度には
123.7兆円と対 GDP 比は21.9%と国の一般会計予算（101.4兆円）の1.2倍の規
模になっている。
　今後，社会保障給付費は，2018年度を基準とすると<u>団塊世代</u>が後期高齢者と

図表3-2　部門別社会保障給付費の区分

部　　　門	主な制度と給付
年　　　金	国民年金，厚生年金等の公的年金，恩給および労災保険の年金給付等
医　　　療	医療保険，後期高齢者医療の医療給付，生活保護の医療扶助，労災保険の医療給付，結核，精神その他の公費負担医療等
福祉その他	社会福祉サービスや介護対策に係る費用，生活保護や医療扶助以外の各種扶助，児童手当等の各種手当，医療保険の傷病手当金等，労災保険の休業補償給付等，雇用保険の求職者給付等が含まれる。なお，上記の介護対策には，介護保険，生活保護の介護扶助，原爆被害者介護保険法一部負担金，雇用保険等の介護休業給付等

出典：国立社会保障・人口問題研究所「平成29年度 社会保障費用統計」2019年を基に筆者作成。

なる2025年度には「年金」「医療」「介護」分野における給付は「年金」が1.1倍，「医療」が1.2倍，「介護」が1.4倍，さらに，20〜64歳の現役世代が大幅に減少する2040年度には「年金」は1.2倍，「医療」は1.4倍，「介護」は1.7倍にそれぞれ増加すると政府の推計によれば見込まれている。

（3）社会保障給付費の内訳

　社会保障給付費はILOの社会保障給付費収支表を基礎としており，給付費のみを含み，管理費等は給付総額には含まれない。第2章1で前述したように，ILOの社会保障費用調査では次の3つの基準を満たすものを社会保障給付費として定義している。

①　制度の目的が，（1）高齢，（2）遺族，（3）障害，（4）労働災害，（5）保健医療，（6）家族，（7）失業，（8）住宅，（9）生活保護その他のリスクやニーズのいずれかに対する給付，を提供するものであること。

②　制度が法律によって定められ，それによって特定の権利が付与され，あるいは公的，準公的，もしくは独立の機関によって責任が課せられるものであること。

③　制度が法律によって定められた公的，準公的，または独立の機関によって管理されている，あるいは法的に定められた責務の実行を委任された民間の機関であること。

図表 3 - 3 社会保障の給付と負担の現状 （2019年度予算ベース）

【給　　付】

社会保障給付費

年金 56.9兆円 （46.0%）《対GDP比10.1%》	医療 39.6兆円 （32.0%）《対GDP比7.0%》	福祉その他 27.2兆円 （22.0%）《対GDP比4.8%》

うち介護11.6兆円（9.4%）《対GDP比2.0%》

うち子ども・子育て8.8兆円(7.1%)《対GDP比1.6%》

【負　　担】

保険料 71.5兆円 （59.4%）	税 48.8兆円 （40.6%）	積立金の運用収入等
うち被保険者拠出 37.9兆円 （31.5%） / うち事業主拠出 33.6兆円 （27.9%）	うち国 34.1兆円 （28.4%） / うち地方 14.7兆円 （12.2%）	

注：社会保障給付の財源としてはこのほか，資産収入などがある。

出典：内閣官房全世代型社会保障検討室「基礎資料」2019年9月。

　日本では ILO の基準による社会保障給付費の統計が1950年から作成されており，広く利用されてきた。部門別に社会保障給付費は「年金」「医療」「福祉その他」の3つに区分される（図表3-2）。この区分は日本独自の区分方法である。

　社会保障給付費における「年金」は1970年度は0.9兆円，1990年度は24兆円であったが，2000年度は41.2兆円，2010年度は53.0兆円，2018年度には56.7兆円となり，給付額を比較すると1990年度から2018年度にかけ，2.4倍増大している。「年金」は1970年度，社会保障給付費の24.3%であったが，1990年度は50.7%，2000年度は52.6%，2010年度は50.3%，2018年度は46.8%となっているが（図表3-1），2019年度には56.9兆円となり，社会保障給付費の全体の46.0%を占め，対 GDP 比は10.1%と社会保障給付費の中で最も給付額が多い（図表3-3）。

　これに対し，「医療」は1970年度には2.1兆円（社会保障給付費の58.9%）であったが，1990年度は18.6兆円（39.1%），2000年度は26.2兆円（33.5%），2010年度は33.2兆円（31.5%）となったが（図表3-1），2019年度には39.6兆円（32.0%）に増え，対 GDP 比は7.0%である。増加の主な要因は，高齢化よりも医療技術

の進歩による医療費の高額化によるものである（図表3-3）。

　一方，「福祉その他」は1970年度の0.6兆円（社会保障給付費の16.8%），1990年度の4.8兆円（10.2%）から介護保険制度が導入された2000年度は11兆円（14.0%），2010年度は19.2兆円（18.2%）となった（図表3-1）。さらに，2019年度は27.2兆円（22.0%），対GDP比4.8%にまで増大し，「介護」の分野では11.6兆円（社会保障給付費の9.4%），対GDP比2.0%である。また，「子ども・子育て」は2019年度，8.8兆円（7.1%）で，対GDP比1.6%となっている（図表3-3）。

（4）社会支出（OECD基準）の内訳

　社会支出はOECDの基準にもとづいて推計されており，保健や積極的労働市場政策の分野については管理費なども含まれる。OECDの基準では社会支出を次の①および②を満たすものと定義している。

　　①　人々の厚生水準が極端に低下した場合，それを補うため，個人や世帯に対し，公的，または民間機関により行われる財政支援や給付。

　　②　社会的目的を有しており，制度が個人間の所得再分配に寄与している，または制度への参加が強制性を持っていること。

　OECDの基準の社会支出に含まれる社会保障制度は9つの政策分野に分類されており，この9つの政策分野のOECDの基準と各政策分野に含まれる日本の制度は図表3-4のとおりである。

　それによると，社会支出を政策分野別では2017年度，「高齢」が56.9兆円となっており，総額に占める割合は45.9%と最も多い。「保健」は41.9兆円（33.7%）である。「家族」は8.7兆円（7.0%），「遺族」6.6兆円（5.3%），「障害，業務災害，傷病」5.9兆円（4.7%），「他の政策分野」2兆円（1.6%），「失業」0.8兆円（0.7%），「積極的労働市場政策」0.8兆円（0.7%），「住宅」0.6兆円（0.5%）となっている（図表3-4）。

図表 3 - 4　OECD 基準と日本における制度ならびにその構成比

政策分野	OECD 基準	日本における制度	構成比(%)
高　　齢	退職によって労働市場から引退した人，および決められた年齢に達した人に提供される現金給付が対象。給付の形態は年金および一時金を含み，早期退職をした人の給付もここに含めるが，雇用政策として早期退職をした場合の給付は「積極的労働市場政策」に計上。高齢者を対象にした在宅および施設の介護サービスを計上。施設サービスにおいては老人施設の運営に係る費用も計上。	厚生年金：老齢年金給付，脱退手当金等 国民年金：老齢年金，老齢福祉年金等 介護保険：介護サービス等諸費，介護予防サービス等諸費 社会福祉：高齢者日常生活支援等推進費 生活保護：介護扶助	45.9
遺　　族	被扶養者である配偶者やその独立前の子どもに対する制度の支出を計上。	厚生年金：遺族年金給付 国民年金：遺族基礎年金等	5.3
障害，業務災害，傷病	業務災害補償制度下で給付されたすべての給付と障害者福祉のサービス給付，障害年金や療養中の所得保障としての傷病手当金などを計上。	厚生年金：障害年金給付，障害手当金 国民年金：障害年金，障害基礎年金等 労働者災害補償保険	4.7
保　　健	医療の個人サービスおよび予防接種や健康診断等の集団政策を計上。傷病手当金等の疾病に係る現金給付は「障害，業務災害，傷病」に計上。	OECD SHA2011に基づく公的保健医療支出額。但し，介護保険からの支出額および補装具費については「高齢」等に計上されているため除外。最新年度は速報値，それ以前は確定値。	33.7
家　　族	家族を支援するために支出される現金給付および現物給付（サービス）を計上。	児童手当：現金給付，地域子ども・子育て支援事業費 社会福祉：特別児童扶養手当，児童扶養手当等 雇用保険：育児休業給付，介護休業給付	7.0
積極的労働市場政策	社会的な支出で労働者の働く機会を提供したり，能力を高めたりするための支出を計上。障害を持つ勤労者の雇用促進を含む。	雇用保険：職業紹介事業等実施費，教育訓練給付等 雇用対策：若年者等職業能力開発支援費	0.7
失　　業	失業中の所得を保障する現金給付を計上。なお，年金受給開始年齢であっても失業を理由に給付されるものを含むが，それが労働政策の一部であれば「積極的労働市場政策」に含まれる。	雇用保険：一般求職者給付金，高年齢求職者給付金等 雇用対策：高齢者等雇用安定・促進費	0.7
住　　宅	公的住宅や対個人の住宅費用を減らすための給付を計上。	生活保護：住宅扶助 住宅：住宅対策諸費	0.5
他の政策分野	上記に含まれない社会的給付を計上。具体的には公的扶助給付や他に分類できない現物給付。	生活保護：生活扶助，生業扶助 社会福祉：防災政策費，臨時福祉給付金等給付事業助成費	1.6

注：(1)　合計値は四捨五入のため，一致しないことがある。
　　(2)　構成比は2017年度。
出典：国立社会保障・人口問題研究所「平成29年度 社会保障費用統計」2019年，厚生労働省『厚生労働白書 平成29年度版』を基に筆者作成。

図表3-5　社会保障財源の全体像（2019年度）

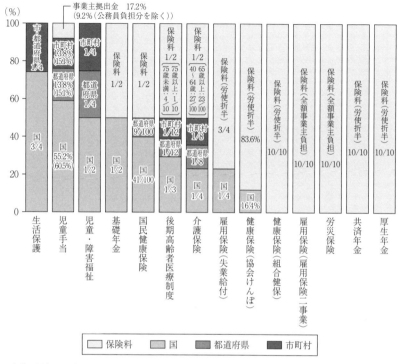

出典：図表3-1と同じ。

2　社会保障の財源と国民負担率

（1）社会保障費用の財源の全体像

　社会保障給付費の財源構成は2019年度（予算ベース）では「保険料」は71.5兆円（社会保障給付費の59.4%），「税」は48.8兆円（40.6%），「積立金の運用収入等」となっている（図表3-3）。「保険料」については，被保険者拠出が37.9兆円（社会保障給付費の31.5%），事業主負担が33.6兆円（27.9%）となっている。「税」は，国が34.1兆円（28.4%），地方14.7兆円（12.2%）である。

　なお，2019年度の国の一般会計歳出では社会保障費が34兆円，一般会計歳出に社会保障が占める割合は33.6%で，一般会計歳出から国債費を除いた基礎的

図表3-6 国民負担率（対国民所得比）の推移

（単位：％）

年　度	国　税 ①	地方税 ②	租税負担率 ③ = ① + ②	社会保障負担率 ④	国民負担率 ⑤ = ③ + ④
1970	12.7	6.1	18.9	5.4	24.3
1980	13.9	7.8	21.7	8.8	30.5
1990	18.1	9.6	27.7	10.6	38.4
2000	13.7	9.2	22.9	13.1	36.0
2010	11.4	10.0	21.3	15.8	37.2
2020	16.4	10.1	26.5	18.1	44.6

出典：財務省「国民負担率（対国民所得比）の推移」2020年を基に筆者作成。

財政収支対象経費に社会保障が占める割合は43.7％となっている。社会保障の各制度における財源の一覧は図表3-5のとおりであるが，これには医療や介護の自己負担分については記載されていない。

（2）国民負担率

国民負担率は，租税負担と社会保障負担を合計したものを国民所得で割った比率，すなわち，租税負担率＋社会保障負担率をいう。この場合の国民所得とは，ある一定期間（通常，1年間）にその国の国民が新たに生み出した付加価値の総額をいう。また，租税負担率は租税負担の対国民所得比である。これに対し，社会保障負担率は社会保障負担の対国民所得比である。

一方，潜在的国民負担率はこの租税負担と社会保障負担に国と地方の財政赤字を合計したものを国民所得で割った比率，すなわち，国民負担率＋財政赤字対国民所得比をいう。ちなみに，政府が国債を発行して財源を調達すれば国民負担率は低くなる。このため，国民負担率に財政赤字対国民所得比を加算した潜在的国民負担率が併記されることが多い。

なお，国民負担率は1970年度には24.3％であったが，1990年度は38.4％，2010年度は37.2％，2020年度には44.6％となっている（図表3-6）。

参考までに，この国民負担率（2017年度）を国際比較してみると，日本は43.3％（国民負担率対国民所得比は31.7％）であるが，アメリカは34.5％

図表 3-7　OECD 諸国における社会保障支出と国民負担率の関係（2014年）

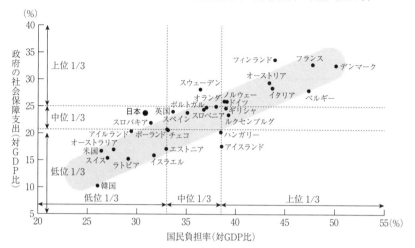

出典：厚生労働省『厚生労働白書 平成29年版』2018年。

（27.3%），イギリスは47.7%（34.4%），ドイツは54.1%（40.5%），スウェーデンは58.9%（37.7%），デンマークは65.4%（47.0%），フランスは68.2%（48.3%）などとなっており，日本の国民負担率はOECD加盟国35か国の中で下から9番目に低い。

　また，社会保障支出と国民負担率の関係について，OECD諸国と比較すると日本の社会保障支出は中程度，国民負担率は低水準，すなわち，国際的にみて「中福祉・低負担」といえるが（図表3-7），今後，さらなる高齢化率の上昇が想定されるため，社会保障費用の削減が求められている。日本の場合，給付と負担のバランスが不均衡なため，制度の持続可能性を確保するための行財政改革が必要である。

3　社会保障における国と地方財政

（1）国の役割

　2020年度の国の一般会計歳出総額（当初予算）は102.7兆円（新型コロナウイルス感染症対策予備費を含む第2次補正後予算は160.2兆円）である（図表3-8）。それ

図表 3 - 8　2020年度の国の一般会計歳出の当初予算と第2次補正後予算

	2020年度　当初予算		2020年度　第2次補正後予算	
	歳出（兆円）	（%）	歳出（兆円）	（%）
社会保障関係費	35.9	34.9	40.5	25.3
地方交付税交付金等	15.8	15.4	15.8	9.9
公共事業関係費	6.9	6.7	6.9	4.3
文教および学振興費	5.5	5.4	6.0	3.7
防衛関係費	5.3	5.2	5.3	3.3
その他	9.7	9.5	27.8	17.3
中小企業対策	0.2	0.2	22.4	14.0
新型コロナウイルス感染症対策予備費	－	－	11.5	7.2
国債費	23.4	22.7	24.0	15.0
総額	102.7	100	160.2	100

出典：財務省「令和2年度一般会計歳出・歳入の構成」「令和2年度一般会計第2次補正後予算歳出・歳入の構成」2020年を基に筆者作成。

によると，「社会保障関係費」は2020年度の一般会計歳出総額に占める割合が34.9％（括弧内は第2次補正後予算：25.3％），「地方交付税交付金等」が15.4％（9.9％），「公共事業関係費」が6.7％（4.3％），「文教および学振興費」が5.4％（3.7％），「国債費」が22.7％（15.0％）などとなっている（図表3-8）。

　国の一般会計予算における社会保障関係の経費を社会保障関係費というが，これには「年金医療介護保険給付費」や「生活保護費」「社会福祉費」「保健衛生対策費」「雇用労災対策費」，およびこれらの給付費以外の施設整備費や事務費が含まれる。

　それによると，国の一般会計における社会保障関係費は35.9兆円と最も多い（2020年度）。内訳は「年金給付費」34.9％と最も多く，以下，「医療給付費」33.9％，「介護給付費」9.4％，「少子化対策費」8.5％，「生活扶助等社会福祉費」11.7％，「保健衛生対策費」1.4％，「雇用労災対策費」0.1％の順となっている。このように国の一般会計予算に占める社会保障関係費の割合は，年々増加している。

　現に，一般会計歳出総額（当初予算）における社会保障関係費の割合は1970

年度は14.3%であったが，1980年度は19.3%，1990年度は17.5%，2000年度は
19.7%，2010年度は29.8%と増え続け，2020年度には34.9%（第2次補正後予
算：25.3%）を占めるまでになった。また，国の一般会計歳出から国債費を除
いた経費で，当年度の政策的経費を示す指標である基礎的財政収支対象経費に
占める社会保障関係費の割合は45.2%（29.7%）である。ちなみに，日本では
国および地方で歳入の不足分を補うため，国債および地方債が発行されている。

　具体的には，国の一般会計歳入総額における公債金は2019年度（当初予算）
は31.9兆円（歳入に占める割合は32.1%），2020年度（当初予算）は32.6兆円
（31.7%）であったが，2020年度第2次補正後予算では90.2兆円（56.3%）とな
った。

　2019年度末（補正後予算に基づく見込み）では国の長期債務残高は925兆円，地
方の長期債務残高（地方債計画などに基づく見込み）は192兆円，国と地方の長期
債務残高は計1,117兆円で，対GDP比200%となった。ちなみに，2020年度末
（第2次補正後予算にもとづく見込み）では国の長期債務残高は993兆円，地方の
長期債務残高は189兆円で，国と地方の長期債務残高は計1,182兆円と対GDP
比207%にも達する。

（2）地方財政の役割

　国と地方（「都道府県」と「市町村」）を通じた財政支出についてみると，国
（一般会計と交付税および譲与税配付金，公共事業関係など6特別会計の純計）と地方
（都道府県と市町村における普通会計）の財政支出の合計から重複分を除いた歳出
純計額は2018年度，169.2兆円であった。歳出純計額の目的別歳出額の構成比
をみると，社会保障関係費が34.4%と最も多い。国と地方を通じた純計歳出の
割合は地方が57.5%，国は42.5%となっている。

　地方の歳出に関する統計には「目的別歳出」と「性質別歳出」がある。この
うち，地方の目的別歳出は「議会費」「総務費」「民生費」「衛生費」「労働費」
「農林水産業費」「商工費」「土木費」「消防費」「警察費」「教育費」「災害復旧
費」「公債費等」に大別される。

　国と地方を通じた純計歳出の目的別歳出額の負担割合は年金関係を除く「民

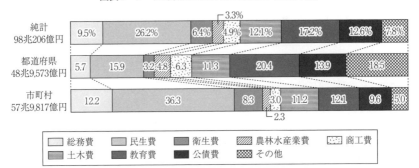

図表 3 - 9 目的別歳出決算額の構成比（2018年度）

出典：総務省「地方財政の状況」2020年 3 月。

図表 3 - 10 民生費目的別内訳と構成比（2018年度）

区　分	都道府県		市　町　村		純　計　額	
	（兆円）	（％）	（兆円）	（％）	（兆円）	（％）
社会福祉費	2.4	30.7	5.3	25.0	6.6	25.6
老人福祉費	3.2	41.4	3.8	18.2	6.2	24.3
児童福祉費	1.8	22.5	8.1	38.7	8.7	34.0
生活保護費	0.2	3.1	3.7	17.8	3.9	15.4
災害救助費	0.2	2.2	0.09	0.4	0.2	0.7
合　　計	7.8		21.0		25.7	

注：合計値は，四捨五入のため，一致しないことがある。
出典：総務省「地方財政の状況」（2020年 3 月）のデータを基に筆者作成。

生費」（児童福祉，介護などの老人福祉，生活保護等）では地方70％，国30％である。また，目的別歳出額の歳出割合をみると，2018年度では「都道府県」は「教育費」（20.4％）が最も多く，次に「民生費」（15.9％）となっている。「市町村」では，「民生費」が36.3％と最も多くなっている（図表 3 - 9 ）。

　「民生費」とは「社会福祉費」や「老人福祉費」「児童福祉費」「生活保護費」「災害救助費」である。「都道府県」においては「民生費」に占める「老人福祉費」の割合が41.4％と最も高く，次いで「社会福祉費」30.7％，「児童福祉費」22.5％，「生活保護費」3.1％，「災害救助費」2.2％となっている。これに対し，「市町村」では「児童福祉費」38.7％，「社会福祉費」25.0％，「老人福祉費」18.0％，「生活保護費」17.8％，「災害救助費」0.4％となっている（図表 3 - 10）。

　一方，「民生費」の財源構成比は「一般財源等」65.5％，「国庫支出金」

図表 3 - 11　性質別歳出決算額の構成比（2018年度）

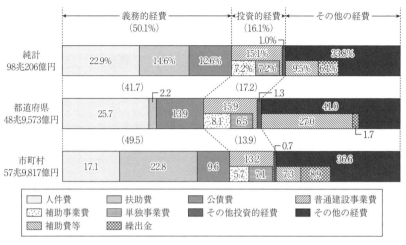

出典：図表 3 - 9 と同じ。

29.3%，「その他」5.3%である。

　民生費の目的別扶助費の地方における単独事業の割合は都道府県の児童福祉費のうち，単独事業の割合は27.8%，社会福祉費のうち，単独事業の割合が14.2%となっている。市町村では，単独事業の割合が児童福祉費は20.8%，社会福祉費は14.2%である。

　市町村の社会保障の地方単独事業とは，国や都道府県からの特定補助金がなく，市町村財源により単独で実施している社会保障関連の事業である。もっとも，単独事業にはその実施が国の法令等により義務づけられているものもある。日本の自治体が実施している地方単独事業（法令による義務づけを除く）には，たとえば医療費の軽減として乳幼児医療費助成や障害児（者）医療費助成，母子（父子）家庭医療費助成，難病患者医療費助成などがある。介護・福祉では介護予防・地域支えあい事業，介護用品の支給事業などがあり，子育て支援等では地域子育て支援センターなどがある。ただし，地方単独事業には自治体の人口規模や財政力が影響して格差がある。

　性質別歳出は，「義務的経費」「投資的経費」および「その他の経費」に大別される。「義務的経費」は職員給等の「人件費」のほか，生活保護費等の「扶

助費」および地方債の元利償還金等の「公債費」などからなる。「投資的経費」は道路，橋りょう，公園，公営住宅，学校の建設などの普通建設事業費のほか，災害復旧事業費，失業対策事業費からなる。

　「扶助費」は「都道府県」では2.2％であるが，「市町村」では児童手当の支給，生活保護に関する事務（町村については福祉事務所を設置している町村）等の社会福祉関係事務が行われていることなどのため，22.8％と高くなっている。「扶助費」の歳出額と構成比は増加の傾向にある（図表3-11）。

（3）社会保障と消費税

1）社会保障と消費税の使途

　消費税の税収は，社会保障，すなわち，年金，医療，介護の社会保障給付，少子化に対処するための施策に要する経費である「社会保障4経費」（年金，医療，介護，子ども・子育て）に充てられている。

　社会保障の費用を全世代が広く公平に分かち合い，社会保障の財源を安定して確保する観点から消費税が社会保障の財源とされている。消費税には逆進性の問題はあるが，景気の影響を受けにくく，税収が安定していること，また，全世代で税を負担するという特徴がある。所得税は勤労世代に負担が集中しているほか，クロヨン問題などの課題がある。また，法人税は税収が景気の動向に左右されやすいという問題がある。このため，消費税は所得税および法人税といった他の税よりも社会保障の財源として望ましい，とされている。

　具体的には，その収入は国の一般会計の歳入となっているが，税率10％のうち2.2％は地方消費税とされ，都道府県と市町村で配分される。残る7.8％は，国分が6.28％，地方交付税分が1.52％となっている。この国分の6.28％が社会保障4経費として社会保障の目的税とされている。地方消費税収2.2％も（地方消費税1％分を除き）社会保障財源化されるとしている。ちなみに，国の一般会計歳入（2020年度当初予算と第2次補正後予算の数値は同じ）をみると，消費税は21.7兆円である。一般会計歳出総額の社会保障関係費は35.9兆円であるため，消費税のみでは社会保障関係費を賄うことはできていない，とされている。

2）社会保障と税の一体改革

　「社会保障と税の一体改革」とは社会保障の充実・安定化，およびそのための財源の安定確保と財政の健全化をめざすもので，2012年 8 月，社会保障・税一体改革関連 8 法の成立によって実現した。具体的には，下記のとおりである。

　　①「社会保障制度改革推進法」，②「公的年金制度の財政基盤及び最低保障機能の強化等のための国民年金法等の一部を改正する法律」，③被用者年金制度の一元化等を図るための厚生年金保険法等の一部を改正する法律」，④「子ども・子育て支援法」，⑤「就学前の子どもに関する教育，保育等の総合的な提供の推進に関する法律の一部を改正する法律」，⑥「子ども・子育て支援法及び就学前の子どもに関する教育，保育等の総合的な提供の推進に関する法律の一部を改正する法律の施行に伴う関係法律の整備に関する法律」，⑦「社会保障の安定財源の確保等を図る税制の抜本的な改革を行うための消費税法の一部を改正する等の法律」，⑧「社会保障の安定財源の確保等を図る税制の抜本的な改革を行うための地方税法及び地方交付税法の一部を改正する法律」。

　その後，社会保障制度改革推進法にもとづき，内閣に設置された社会保障制度改革国民会議が取りまとめた報告書などにより，社会保障制度改革の全体像・進め方を明示するものとして，2013年12月，「持続可能な社会保障制度の確立を図るための改革の推進に関する法律（プログラム法)」が成立した。このプログラム法では，講ずべき社会保障制度改革の措置として，改革に向けた具体的な検討事項とその実施時期，法案の提出時期の目途について定められたほか，「社会保障制度改革推進本部」および「社会保障制度改革推進会議」が設置され，地方自治に重要な影響を及ぼす措置に係る協議なども定められた。

　肝心の税に関しては，2014年 4 月，消費税率が 8 ％に引き上げられ，その増収分は全額社会保障 4 経費の財源となった。その後，2019年10月，10％になった。このプログラム法での規定を踏まえ，2014年以降，2018年までの間に以下の関連法が成立した。

　　①「雇用保険法の一部を改正する法律」，②「次代の社会を担う子どもの健全な育成を図るための次世代育成支援対策推進法等の一部を改正する

法律」，③「児童福祉法の一部を改正する法律」，④「難病の患者に対する医療等に関する法律」，⑤「地域における医療及び介護の総合的な確保を推進するための関係法律の整備等に関する法律」，⑥「持続可能な医療保険制度を構築するための国民健康保険法等の一部を改正する法律」，⑦「公的年金制度の財政基盤及び最低保障機能の強化等のための国民年金法等の一部を改正する法律の一部を改正する法律」，⑧「公的年金制度の持続可能性の向上を図るための国民年金法等の一部を改正する法律」，⑨「地域包括ケアシステムの強化のための介護保険法等の一部を改正する法律」。

上記の改正法案などの成立により，社会保障制度改革プログラム法で予定されていた主要な法改正は終了し，現在，社会保障と税の一体改革の考え方の流れのなか，および法律にもとづき，様々な施策が講じられている。

このように2019年10月から実施された消費税率8％から10%への引き上げによる増収分はすべて社会保障に充て，待機児童の解消や幼児教育・保育の無償化など子育て世代のためなどに充当し，全世代型社会保障に転換することになった。消費税率の8％から10%への引き上げにより，2020年，①幼児教育・保育の無償化，②高等教育の無償化（住民税非課税世帯等の子どもを対象として支援），③待機児童の解消（保育の受け皿拡大，保育士の処遇改善），④年金生活者支援給付金の支給，⑤低所得高齢者の介護保険料の負担軽減のさらなる強化などにより社会保障の拡充が図られている。

ただし，消費税による収入の大半は1989年に導入されて以来，赤字国債（特例国債）の返済に充てられているほか，益税の問題も解決されておらず，財政の健全化など行財政改革による改善の余地はある。

いずれにしても，今般の新型コロナウイルス感染症の流行は未曾有の事態であるため，政府はその対策の財源の確保として国債を発行したが，赤字国債のため，財政状況はさらに悪化することが懸念される。なぜなら，団塊世代が75歳以上の後期高齢者となる2025年問題と少子高齢化による社会保障給付費の自然増も避けられないからである。また，今後の社会の発展に伴い，様々な社会問題も生じているため，行財政改革と財政健全化は喫緊の課題となっている。

参考文献

厚生労働省『厚生労働白書』各年度版。
国立社会保障・人口問題研究所「平成29年度　社会保障費用統計」2019年。
総務省『地方財政白書』各年度版。
望月正光・篠原正博・栗林隆・半谷俊彦編著『財政学　第 5 版』創成社，2020年。

───　現場は今　───

　フィンランドのヘルシンキ市が運営するサービスセンターは“遠隔介護”を実施している。この“遠隔介護”のサービスはセンターがビデオ電話（テレビ電話）や投薬管理，血糖値の管理，オンライン食事会・運動プログラム，スマートウォッチを活用し，見守りサービスするシステム（電話，GPS 付き）や自動照明などがある。この結果，介護職の人材不足の解決と在宅介護の介護費用のコストの削減に成功した。同サービスセンターの遠隔介護の各プロジェクトへの申し込みは新型コロナウイルス感染症の流行に伴い，増えている。コロナ禍により，人と人が接しない“遠隔介護”に未来の介護のあり方を示しているようである。

第4章	社会保険と社会扶助の関係

学びのポイント

社会保障制度の体系は社会保険と社会扶助に分かれる。その大きな違いは社会保険は保険料を財源とし，社会扶助は租税を財源としていることにある。社会保険は医療保険制度，年金保険制度，労働者災害補償保険制度，雇用保険制度，介護保険制度の5つ，社会扶助は公的扶助制度，社会手当制度，社会福祉制度の3つからなる。本章ではそれぞれの制度のあらましを理解した上で，社会保険と社会扶助の長所と短所を学ぶ。

1　社会保険と社会扶助

（1）社会保障制度の体系

日本の社会保障制度の体系を整理する際に用いられるのが，その仕組みに着目した社会保険と社会扶助である。社会保障制度の仕組みは保険の技術を用いて保険料を財源とする社会保険，および保険の技術を用いず，租税（税金）を財源とする社会扶助の2つに大きく分けることができる。

これをもとに社会保障制度を整理すると，社会保険に分類されるのが医療保険制度，年金保険制度，労働者災害補償保険制度（労災保険制度），雇用保険制度，介護保険制度の5つである。これに対し，社会扶助に分類されるのが公的扶助制度，社会手当制度，社会福祉制度の3つである。

（2）社会保険と社会扶助の始まり

では社会保障制度はどのようにして始まったのだろうか。結論を先に述べると，社会扶助が先で，社会扶助の公的扶助制度から始まった。具体的には，公的扶助制度はイギリスにおける1601年の「エリザベス救貧法」が起源である。

このエリザベス救貧法では貧困者の救済のため，教会の行政単位となる教区ごとに貧民監督官を任命し，貧民監督官は資産に対して救貧税を課税し，救貧事業を行った。これが租税による社会扶助の始まりである。

　しかし，その後，租税による救済は厳しいものとなった。1834年の「新救貧法」では，労働能力のある者は施設に収容して救済する院内救済を原則とした。また，救済を受ける者の生活レベルは，救済を受けない者の生活レベルよりも低いものとする劣等処遇の原則も取り入れられた。このような状況下，産業革命による工業化の進展により労働者が増加したが，資本主義に伴う不況が発生し，多くの失業者を生み出した。このため，社会扶助による救済では限界となったため，社会保険が取り入れられることになった。

　社会保険の起源は19世紀後半のドイツである。イギリスよりも遅く1830年代から始まった産業革命により，都市部に流入したドイツの労働者は失業や貧困など苦しい生活を強いられた。このため，労働者はストライキなどの労働運動を起こすようになり，次第に社会主義運動と結びついていった。

　そこで，宰相であったビスマルクは社会主義思想[1]を弱めるため，労働者を救済することを目的として1883年に「疾病保険法」，1884年に「労災保険法」，1889年に「障害老齢保険法」をそれぞれ制定した。いわゆる飴と鞭の政策で，保険料による社会保険の始まりである。

　このように社会保障制度は貧困者を救済するための社会扶助によって始まり，近代の資本主義に伴う労働者の失業や貧困に対する新たな社会の仕組みとして設けられたのが社会保険である。

（3）社会保険と社会扶助の違い

　社会保険と社会扶助の違いではまず財源の違いが挙げられる。社会保険の主な財源は保険に加入する被保険者が負担する保険料であり，「社会保険方式」と呼ばれている。これに対し，社会扶助の財源は国民が納付する租税であり，「税方式」と呼ばれている。

　次に，拠出の有無が挙げられる。社会保険の場合，給付を受けるための条件として，事前に保険料を拠出しなければならない「拠出制」となっている。こ

図表4-1　社会保険と社会扶助の違い

	社会保険	社会扶助
財　　源	保険料（社会保険方式） ＊一部公費が使われている	租税（税方式）
拠　　出	拠出あり（拠出制）	拠出なし（無拠出制）
サービス利用者の負担の方法	サービス量による（応益負担）	負担能力による（応能負担）

出典：筆者作成。

れに対し，社会扶助の場合，事前に保険料などの拠出の必要性はなく，租税の負担も条件とはならない「無拠出制」となっている。

　最後に，サービスを利用した際の負担の違いが挙げられる。社会保険の場合，受けたサービス量に応じ，負担を決める「応益負担」を採用している。たとえば医療保険制度での定率負担などである。

　これに対し，社会扶助の場合，所得などの利用者の負担能力に応じ，負担を決める「応能負担」を採用している。たとえば，社会福祉制度における保育所の利用料は世帯の所得に応じて決められる（図表4-1）。

　しかし，昨今，社会保険では応益負担を基本としつつも，応能負担の要素を取り入れることもある。たとえば，介護保険制度ではサービス利用の自己負担額が原則1割であったものを，一定以上の所得がある利用者については所得に応じ，2割，または3割に引き上げられている。

2　社会保険の概念と範囲

（1）社会保険

　社会保険は政府や自治体，または公的団体が保険者となり，保険の技術を用いて保険料を財源として給付を行う仕組みである。ここでの保険の技術とは，生活上で起きる共通のリスク（保険事故）に備え，人々が集まって集団（保険集団）をつくり，あらかじめ保険料という形で負担し合い，保険料を集めたものからリスクに遭った人に対し，必要な金銭やサービスを給付することである。日本の社会保障制度はこの社会保険が中心となっている。

（2）社会保険の範囲

1）社会保険を構成する制度

　日本の社会保険は5つの社会保険で構成されている。すなわち，病気やケガなどのリスクに対する医療保険制度，高齢期などに収入が得られなくなるリスクに対する年金保険制度，業務上の事故や病気のリスクに対する労災保険制度，失業などのリスクに対する雇用保険制度，介護が必要な状態になるリスクに対する介護保険制度の5つである。なお，労災保険制度と雇用保険制度については保険の給付は個別に行われるものの，保険料の納付などで一体のものとして取り扱われるため，総称して労働保険とも呼ばれている。

　さらに，社会保険については，雇用されて働くサラリーマンなど被用者を対象とする被用者保険，および弁護士や作家などの自由業者，および農業従事者など雇用されていない自営業者を対象とする非被用者保険に分けることができる。このうち，被用者保険は健康保険，厚生年金保険，雇用保険の第2号被保険者などが挙げられる。これに対し，非被用者保険は国民健康保険，国民年金の第1号被保険者などが挙げられる。被用者保険は，保険料を拠出する際，労使折半で負担し，給与から天引きされる。

　また，医療保険制度は会社員の健康保険や公務員等の各種共済組合など，職業で加入が異なることから職域保険とも呼ばれる。これに対し，自由業・自営業者や農業従事者など雇用されていない地域住民が加入する国民健康保険は地域保険とも呼ばれる（図表4-2）。

2）社会保険を構成する制度のあらまし

① 医療保険制度

　医療保険制度は疾病やケガなどの治療に要する医療費を保障するため，あらかじめ保険料を拠出し，治療などを受けた際に必要となる医療費の一定部分について保険給付を行う社会保険である。日本では，すべての国民が何らかの医療保険制度に強制加入する国民皆保険となっている。

　医療保険制度には，サラリーマンなどが加入する健康保険，公務員や私立学校教職員が加入する各種共済組合，船員が加入する船員保険，それ以外の者が加入する国民健康保険などがある。

図表4-2　日本の社会保障制度の体系

		所得保障	医療保障	社会福祉	法制度の例
社会保険	年　金　保　険	老齢基礎年金 老齢厚生年金 遺族年金 障害年金等			国民年金法 厚生年金保険法 各種共済組合法
	医　療　保　険	傷病手当金 出産育児一時金 葬祭費等	療養の給付 訪問看護療養費 高額療養費等		国民健康保険法 健康保険法 各種共済組合法 高齢者医療確保法 船員保険法
	介　護　保　険			施設サービス 居宅サービス 福祉用具購入 住宅改修等	介護保険法
	雇　用　保　険	失業等給付 雇用安定事業 能力開発事業等			雇用保険法
	労働者災害補償保険	休業補償給付 障害補償給付 遺族補償給付 介護補償給付等	療養補償給付		労働者災害補償保険法
社会扶助	公　的　扶　助	生活扶助 教育扶助 住宅扶助等	医療扶助	介護扶助	生活保護法
	社　会　手　当	児童手当 児童扶養手当			児童手当法 児童扶養手当法
	社会サービス：児童福祉			保育所サービス 児童健全育成 児童養護施設等	児童福祉法
	社会サービス：障害(児)者福祉		自立支援医療 (旧育成医療・ 更生医療・精神 通院医療) 費の 支給	介護給付 訓練等給付 地域生活支援事業	障害者総合支援法 身体障害者福祉法 知的障害者福祉法 精神保健福祉法 児童福祉法
	社会サービス：老人福祉			老人福祉施設 生きがい，生活 支援施策等	老人福祉法
	社会サービス：母子寡婦福祉	母子（寡婦）福 祉資金貸与		自立支援 生活指導等	母子父子寡婦福祉法
	社会サービス：低所得者福祉	住宅確保給付金		自立相談支援 就労準備支援	生活困窮者自立支援法

注：主要な社会保障制度を整理したもので，個々の給付や事業または法制度は例示であり，本表に記載できないものが数多くあることに注意。高齢者医療確保法は，「高齢者の医療の確保に関する法律」の略。ほかの法律でも名称を簡略化しているものがある。

出典：広井良典・山崎泰彦編著『社会保障』2017年，46頁。

② 年金保険制度

　年金保険制度は生活の安定を図ることを目的として，働いて収入を得ることができる際に保険料を拠出し，高齢になる，障害を負ったり，働き手が亡くなったりするなどにより所得を失った場合に対し，毎年，一定の所得を保障する社会保険である。日本では20歳以上になるとだれもが国民年金に強制加入する国民皆年金となっている。

　年金保険制度にはすべての国民に共通して給付する国民年金（基礎年金），サラリーマンなどの被用者や公務員が所得に比例して給付する厚生年金や共済年金がある。また，国民年金と厚生年金には，高齢期に給付する老齢基礎年金と老齢厚生年金，障害を負った場合に給付する障害基礎年金と障害厚生年金，働き手を亡くした場合に給付する遺族基礎年金と遺族厚生年金がそれぞれある。

　なお共済年金の場合，退職共済年金や障害共済年金，遺族共済年金などがあったが，2015年10月，厚生年金に統合され，老齢厚生年金や障害厚生年金，遺族厚生年金に準じて給付されることになった。

③ 労災保険制度

　労災保険制度はサラリーマンなど被用者の事業主が保険料を拠出し，業務や通勤などが要因となる病気や負傷によって仕事を休む，身体に障害を負う，死亡するといった場合に対し，労働者やその遺族に必要な保険給付を行い，生活の安定を図ることを目的とした社会保険である。

　労災保険制度には，業務災害と通勤災害に対する保険給付，職場の定期健康診査（診断）で脳や心臓の疾患に異常が認められた時に受ける二次健康診断等給付などがある。また，労働者とその遺族の福祉の増進を図ることを目的とした事業として社会復帰促進等事業がある。

④ 雇用保険制度

　雇用保険制度はサラリーマンなどの被用者が保険料を拠出し，失業した場合や子育て，介護などで仕事の継続が難しくなった場合などに対し，被用者本人に必要な保険給付を行い，被用者とその家族の生活の安定を図ることを目的とした社会保険である。

　雇用保険制度には失業者や離職者の求職活動や能力開発を促進すること，子

育てや介護が必要となっても引き続き働く雇用継続などを目的とした失業等給付がある。また，失業の予防や雇用機会の増大，労働者の能力開発などを図ることを目的とした事業として雇用保険二事業がある。

⑤　介護保険制度

介護保険制度は高齢期などに介護が必要となっても安心して自立した生活を送るため，40歳以上になれば保険料を拠出し，実際に介護が必要となった際，必要となる介護費用の一定部分について保険給付を行う社会保険である。

介護保険制度には「要支援1-2」の要支援者が利用できる予防給付と「要介護1-5」の要介護者が利用できる介護給付がある。また，要支援や要介護になるおそれのある高齢者に対する介護予防や地域における包括的，かつ継続的なケアマネジメント機能を強化する事業として地域支援事業がある。

（3）社会保険の長所と短所

1）社会保険の長所

社会保険の長所として，第1に，保険料を拠出し，その見返りとして給付を受けることができることから，権利性が明確になるということである。社会保険の場合，法律で定める要件に該当すれば自動的に受給権が発生する場合が多い。また権利性が明確であることから，スティグマ⁽²⁾などの抵抗感を持つことなく受給することができる。

第2に，被保険者から保険料負担の合意を得やすいということである。保険料の使い道は，保険給付のみとなっていることから負担と給付の関係性が具体的になる。そこで，給付水準を高くするため，被保険者の負担を重くしても合意を得やすくなる。

第3に，財源の安定性を確保しやすいということである。社会保険は保険料という独自の財源を持つため，租税を財源とする場合のようにその配分について他の施策や制度と競合することがない。このため，財源については安定して確保することができる。

2）社会保険の短所

社会保険には短所もある。第1に，保険料を拠出しないと給付を受けること

図表4-3 社会保険・社会扶助の長所と短所

		社会保険	社会扶助
長 所		・権利性が明確となる ・保険料負担の合意を得やすい ・財源の安定性を確保しやすい	・要件に該当すると給付が受けられる ・特定のニーズに対応できる
短 所		・保険料の拠出がないと給付がない ・強制加入である	・スティグマを伴う ・モラルハザードを招く

出典：筆者作成。

ができない，ということである。保険料を未納や滞納すると受給権を取得できなくなり，十分な保障を受けることができなくなる。また，保険料の未納や滞納が増えると財源の確保が難しくなる。

　第2に，社会保険は強制加入となるため，個人の自由な判断が制約されるということである。社会保険への加入は法律によって規定されており，法律に該当する者は自動的に強制加入となる。このため，保険を必要としない場合であっても加入しなくてはならず，個人の自由な判断が制約されることになる（図表4-3）。

3　社会扶助の概念と範囲

（1）社会扶助とは何か
　社会扶助とは，国（政府）や自治体が施策として保険の技術を用いず，租税を財源として給付を行う制度である。社会保険がリスクに事前に備える仕組みであるのに対し，社会扶助はリスクに遭った事後に対応する仕組みとなる。

　また，社会扶助は一定の要件に当てはまる者を対象とし，資産要件，または所得要件を伴うことが多くある。さらに，社会扶助による給付については個人の判断ではなく，行政の裁量に任せられる措置制度となることもある。

（2）社会扶助の範囲
1）社会扶助を構成する制度
　日本の社会扶助は3つの制度で構成されている。最低限度の生活を営めない

者に対する公的扶助制度，要件に該当する人に金銭を給付する社会手当制度，児童や障害者，高齢者などに対し，福祉サービスを提供する社会福祉制度である。

さらに，社会扶助を細かく区分すると，厳しい資力調査（ミーンズテスト）を伴う公的扶助制度，緩やかな所得制限（インカムテスト）を伴う社会手当制度と社会福祉制度に分けられる。社会手当制度と社会福祉制度については所得制限（インカムテスト）を伴わない場合もある。

2）社会扶助を構成する制度のあらまし

①　公的扶助制度

公的扶助制度は資産や能力などすべてを活用しても生活に困窮する者を対象とし，資力調査（ミーンズテスト）を要件として困窮の程度に応じて必要な保護を行い，最低限度の生活を保障するとともに自立を助長する制度である。日本においては生活保護制度が該当する。

生活保護制度は在宅扶助と施設保護の2つの方法で行われる。在宅扶助には生活扶助，教育扶助，住宅扶助，医療扶助，介護扶助，出産扶助，生業扶助，葬祭扶助の8つの扶助がある。また，施設保護には救護施設，更生施設，医療保護施設，授産施設，宿所提供施設の5つの施設がある。

②　社会手当制度

社会手当制度は法律によって規定された者を対象とし，公的扶助制度のような資力調査（ミーンズテスト）や社会保険のような事前の拠出を要件とせず，現金給付による生活支援などを目的とした制度である。

社会手当制度には，児童を育てる保護者に支給される児童手当，ひとり親家庭などに支給される児童扶養手当，障害を有する児童の保護者に支給される特別児童扶養手当などがある。また，重度の障害があるため，日常生活において常時，特別の介護を必要とする20歳以上の在宅で暮らす障害者に支給される特別障害者手当，同様に重度の障害があるため，日常生活において常時，特別の介護を必要とする20歳未満の在宅で暮らす障害児に支給される障害児福祉手当がある。

③　社会福祉制度

　社会福祉制度は児童や障害者，高齢者，ひとり親家庭など日常生活に不便や困難を来している人や世帯に対し，対人サービスなどを中心とした現物給付による自立支援などを目的とした制度である。

　社会福祉制度には，児童福祉，障害者福祉，高齢者福祉，母子・父子・寡婦福祉などの分野がある。すなわち，児童福祉では保育サービスや児童養護施設の運営など，障害者福祉では障害者総合支援法によるサービスなどがある。高齢者福祉については介護サービスなど介護保険制度によるものが多くなっているが，老人福祉法による健康保持のための老人健康保持事業や養護老人ホームの運営などがある。

（3）社会扶助の長所と短所

1）社会扶助の長所

　社会扶助の長所としては，第1に，一定の要件に該当すれば誰でも給付を受けることができることが挙げられる。給付に際し，社会保険のように事前に保険料を拠出する必要がなく，たとえ税金を負担していなくても給付を受けることができる。このため，社会保険でみられた保険料の未納や滞納の問題が生じることがない。

　第2に，特定のニーズに対し，効率的に給付を行うことできることが挙げられる。社会扶助ではニーズに応じた最低限の必要な給付を原則としている。このため，社会保険では対応できない低所得者やひとり親家庭など，個別のニーズに応じた給付を行うことができる。

2）社会扶助の短所

　しかし，社会扶助には短所もある。第1に，スティグマを伴うことである。公的扶助制度については，資力調査（ミーンズテスト）により一定水準以下の資力である者を保護することから選別的となり，スティグマを感じやすくなる。

　第2に，モラルハザード⁽³⁾を招くおそれがあることである。給付を受けて生活が充実することにより，リスクを回避しようとする意思が低下し，逆に，そこから抜け出そうとしなくなることがある。そこで，制度に安住する人が多くな

りやすくなりがちなため，財政負担の増大につながることにもなる（図表
4-3）。

注

(1)　資本主義による個人の資産や利益の拡大よりも貧富の差や階級をなくし，貧困な
　　どの社会問題を解決しようとする思想。

(2)　サービスを受ける人が受給にあたり，汚名や恥辱を受けること。

(3)　本来，保険に加入したことによりリスクを回避しようとする意思が低下し，保険
　　がない場合と比べ，リスク発生率が高くなること。

参考文献

石田成則・山本克也編著『社会保障論』（MINERVA スタートアップ経済学⑨）ミネ
　　ルヴァ書房，2018年。

厚生労働統計協会編『保険と年金の動向 2019/2020』厚生労働統計協会，2019年。

厚生労働統計協会編『国民の福祉と介護の動向 2019/2020』厚生労働統計協会，2019
　　年。

坂口正之・岡田忠克編『よくわかる社会保障 第5版』ミネルヴァ書房，2020年。

広井良典・山崎泰彦編著『社会保障』（MINERVA 社会福祉士養成テキスト⑲）ミネ
　　ルヴァ書房，2017年。

堀勝洋編著『社会保障論』（社会福祉選書⑤）建帛社，1999年。

---　国民は今　---

　社会保険と社会扶助に関わる長く続く議論として，基礎年金の税方式化がある。
この問題の背景には基礎年金の保険料の未納者が多くいることがある。2019年の第
1号被保険者の納付率は69.3%，すなわち，第1号被保険者の約4割は未納者とい
う報告がある。社会保険は拠出を前提としているため，未納になると老後の無年金
や低年金につながる。

　しかし，すべてを租税で賄おうとすると高い税率が必要となることや，それまで
支払った保険料をどうするかといった問題が生じる。社会保険と社会扶助の長所と
短所をきちんと理解し，どのような制度が国民にとってより望ましいか考えたい。

<table>
<tr><td>第5章</td><td>公的保険と民間保険制度の関係</td></tr>
</table>

学びのポイント

　私たちの生活は，社会保障制度による公的保険のみならず，民間保険によっても保障されている。このため，民間保険への理解が重要となる。本章では公的保険と民間保険に共通する保険とは何かを理解し，その違いを学ぶ。また，民間保険となる生命保険や損害保険などの内容について理解し，生活保障の観点から公的年金制度に対する私的年金として，企業年金や個人年金の内容についても合わせて学ぶ。

1　公的保険と民間保険の関係

（1）保険とは何か

　私たちの生活には病気やケガ，不慮の事故，突然の災害など様々な危険が存在している。このような危険が発生する可能性を一般的にリスクと呼ぶ。このリスクに対し，公的保険は広く国民の生活保障を行うのが基本だが，民間保険は公的保険では補えない部分を補完するものである。

　では，公的保険や民間保険に共通する保険とは何であろうか。保険とは，同じようなリスクを抱える人たちが集まり，あらかじめ保険料を支払い，実際に保険事故となるリスクに遭遇した人に保険金が支払われる仕組みである。つまり，いつ発生するかわからない個人のリスクに対し，加入者がお金を出し合ってリスクを分散する仕組みである。

　保険では，保険料を支払う加入者のことを被保険者と呼び，被保険者から集められた保険料を管理し，保険事故に遭った被保険者に対して保険金を支払う運営者を保険者と呼ぶ。そして，この保険者が国（政府）や自治体，あるいは公的団体である場合は公的保険となり，生命保険や損害保険などの民間会社で

ある場合は民間保険となる。

（2）保険を成り立たせるための原則

　保険は，無秩序につくられているのではなく，保険の原則にもとづいてつくられている。保険を成り立たせるため，次のような法則や原則がある。

1）大数の法則

　大数の法則は，確率的に発生する事象はデータが多くなるとその発生度合いが数理的な確率の値に近づく，ということである。たとえば，コイン投げで表と裏の出る回数を観察すると，表が出るのは確率的には2分の1であるが，2回投げても必ずしも表が1回出るとは限らない。ところが，この回数を10回，100回，1000回と増やしていくと，表が出る回数は数理的な確率の値である2分の1に近づいていく。これを大数の法則という。

　この大数の法則は，保険において保険料を算出する際に必要な保険事故の発生率に用いられる。個人一人ひとりの保険事故の発生率はわからなくても，多くの被保険者の保険事故を観察することにより，その発生率を全体として予測できるようになる。この発生率によって次の収支相等の原則や給付・反対給付均等の原則が導かれる。

2）収支相等の原則

　収支相等の原則は，保険者の収入となる保険料の総額と保険事故が発生した際，被保険者へ支払う保険金の総額が常に等しくならなくてはならないということである。[(1)] これは保険において保険料を決める際の前提となるものである。

　たとえば，死亡した場合に100万円を支払う生命保険があり，100人の被保険者がいて保険事故の発生率が年間2％だったとする。この場合，2人が亡くなる計算となり，100万円の保険料×2人分で200万円の保険金が必要となる。この200万円を100人の被保険者の保険料で賄うことになり，1人年間2万円の保険料となる。このように保険料の総額と保険金の総額が等しくならなくてはならないのが，収支相等の原則である。

3）給付・反対給付均等の原則

　給付・反対給付均等の原則は，被保険者が支払う保険料は保険事故が発生し

図表5-1　公的保険と民間保険の違い

	公的保険	民間保険
保険者	国（政府）や自治体 あるいは公的団体	民間会社
被保険者となる条件	法律にもとづく強制加入	契約にもとづく任意加入
財源となる保険料	保険料の他に公費負担がある場合が多い	保険料のみ
保険料の決め方	一律もしくは負担能力に応じる	リスクに応じる

出典：筆者作成。

た際に受け取る保険金の期待値と等しくならなくてはならない，ということである。つまり，被保険者が支払う保険料は被保険者自身の保険事故の発生率の高低によって調整をし，被保険者間の公平性を保たなくてはならない，ということである。

　たとえば，先程の生命保険を例にとると，死亡という保険事故の発生率は一律ではなく，若者と比較して高齢者の方が当然高くなる。このため，保険料は高齢者の方が高くなくては不公平となる。このように被保険者の保険事故の発生率に見合った保険料を課す，ということが給付・反対給付均等の原則である。

（3）公的保険と民間保険の違い

　公的保険と民間保険は同じ保険ではあるが，必ずしもすべてが同じということではなく，保険の原則と照らし合わせてみると社会保険においては異なる点がいくつかある（図表5-1）。

1）保険の財源の違い

　日本の公的保険において，収支相等の原則は完全に適用されているわけではない。公的保険の財源となる収入は被保険者からの保険料ですべて賄っているわけではなく，国庫負担や地方負担などの公費（税金）が投入されている。たとえば，年金保険制度における国民年金（基礎年金）の財源は被保険者からの保険料だけではなく，2分の1は国庫負担となっている。また，介護保険制度では保険料のほか，国のみならず，市町村や都道府県の地方負担もある。つまり，保険料の総額と保険金の総額が等しくなる収支相等の原則が完全には適用

されていないことになる。

　このような違いは公的保険と民間保険の被保険者の範囲の違いによるものである。公的保険の場合，法律で規定されている者がすべて被保険者となるのに対し，民間保険の場合，個人の判断によって被保険者となる。このため，公的保険では無職者や低所得者なども保険に加入することになり，このような人も保険料負担ができるよう，保険料の水準を下げるため，公費負担が行われている。

2）保険への加入の違い

　もう一つの保険の原則である給付・反対給付均等の原則についても民間保険には適用されているが，公的保険にはそのまま適用されないものがある。公的保険では，保険事故の発生率は同じであっても収入によって保険料が異なることがある。たとえば，公的な医療保険制度における健康保険の保険料は被保険者の収入による標準報酬にもとづいて算定される。このため，収入が高い人ほど保険料が高くなり，低い人ほど保険料が安くなる。この場合，収入の高低によって発生率が異なることは考えにくい。つまり，給付・反対給付均等の原則は適用されていないことになる。

　このような違いは，公的保険と民間保険の保険への加入の違いによるものである。公的保険の場合，法律によって加入が義務づけられているのに対し，民間保険は，契約によって加入が自由に判断できるようになっている。給付・反対給付均等の原則により，リスクに見合った保険料を適用すると公的な医療保険制度では高齢者などのリスクが高くなり，保険料を支払えない者も多くなる。このため，公的保険においては社会保障制度における生活保障という観点から，保険適用から除外されないよう，一律，または負担能力に応じた保険料となっている。

（4）社会保険と民間保険の関係性を理解する

　社会保険と民間保険の関係性を理解するため，生活保障の三層構造論[2]を用いて整理される。生活保障の三層構造論とは，図表5-2のように生活保障を国家による社会保障，雇用されている企業による企業保障，個人の自助努力によ

図表 5 - 2　生活保障の三層構造論

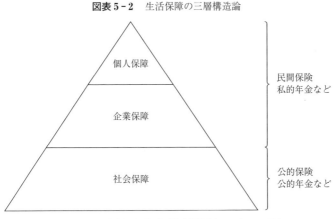

出典：川村匡由「民間保険」堀勝洋編著『社会保障論』1999年，152頁を
　　　参考に筆者作成。

る個人保障の 3 つに分けることである。最下層には政府が国民に対して広く生
活保障を行う社会保障があり，その上の層には企業の福利厚生となる企業保障，
最上層には個人の判断で備える個人保障がある。

　生活保障の三層構造論では，社会保障に当たるものが社会保険となり，企業
保障と個人保障に当たるものが民間保険となる。また，この三層構造論を年金
に当てはめると，社会保障が公的年金制度，企業保障が企業年金，個人保障が
個人年金となる。企業年金と個人年金については，三層構造論では民間保険と
なり，公的年金制度に対して私的年金と呼ばれている。このように国民の生活
保障は，社会保障だけでは十分ではなく，企業保障や個人保障によって補完さ
れている。

2　民間保険の主な種類

（1）民間保険とは何か

　民間保険は日常生活におけるリスクに対し，生命保険会社や損害保険会社な
ど民間会社が提供する各種保険商品のことである。民間保険は第 1 分野として
人の生死に関わる生命保険，第 2 分野としてモノの損害を補填する損害保険，

第3分野として生命保険，損害保険どちらにも当てはまらない保険に分けられている。

　また，民間保険は保険業法によって規定されており，「内閣総理大臣の免許を受けた者でなければ，行うことができない」とされている。このため，生命保険は生命保険業免許を受けた生命保険会社，損害保険は損害保険業免許を受けた損害保険会社がそれぞれ取り扱い，両方の免許を受けることができない生損保兼営の禁止となっている。つまり，生命保険会社が損害保険の商品，損害保険会社が生命保険の商品を取り扱うことを禁止している[3]。第3分野の保険については，生命保険会社と損害保険会社のどちらも取り扱うことができる。

（2）生命保険

　生命保険は人の生存または死亡に関して一定金額の保険金を給付することによって生活保障を行う保険商品のことである。生命保険の種類は，大きく分けると死亡保険，生存保険，生死一体（混合）保険の3つに分けられる。

1）死亡保険

　死亡保険は死亡による遺族の生活保障を目的とし，被保険者が亡くなった時や高度障害になった場合に遺族に保険金が支払われる生命保険である。保険期間を短く限って設定した定期保険，保険期間を限定せずに被保険者の死亡時に支払う終身保険などがある。

2）生存保険

　生存保険は高齢期などの経済的保障を目的とし，契約で決められた保険期間まで生存した場合，保険金が支払われる生命保険である。公的年金制度とは別に私的に契約する個人年金，子どもの教育費や結婚資金などの資金準備を目的としたこども保険などがある。

3）生死一体（混合）保険

　生死一体（混合）保険は死亡保険と生存保険を組み合わせた保険である。決められた保険期間に死亡した場合は死亡保険の給付，決められた保険期間まで生存した場合は生存保険の給付がそれぞれ行われる。生命保険では養老保険と

も呼ばれている。

（3）損害保険

　損害保険は自然災害や自動車事故など偶発的事故によって生ずる損害を補填することにより経済的な補償を目的とした保険商品のことである。損害保険は，個人だけではなく企業も対象としている。個人を対象としたものについては，火災保険，地震保険，自動車保険などがある。

1）火災保険

　火災保険は火災などによって損失した建物や建物の中にある家具などの家財に支払われる損害保険である。火災，落雷，ガス爆弾など基本的な補償範囲となる住宅火災保険，住宅火災保険に加えて水害や盗難など補償範囲が手厚くなる住宅総合保険などがある。

2）地震保険

　地震保険は地震などによって損失した建物や建物の中にある家具などの家財に支払われる損害保険である。地震保険は，火災保険では補償されない地震のほか，噴火や津波などの場合も補償される。もっとも，地震保険単独では契約することができず，火災保険とセットして契約する場合が多い。

3）自動車保険

　自動車保険は自動車事故に関する損失，リスクに対応するための損害保険である。自動車保険には，自動車保有者に加入を義務づけている自動車損害賠償責任保険（自賠責保険）と任意加入の自動車保険（任意保険）があり，どちらも損害保険会社が取り扱う。自賠責保険は，補償範囲が対人のみと狭く建物や相手の車などの対物には補償されない。

　また，上限額が決められており，傷害で120万円，死亡で3,000万円となっている。このため，任意の自動車保険が必要となり，人に対する対人賠償保険，物に対する対物賠償保険，運転者に対する自損事故保険，自動車に搭乗していた者に対する搭乗者傷害保険，損害を受けた自動車に対する車両保険などがある。

（4）第三分野の保険

　第三分野の保険は生命保険の固有分野と損害保険の固有分野のいずれの分野にも属さない傷害，疾病，介護などに関する分野の保険商品のことである。第三分野の保険の種類は幅広く，代表的なものとしては傷害保険，民間医療保険，民間介護保険などがある。

1）傷害保険

　傷害保険は偶然の事故などによって身体にケガ（骨折，やけどなど）を被った場合に支払われる保険である。ケガに特化した保険であるため，ケガを負うリスクの高い仕事に就いたり，スポーツを行ったりする場合などに加入する。

2）民間医療保険

　民間医療保険は公的医療保険では補えない部分を補完する保険である。保険内容は商品によって異なるが，基本的には現金給付となり，入院や手術をする場合に医療費の一部，または全額が支払われる。公的保険とは異なり，健康状態によっては加入できないこともある。

3）民間介護保険

　民間介護保険は公的介護保険では補えない部分を補完する保険である。保険内容は商品によって異なるが，基本的には現金給付となり，保険会社の定める所定の状態になった場合，定期的に現金を受け取る介護年金や一括で現金を受け取る介護一時金などがある。

3　公的年金制度を補完する私的年金

（1）私的年金

　私的年金は老後の生活保障として公的年金に上乗せするものや，定年退職から公的年金を受け取る年齢までのつなぎの形で補完するものとなる。このため，急速に進む少子高齢化の影響により公的年金制度の持続可能性が問われているなか，私的年金に期待されている役割は大きくなっている。このように私的年金は公的年金制度と密接に関係することから，民間保険の一種として位置づけられる。

　私的年金は大きく企業年金と個人年金の２つからなる。企業年金は企業が従業員の福利厚生の一環として行う年金である。それに対し，個人年金は民間の保険会社や金融機関などが提供する商品に個人の判断で加入する年金である。どちらも公的年金制度を補完することで，より充実した老後の生活保障を目的にしている。

（2）企業年金にはどのようなものがあるのか

1）厚生年金基金

　厚生年金基金は国に代わり，老齢厚生年金の報酬比例部分の支給を代行し，報酬比例部分に独自のプラスアルファ部分を上乗せして給付を行う年金である。1966年の厚生年金法の改正により創設された。厚生年金基金は企業単位で法人として設立され，基金がある企業の従業員は厚生年金の被保険者であると同時に厚生年金基金の加入者となる。また，生命保険会社や信託銀行，投資顧問会社などが受託することも可能である。

　しかし，バブル経済崩壊以降の経済不況によって資金運用が悪化するようになり，厚生年金基金の解散が相次いだ。このため，2001年に確定拠出年金法と確定給付企業年金法が制定され，新たな企業年金が設けられた。さらに，2012年には多くの厚生年金基金を受託していたAIJ投資顧問会社が約1,500億円の年金資産を消失していたことが明らかになった。これを受けて厚生年金基金に関する改正が行われ，2014年4月以降の厚生年金基金の新設は認められず，解散や他の企業年金への移行促進が図られることになった。

2）確定給付企業年金

　確定給付企業年金（Defined Benefit Plan：DB）は加入した期間などにもとづき，あらかじめ給付額が定められている年金である。このため，約束された給付額に足りない場合，企業が補填することになっている。2001年に確定給付企業年金法が制定され，翌2002年4月より運用が開始された。先程の厚生年金基金も同じ確定給付型となるが，[4]その違いは老齢厚生年金の報酬比例部分の支給の代行部分が無いことである。このため，厚生年金基金については確定給付企業年金へ移行することも可能で，代行部分を国へ返上する代行返上が認められ

ている。

　確定給付企業年金には，「規約型」と「基金型」がある。規約型は従業員が⁽⁵⁾

事業主に年金管理を委託するもので，合意した年金規約にもとづき，企業が生
命保険会社や信託会社などと契約を結び，外部機関において年金資金の管理運
用を行うものである。これに対し，基金型は企業とは別の法人となる企業年金
基金を設立し，その企業年金基金において年金資金の管理運用を行うものであ
る。

3）確定拠出年金

　確定拠出年金（Defined Contribution Plan：DC）は拠出した掛金と年金資金を
運用した収益との合計額にもとづき，給付額を決定する年金である。このため，
給付額は自己責任で管理運用するものとなり，不足しても企業が補填すること
はない。2001年に確定拠出年金法が制定され，同年10月より運用が開始された。
それまでの確定給付型による企業年金では中小企業に普及していないことや，
転職の際の年金資金の転換が確保されていないなどの問題が指摘されてきた。
このため，確定拠出年金はアメリカの確定拠出型年金である401k を参考にし⁽⁶⁾
て創設された。

　確定拠出年金には「企業型」と「個人型」がある。企業型とは，企業ごとに
実施し，企業が従業員のために掛金を拠出して従業員が運用するものである。
加入対象は，実施企業で働いている従業員となっている。また，従業員は企業
が拠出する掛金に上乗せするマッチング拠出も可能となるが，他の企業年金へ
の加入の有無で上限が異なる。他の企業年金に加入していない場合，月額5万
5,000円までとなり，加入している場合，月額2万7,500円までとなる。

　個人型は国民年金基金が実施し，個人で掛金を拠出して運用するものである。
通称「iDeCo（イデコ）」と呼ばれている。加入対象は自由業・自営業者などの
国民年金の第1号被保険者，サラリーマンや公務員などの第2号被保険者で企
業年金に加入していない者（企業年金に加入している者でも年金規約で加入が認め
られている場合は可），専業主婦などの第3号被保険者で60歳未満の者である。
公務員や専業主婦などについては，2017年から加入できるようになった。もっ
とも，無制限に拠出できるわけではなく，国民年金の被保険者の種別や企業型

図表 5 - 3　iDeCo の上限額

国民年金の 第 1 号被保険者	国民年金の第 2 号被保険者		国民年金の 第 3 号被保険者
自営業者など 月額 6 万8,000円 年額81万6,000円	サラリーマン ・企業型 DC がない 月額 2 万3,000円 年額27万6,000円 ・企業型 DC がある 月額 2 万円 年額24万円	公務員 月額 1 万2,000円 年額14万4,000円	専業主婦・主夫 月額 2 万3,000円 年額27万6,000円

出典：筆者作成。

確定拠出年金の有無によって上限が決まっている（図表 5 - 3 ）。

（3）個人年金

　個人年金は長生きするリスクを加入者間で分散する保険の仕組みを用いた，主に民間保険会社が取り扱う保険商品である。保険商品であることからさまざまな種類があるが，受け取る年金額や受け取る期間などで整理することができる。

　まず，受け取る年金額に応じ，定額個人年金と変額個人年金に分けられる。定額個人年金は契約時に保険料の利率を定めて受け取れる年金額をあらかじめ決めておくものである。安定的であるが，決められた年金額以上に増えることはない。これに対し，変額個人年金は保険料の運用実績に応じて受け取れる年金額が変動するものである。受け取る年金額が大きく増える可能性があるが，運用実績が悪いと元本割れの可能性もある。[7]

　さらに，個人年金は受け取る期間に応じ，確定年金，有期年金，終身年金などに分けられる。確定年金は被保険者の生死にかかわらず，契約時に決められた期間，年金を受け取ることができるものである。有期年金は被保険者が生存している場合に限り契約時に決められた期間，年金を受け取ることができるものである。これに対し，終身年金は被保険者が生存している限り一生涯，年金を受け取ることができるものである。

注

(1) 民間保険会社が保険料を決める際には保険金の支払となる「純保険料」のほか，保険会社の経営上の経費となる「付加保険料」を合算した金額となる。

(2) 生活保障の三層構造論は「三本柱構造論」としてとらえるものもある。

(3) ただし，1996年の保険業法の改正により，それぞれの会社が子会社をつくり，それぞれの分野に相互参入することは認められている。

(4) 従来の企業年金として厚生年金基金のほか，1962年に創設された適格退職年金（適年）がある。適年とは企業が従業員の代わりに生命保険会社や信託会社などと契約を結び，年金資金を管理運用するものである。2012年に廃止されている。

(5) それまでの企業年金である適格退職年金と厚生年金基金を確定給付企業年金の種類に照らし合わせると，規約型が適格退職年金に代わるものとなり，基金型が厚生年金基金に代わるものとなる。

(6) アメリカの内国歳入法401条 k 項に規定される確定拠出型年金である。日本とは拠出の方法や積立金の払い戻し方法で違いがある。

(7) 保険商品や金融商品など運用に回した資金が元よりも下回ってしまうこと。

参考文献

石田成則・山本克也『社会保障論』（MINERVA スタートアップ経済学⑨）ミネルヴァ書房，2018年。

厚生労働統計協会編『保険と年金の動向 2019/2020』厚生労働統計協会，2019年。

坂口正之・岡田忠克編『よくわかる社会保障 第5版』ミネルヴァ書房，2020年。

広井良典・山崎泰彦編著『社会保障』（MINERVA 社会福祉士養成テキスト⑲）ミネルヴァ書房，2017年。

堀勝洋編著『社会保障論』（社会福祉選書⑤）建帛社，1999年。

椋野美智子・田中耕太郎『はじめての社会保障 第17版』有斐閣，2020年。

── 国民は今 ──

　日本人の半数が100歳以上生きるといわれる「人生100年時代」を見据えた取り組みのなかで，公的年金制度のみでは老後の生活資金が足りなくなるといわれている。こうした生活資金の不足に対し，国は，働いている現役時代の早い時期から長期・積立・分散投資による資産形成が必要だとしている。その方法の一つとして挙げられているのが個人型確定拠出年金の iDeCo である。つまり，iDeCo などによる資産形成を通じた自助が求められている，というのである。ともあれ，今後の老後の生活保障は社会保障制度による公的保険のみならず，民間保険制度の活用といった自助努力が国民に求められていることが一般的である。

第6章	社会保障制度の体系

学びのポイント

本章では，医療保険制度，介護保険制度，年金保険制度，労災保険制度・雇用保険制度（労働保険制度），生活保護制度，社会手当制度，社会福祉制度の順に社会保障制度全体の概要，すなわち，それぞれの制度の目的，対象，給付内容，財源構成を述べるが，個々の制度のくわしい「学びのポイント」はこれらの制度ごとに紹介する。

1 医療保険制度

（1）医療保険制度

　医療保険は，私たちが万が一，病気やケガをした時，その医療費用の保障を目的とする社会保険である。日本では1961年以降，すべての国民が何らかの医療保険に必ず加入し，医療サービスを受けることができるようになった。これを国民皆保険（制度）という。日本の国民皆保険制度は，イギリスの医学誌から「短期間で世界一の長寿国となり，高い健康水準を実現」「国民皆保険で公平でアクセスしやすい医療を実現」「先進国の中では低い医療費でこれらを達成したこと」等，高い評価を受けたこともある。

　代表的な公的医療保険制度は大きくは3種あり，企業や団体，組織等で働く被雇用者を対象とした被用者保険（健康保険など），農業従事者や自営業の被用者，失業者を対象とする国民健康保険，75歳以上である後期高齢者を対象とする後期高齢者医療制度がある。その他，船員保険があり，共済組合等は国家公務員と地方公務員等，そして，私学教職員の3つに分かれる（図表6-1）。

　制度上，すべての国民はまず市町村国保の被保険者の対象となるが，他の公

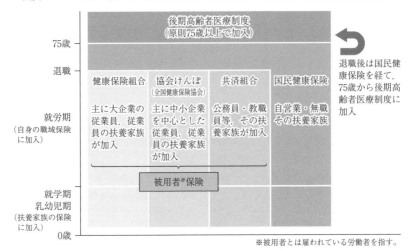

図表6-1 公的医療保険の種類と対象者（年齢によって加入する医療保険が変わる）

出典：日本医師会「日本の医療保険制度の仕組み」（https://www.med.or.jp/people/info/kaifo/system/）。

的医療保険制度の対象となる者は適応除外となり，それぞれの対象の被保険者となる。

（2）諸外国の医療制度との違い

　こうした日本の国民皆保険制度と比較し，外国の医療制度はまた異なる（図表6-2）。先進国の中でいうと，ヨーロッパでは病院のほとんどが公立であり，基本的に財源は税金で賄われている。イギリスでは医療提供は公的サービスという考え方で，国民保健サービス（National Health Service：NHS）として保健省が制度運営をしている。

　アメリカは先進国の中では珍しく，国民全体をカバーする公的医療保険制度はなく，多くの国民は民間の保険に加入している。民間保険に加入することが難しい高齢者や障害者は「メディケア」，低所得者は「メディケイド」という公的医療保険制度がある。なお，民間の医療保険は高額で非加入者も多かったため，2014年からオバマ大統領が医療保険制度改革（オバマケア）を行い，加入要件の敷居を下げて医療保険の非加入者の減少をめざしたが，2017年トラン

図表6−2　海外の医療保障制度の概要

	保険制度	外来患者自己負担	かかりつけ医の登録制の有無（法的義務含む）
イギリス	9割を占める公的（税財源），および1割の民間自費医療サービスが両立	公的は原則無料（処方箋料等の少額負担あり）	有（登録診療所のみ受診可）
アメリカ	公的な医療保険は「メディケア」と「メディケイド」のみ	保有する保険により年間免責金額，定額負担，負担割合等が異なる	無（保険毎に受診可能な契約医あり）
フランス	公的皆保険（民間保険は二階建て部分をカバー）	3割負担（償還式）。かかりつけ医を通さずに専門医を受診した場合は7割負担（婦人科・小児科・眼科・歯科は除く）	有（かかりつけ医を登録する制度はあるが，紹介状なしに他の医師を受診することができる）
ドイツ	皆保険。公的（90％），および民間医療保険（10％）の両立（公的保険は選択可能）	原則無料（2013年より自己負担廃止）	無（法的義務はないが，90％がかかりつけ医を持つ。家庭医中心診療に参加しているのは，人口の5％程度）
スウェーデン	税方式による公営の保険・医療サービス	料金はランスティング（広域自治体）が独自に決定。自己負担の上限がある	地区診療所を家庭医として登録
日　本	公的皆保険	原則3割負担（自己負担額の上限あり），3歳以下は2割負担	無

資料：厚生労働省「OECD加盟国の医療費の状況」を基に作表。
出典：日本医師会「日本と諸外国の医療水準と医療費」(http://www.med.or.jp/people/info/kaifo/compare/)。

プ大統領（当時）はかえって負担が増える国民が多いことなどから，このオバマケアを見直す大統領令に署名した。

　以上のように，各国の医療制度はそれぞれ分かれており，大きくは①社会保険方式（日本やドイツ，フランス），②保健サービス方式（イギリスや北欧。財源は税），③民間保険方式（アメリカ）がある。

（3）医療保険制度の仕組み

　私たちが病気やケガをした時，医療機関にかかって窓口で保険証を見せ，医療費（の一部）を支払う。この時医療保険が使われているわけだが，支払った

制度名		保険者(平成29年3月末)	加入者数(平成29年3月末)[本人][家族]千人	保険給付 医療給付 一部負担	保険給付 医療給付 高額療養費制度、高額医療・介護合算制度	入院時食事療養費(食事療養標準負担額)	入院時生活療養費(生活療養標準負担額)	現金給付	財源 保険料率	財源 国庫負担・補助
健康保険	一般被用者 協会けんぽ	全国健康保険協会	38,071 [22,428] [15,643]		(高額療養費制度) ・自己負担限度額(70歳未満の者) (年収約1,160万円～) 252,600円＋(医療費－842,000円)×1％ (年収約770～約1,160万円) 167,400円＋(医療費－558,000円)×1％ (年収約370～約770万円) 80,100円＋(医療費－267,000円)×1％ (～年収約370万円) 57,600円 (住民税非課税) 35,400円 (70歳以上75歳未満の者) 現役並み所得者 外来(個人ごと)57,600円 80,100円＋(医療費－267,000円)×1％. 一般 外来(個人ごと)114,000円(年144,000円) 24,600円 (住民税非課税世帯) 外来(個人ごと)8,000円 15,000円 外来(個人ごと)8,000円 (高額医療・介護合算制度) 世帯合算基準額	・(食事療養標準負担額) ・(住民税課税世帯) 1食につき460円 ・住民税非課税世帯 90日目まで 1食につき210円 91日目から 1食につき160円 ・特に所得の低い住民税非課税世帯 1食につき100円	・(生活療養標準負担額) ・(医療区分(II)) 1食につき460円 ＋1日につき370円 ・住民税非課税世帯 1食につき210円 ＋1日につき370円 ・特に所得の低い住民税非課税世帯 1食につき130円 ＋1日につき370円 ・難病病床に入院する65歳以上の方が対象 ・難病患者等の入院時の食事療養に係る負担は求めない	・傷病手当金 ・出産育児一時金等	10.00% (全国平均)	給付費等の16.4%
	組合	健康保険組合 1,399	29,463 [16,284] [13,179]	義務教育就学後から70歳未満 3割				同上 (附加給付あり)	各健康保険組合によって異なる	定額 (予算補助)
	健康保険法第3条第2項被保険者	全国健康保険協会	19 [13] [6]	義務教育就学前 2割					1級日額390円 11級3,230円	給付費等の16.4%
船員保険		全国健康保険協会	122 [58] [64]	70歳以上75歳未満(※)2割 (現役並み所得者3割)	(※)平成26年3月末までに既に70歳に達している者 1割			同上 (附加給付あり)		定額
各種共済	国家公務員	20共済組合	8,697 [4,514] [4,184]							なし
	地方公務員等	64共済組合								なし
	私学教職員	1事業団								
国民健康保険	農業者・自営業者等	市町村 1,716 国保組合 163	市町村 32,940 国保組合 2,814		世帯合算基準額 外来(個人ごと)8,000円. 外来(個人ごと)以外 特に所得の低い(住民税非課税世帯) 外来(個人ごと)15,000円. 12月間(同一月ごと)に設置の4回目からの自己負担限度額 (70歳未満の者) (年収約1,160万円) 140,100円 (年収約770～約1,160万円) 93,000円 (～年収約370万円) 44,400円 (住民税非課税) 24,600円 (70歳以上75歳未満の現役並み所得者・一般所得者) 44,400円			・出産育児一時金 ・葬祭費	世帯毎に応益割(定額)と応能割(負担能力に応じて)を賦課 保険者によって賦課算定方式は多少異なる	給付費等の41% 給付費等の35.9～47.3%
	被用者保険の退職者	市町村 1,716	30,126							なし

86

| 後期高齢者医療制度 | [運営主体]
後期高齢者医療広域連合 47 | 16,778 | 1割
（現役並み所得者3割） | 自己負担限度額
（現役並み所得者80,100円＋（医療費−267,000円）×1％ 57,600円
（多数該当の場合）44,400円
（一般）57,600円
　　　　　外来（個人ごと）
　　　　　　14,000円
　　　　　　（年144,000円）
多数該当の場合：44,400円
（住民税非課税世帯24,600円　8,000円
（住民税非課税世帯のうち特に所得の低い者）
　15,000円　8,000円　8,000円 | ・長期高額疾病患者の負担軽減
血友病、人工透析を行う慢性腎不全の患者等
人工透析を行う70歳未満の患者の自己負担限度額10,000円
（ただし、年収約770万円超の区分で人工透析を行う70歳未満の患者の自己負担限度額20,000円）
（高額医療・高額介護合算制度）
1年間（毎年8月〜翌年7月）の医療保険と介護保険における自己負担の合算額が著しく高額になる場合に、負担を軽減する仕組み。自己負担限度額は、所得に応じ年齢に応じ細かく設定。 | 同上 | 同上。
ただし、老齢福祉年金受給者1名につき100円 | 葬祭費　等 | 各広域連合によって定めた保険料率と所得割率によって算定されている | ・保険料 約10%
・支援金 約40%
・公費 約50%
（公費の内訳）
国：都道府県：市町村
4：1：1 |

注：(1) 後期高齢者医療制度の被保険者は、75歳以上の者及び65歳以上75歳未満の者で一定の障害の状態にある旨の広域連合の認定を受けた者。
(2) 現役並み所得者は、住民税課税所得145万円（月収28万円以上）以上または同一世帯に属する70〜74歳の被保険者の総所得金額等の合計額が210万円以上の者。ただし、収入が高齢者複数世帯で520万円未満若しくは高齢者単身世帯で383万円未満の者、及び旧ただし書所得の合計額が210万円以下の者は除く。特に所得の低い住民税非課税世帯とは、年収入80万円以下の者等。
(3) 国保組合の定率国庫補助については、健保の適用除外承認を受けて、平成9年9月1日以降新規に加入する者及びその家族については協会けんぽ並みとする。
(4) 加入者数は四捨五入により、合計と内訳の和とが一致しない場合がある。
(5) 船員保険の保険料率は、被保険者保険料負担軽減措置（0.50%）による控除後の率。

出典：厚生労働省編『厚生労働白書 平成30年版』資料編、27頁。

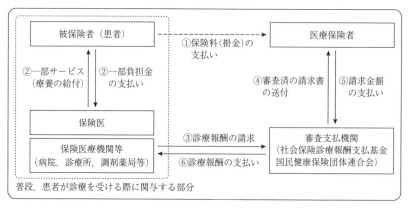

図表 6 - 4　保険診療の流れ

出典：厚生労働省「我が国の医療保険について」(https://www.mhlw.go.jp/stf/seisakunitsuite/
bunya/kenkou_iryou/iryouhoken/iryouhoken01/index.html)。

一部以外のお金はどう動くのか。また，その仕組みはどのようなものか。

　医療保険制度は4つの主体から構成されている。1つ目は被保険者である。万が一病気やケガをした際の医療費の支払いに備え，普段から一定の保険料を保険者に納めている。2つ目は保険者である。○○市町村や□□健康保険協会，また△△健康保険組合などで，その医療保険制度の運営機関である。被保険者に保険証を発行し，毎月保険料を徴収している。3つ目は保険医療機関である。正しく病院や診療所のことだが，各地域の社会保険事務所に申請をして指定を受けた所をいう。私たち被保険者に医療サービスを提供する。4つ目は審査支払機関である。保険医療機関からの診療報酬の請求を受け，その内容が適正なものかを審査し，保険から支払いを受ける機関である。主な機関に社会保険診療報酬支払基金や国民健康保険団体連合会がある。

　実際の流れは次のようになる。被保険者（患者）は病気やケガをして，指定医療機関へ受診する。そこで被保険者証（保険証）を提示し，必要な医療を受ける（医療をモノやサービスで受け取ることを現物給付という）。そして，被保険者は，かかった費用の一部のみを支払うことになる。この際，指定医療機関は被保険者が支払った一部費用の残りを審査支払機関に請求する。審査支払機関は被保険者に提供された医療サービスのメニューである診療報酬について，ルー

ルに則っているか，無駄や間違いはないか等を審査する。審査を通れば請求内容は保険者に回され，保険者は診療報酬を（審査支払機関を通して）指定医療機関に支払う（図表6‐4）。

（4）医療保険制度の給付内容

各医療保険制度における保険給付内容は法定給付と付加給付に分かれる。

1）法定給付

法令に基づいて保険者に義務づける給付。医療給付と現金給付がある。

① 医療給付

病気やケガの診察・治療にかかる費用など，医療上の内容に対して給付される。方法として現物給付と償還払い給付がある。現物給付は，病気やケガをしたとき，病院で医師の診察を受ける際，診察，治療，薬剤，手術，在宅療養，入院など具体的な医療サービスが提供されることを指す。償還払給付は，何らかの事情によって医療機関に医療費の全額，あるいは自己負担額を超えて支払った場合，後から償還すべき相当額が払い戻されることを指す。

② 現金給付

高度な治療を要する場合，あるいは出産や死亡した場合，医療保険の加入者に現金を給付するもので，療養費，入院時食事療養費，訪問看護療養費，特定療養費，移送費，傷病手当金，出産手当金，出産育児一時金，死亡時の埋葬料などがある。

2）付加給付

各医療制度の中で健保組合のみが定めるもので，法廷給付に上乗せして給付される。付加給付としては，患者一部負担の一部についての還元金や傷病手当等に上乗せする賦課金などがある。

（5）健康保険

1）対　　象

健康保険法は，労働者，またはその被扶養者の疾病や負傷等に関して保険給付を行い，国民の生活の安定と福祉の向上に寄与することを目的としている医

療保険制度である。

　この労働者を対象とした健康保険の保険者は2種類あり，①主に大企業の各健康保険組合が運営する組合管掌健康保険（組合健保），②主に中小企業が加入する全国健康保険協会（協会けんぽ）がある。

　①組合健保は，一定数の従業員（単一で700人，協同組合で3,000人以上）を雇用する，いわゆる大企業などの企業単位で運営される。②協会けんぽは，組合健保を設立できないそれ以外の中小企業の被用者が対象で，各都道府県に協会けんぽ支部が設置されている。

　加入者（被保険者）については大きく分けて3種類あり，①強制適用，②任意，③任意継続がある。①強制適用は，健康保険法において規定される事業所（製造業や土木建築業，鉱業，運送業，保険・金融業等一定の事業を行う）で常時5人以上の従業員を雇用する事業所および法人事業所（5人未満もすべて含む）は，強制適用事業所として強制的に健康保険の適用事業所となる。②任意は，強制適応とならない5人未満の個人事業所や5人以上であってもサービス業の一部等について，被保険者となるべき従業員の2分の1以上の同意があれば任意適応事業所となることができる。

　なお，任意適応事業所であっても一度適応事業所となれば，原則としてすべての従業員が健康保険の被保険者となる。③任意継続は，健康保険の被保険者が，解雇や退職などの理由により資格を喪失した場合でも，一定の条件を満たせば2年間を限度として引き続き被保険者として認められるものである。ちなみに，健康保険は正規従業員などの雇用関係にあるものを対象としており，臨時雇用者，日雇い労働者などは加入できないが，一定の条件（週20時間以上労働，1年以上の雇用見込み，年収106万円以上，学生でない，など）を満たせば被保険者となることができる。

　被保険者の扶養者も保険給付の対象となりうる。被扶養者については被保険者の直系尊属，配偶者，子，孫および弟妹であって，主として当該被保険者により生計を維持するもの，被保険者の3親等内の親族であって，当該被保険者と同一世帯に属し，主として当該被保険者により生計を維持するもの等とされている。

なお，配偶者については届け出をしていないが，事実上，婚姻関係と同様の事情にあるものを含むこととされている。

2）給付内容

身近な給付内容といえば医療機関にかかった際，一部負担の支払いで済むというものだが，これ以外にもこの制度の給付内容は多岐にわたる。以下にその一部を紹介する（図表6-5）。

① 傷病に対する給付

療養の給付　被保険者本人が病気等で診療を受けた時は次の給付が現物給付される。

・診　察
・薬剤または治療材料の支給
・処置・手術その他の治療
・在宅で療養する上での管理，その療養のための世話，その他の看護
・病院・診療所への入院，その療養のための世話，その他の看護

入院時食事療養費　被保険者本人が入院したとき，平均的な家計における食費を勘案して国が定めた額（食事療養費標準負担額）から個人標準負担額を差し引いたものが，保険者から医療機関に支払われる。つまり，被保険者の食費が抑えられる。

入院時生活療養費　65歳以上の被保険者が療養病床へ入院し，生活療養を受けた際に支給される。

療養費　療養の給付は通常現物給付が行われるが，保険者が困難と認める時，また，やむを得ない事情等からこれにより難い時（保険医療機関等以外の医療機関にかかった場合等），いったん被保険者が医療機関に費用全額を支払った後，現物給付として療養費が支給される。

訪問看護療養費　居宅において継続して療養を受けるため，訪問看護を受けた際，療養の給付と同じように保険者が保険料の支払いをする。

高額療養費　1カ月間のうち一医療機関に支払った一部負担金の額が高額の場合に支給され，自己負担額が上限までとなる。

移送費　被保険者が療養の給付を受けるため，病院，または診療所に移

図表6-5　各医療保険制度の給付

	健康保険・共済組合	国民健康保険
療養の給付 訪問看護療養費	義務教育就学前　　　　　　　　：8割 義務教育就学後から70歳未満：7割 70歳以上75歳未満　　　　　：8割（現役並み所得者：7割） 75歳以上　　　　　　　　　　：9割（現役並み所得者：7割）	
入院時 食事療養費	食事療養標準負担額　　　　　　　：一食につき360円 低所得者　　　　　　　　　　　　：一食につき210円 特に所得の低い低所得者　　　　　：一食につき100円	
入院時 生活療養費 （65歳～）	生活療養標準負担額　　　　：一食につき食費360円＋居住費320円 低所得者　　　　　　　　　：一食につき食費210円＋居住費320円 特に所得の低い低所得者　　：一食につき食費130円＋居住費320円 老齢福祉年金受給者　　　　：一食につき食費100円＋居住費0円	
傷病手当金	最長1.5年の範囲内で1日につき「標準報酬日額の×3分の2」相当額を支給	任意給付（実施している市町村はない）
出産手当金	出産日以前42日～出産日後56日までの範囲で1日につき「標準報酬日額の×3分の2」相当額を支給	任意給付（実施している市町村はない）
出産育児一時金	被保険者またはその被扶養者が出産した場合，原則42万円を支給	条例または規約の定めるところによる（多くの保険者で原則42万円を支給）
埋葬料	被保険者またはその被扶養者が死亡した場合，定額5万円を支給	条例または規約の定めるところによる（多くの市町村で実施。1～5万円程度を支給）

高額療養費の自己負担限度額（70歳未満）

年収区分	月単位の自己負担上限額（円）
年収約1160万円～	252,600＋（医療費－842,000）×1％
年収約770～約1160万円	167,400＋（医療費－558,000）×1％
年収約370～約770万円	80,100＋（医療費－267,000）×1％
～年収約370万円	57,600
住民税非課税	35,400

高額療養費の自己負担限度額（70歳以上）＊平成30年8月～

年収区分		月単位の自己負担上限額（円）	
		外来（個人）	外来・入院（世帯単位で合算）
現役並	年収約1160万円～	252,600＋（医療費－842,000）×1％	
	年収約770～約1160万円	167,400＋（医療費－558,000）×1％	
	年収約370～約770万円	80,100＋（医療費－267,000）×1％	
一般		18,000	57,600
住民税非課税		8,000	24,600
住民税非課税（総所得0円の世帯）		8,000	15,000

＊70歳以上を対象に高額療養費制度の段階的見直しを実施
　第1段階目（29年8月～30年7月）：現行の枠組みを維持したまま，限度額を引き上げ
　第2段階目（30年8月～）：現役並み所得区分については細分化し，限度額を引き上げ

出典：坂口正之・岡田忠克編『よくわかる社会保障 第5版』ミネルヴァ書房，2018年，111頁を筆者改変。

送された時は，実費分又は保険で認められた範囲で支給される。

②　仕事を休んだときの給付

　傷病手当金　　被保険者が病気やケガのために働くことができない状況で給料が減額されたり，支給されない場合に支給される。自営業者の場合は休業期間の給付額が明確ではないため，国民健康保険に傷病手当金給付はない。

　出産手当金　　出産のために休職し，給料を支給されない時，又は支給されても出産手当金より少ない時に差額が支給される。

　育児休業手当金　　育児休業中，育児休業開始日から子どもが満1歳になるまで給付される。

　介護休業手当金　　要介護状態の家族を介護するため，介護休業を取得した場合，3カ月以内において勤務できなかった期間について給付される。

③　出産・死亡の一時金

　出産育児一時金　　出産した際，一児当たり42万円が支給される。

　埋葬料　　被保険者が死亡した時，5万円が支給される。

3）財　　源

　健康保険の財源は，被保険者の納める保険料と国庫負担金・国庫補助金によって賄われている。保険料額は，標準報酬月額および標準賞与額に保険料率を乗じて計算される。保険料率は都道府県ごとの保険料率が適用されるが，全国平均の保険料率は10.00％である。ちなみに，介護保険第2号被保険者（40歳以上65歳未満）は前記に介護保険の保険料率（1.57％）が加算される。保険料の負担は被保険者，事業主で折半する。

　被保険者の自己負担率は保険加入者，被扶養者ともに70歳未満は3割，70歳以上75歳未満は2割（一定以上の所得を有する者は3割），義務教育未就学児（6歳に達する日の属する最初の3月31日まで）は2割である。

（6）国民健康保険

1）対　　象

　国民健康保険は，健康保険，船員保険，共済組合等の被用者保険に加入していない者を対象とし，疾病，負傷，出産，死亡について必要な保険給付を行う

ことを目的とする医療保険制度である。たとえば，農業従事者，自営業，無職者などがあてはまる。

　国民健康保険の保険者は，都道府県，市町村（特別区を含む）および国民健康保険組合である。国民健康保険組合は同業職種に従事する者（医師，弁護士，理容師など）により組織される法人で，都道府県および都道府県内の市町村の行う国民健康保険事業に支障のない限り，知事の認可を受けて設立される。

　保険料の徴収は保険税，または保険料のいずれかにより世帯主，または組合員に課される。約90％の市町村が保険税方式を採用している。

2）給付内容

　給付内容については，健康保険の被用者保険の場合と大きな相違はない。療養の給付（現物給付），入院時食事療養費，入院時生活療養費，保険外併用療養費，療養費，訪問看護療養費，特別療養費，移送費の支給（現金給付）などは被用者保険と同様である。傷病手当金は条例，または規約の定めるところにより任意給付として実施することはできるが，市町村の場合，現在実施しているところはない。

3）財　　源

　国民健康保険の財源は被保険者の納める保険料，国庫負担（補助），都道府県補助金，市町村補助金，市町村の一般会計からの繰入金等がある。保険料の算定方式は複雑であり，収入や固定資産税額に応じて負担する所得割と資産割（2つは応能割といわれる），世帯ごとや世帯の被保険者数に応じて負担する平等割と均等割（2つは応益割といわれる）の4つから各市町村が組み合わせ，計算される。

　被保険者の自己負担率は，保険加入者，被扶養者ともに70歳未満は3割，70歳以上75歳未満は2割（一定以上の所得を有する者は3割），義務教育未就学児（6歳に達する日の属する最初の3月31日まで）は2割である。

（7）共済組合

1）対　　象

　共済組合は大きく分けて3種類あり，①国家公務員を対象とした国家公務員

共済組合，②地方公務員を対象とした地方公務員共済組合，私立学校教職員などを対象とした私立学校教職員共済がある。

　これらの対象者は，健康保険法において「共済組合の組合員であるものに対しては，この法律による保険給付は，行わない」とされ，各々の共済組合法によって，医療保険の給付に当たる短期給付事業，年金給付に当たる長期給付事業が行われている。それぞれ国家公務員共済組合法，地方公務員等共済組合法，私立学校教職員共済法を根拠法としている。

　2015年3月末現在，国家公務員共済組合の保険者は20団体あり，加入者は224万人（本人加入者約107万人，家族加入者約117万人）いる。地方公務員共済組合の保険者は64団体あり，加入者は570万人（本人加入者約288万人，家族加入者約282万人）いる。私立学校教職員共済は1団体（日本私立学校振興・共済事業財団）あり，加入者は89万人（本人加入者約54万人，家族加入者約35万人）いる。

2）給付内容

　共済組合の給付内容は短期給付と長期給付があるが，医療保険給付に相当する短期給付について健康保険とほぼ同じ給付内容があり，医療給付（現物給付）と現金給付がある。健康保険法において，「共済組合の給付の種類及び程度は，この法律の給付の種類及び程度以上であることを要する」（法第200条第2項）とされており，法定給付以外では休業手当金，弔慰金・家族弔慰金，災害見舞手当金などがある。

3）財　　源

　財源については被保険者の納める保険料，一部負担金，国庫負担がある。保険料は事業主（国等，地方公共団体，学校法人など）と組合員（私立学校教職員共済の場合は加入者という）が折半で負担する。保険料率は，各組合において毎年の収支が均衡するように決められている。各組合によって加入者の年齢構成，平均標準報酬，扶養率などの事情が異なるため，保険料率も異なる。

　被保険者の自己負担率は，保険加入者，被扶養者ともに70歳未満は3割，70歳以上75歳未満は2割（一定以上の所得を有する者は3割），義務教育未就学児（6歳に達する日の属する最初の3月31日まで）は2割である。

図表6-6 共済保険組合（短期部門）の概要

制度の種類	国家公務員共済組合	地方公務員共済組合	私立学校教職員共済
根拠法 [施行]	国家公務員共済組合法 （昭33.5.1法128） [昭33.7.1]	地方公務員等共済組合法 （昭37.9.8法152） [昭37.12.1]	私立学校教職員共済法 （昭28.8.21法245） [昭29.1.1]
対　象	国家公務員	地方公務員	私立学校教職員
保険者 （平成26年3月末現在）	各省庁等共済組合 （20）	各地方公務員等共済組合 （64）	日本私立学校振興・ 共済事業団
加入者数 （平成26年3月末現在）	1,074千人 （1,187千人）	2,901千人 （2,945千人）	521千人 （349千人）

財源

			国家公務員共済組合	地方公務員共済組合	私立学校教職員共済
掛金保険料（一般保険料率）	本人 使用者 計		4.03%～5.46% 4.03%～5.46% 8.05%～10.91% ※介護分を含む （平成27年10月1日現在）	5.47% 5.47% 10.94% ※介護分を含む （平成27年10月1日現在）	4.36% 4.36% 8.71% ※介護分を含む （平成27年3月末現在）
国庫負担・補助			事務費の全額	（各地方公共団体が事務費 の全額負担）	事務費の一部

保険給付

診療等（一部負担）
義務教育就学後から70歳未満：3割。ただし義務教育就学前：2割，70歳以上75歳未満：2割※（現役並み所得者は3割）
※70歳以上75歳未満の者については，平成26年3月末までに既に70歳に達している者：1割

入院時食事療養費
標準負担額
・住民税課税世帯　1食260円
・住民税非課税世帯　90日まで1食210円　91日目以降は1食160円
・特に所得の低い住民税非課税世帯　1食100円

入院時生活療養費
生活療養標準負担額
・一般（Ⅰ）1食460円＋1日320円
・一般（Ⅱ）1食420円＋1日320円
・住民税非課税世帯　1食210円＋1日320円
・特に所得の低い住民税非課税世帯　1食130円＋1日320円
※療養病床に入院する65歳以上の者が対象
※難病等の入院医療の必要性の高い患者の負担は食事療養標準負担金と同額

高額療養費
[自己負担限度額]
〈70歳未満の者〉
・年収1,160万円～：252,600円－（医療費－842,000円）×1％
・年収約770～約1,160万円～：167,400円＋（医療費－558,000円）×1％
・年収約370～約770万円～：80,100円＋（医療費－267,000円）×1％
・～年収約370万円：57,600円
・住民税非課税：35,400円
〈70歳以上75歳未満の者〉
・現役並み所得者：80,100円＋（医療費－267,000円）×1％，外来（個人ごと）44,400円
・一般：44,400円，外来（個人ごと）12,000円
・住民税非課税世帯：24,600円，外来（個人ごと）8,000円
[世帯合算基準額]　70歳未満の者については，同一月における21,000円以上の負担が複数の場合は，これを合算して支給
[多数該当の負担軽減]　12月間に3回以上該当の場合の4回目からの自己負担限度額。
〈70歳未満の者〉
・年収約1,160万円～：140,100円
・年収約770～約1,160万円：93,000円
・年収約370～約770万円：44,400円
・～年収約370万円：44,400円
・住民税非課税：24,600円　70歳以上の現役並み所得者：44,400円
[長期高額疾病患者の負担軽減]　血友病，人工透析を行う慢性腎不全の患者等の自己負担限度額は10,000円　ただし，年収770万円超の区分で人工透析を行う70歳未満の患者の自己負担限度額は20,000円

高額医療・高額介護合算制度
毎年8月から翌年7月までの1年間の医療保険と介護保険の自己負担の合算額が著しく高額となる場合に，負担を軽減する仕組み，自己負担限度額は所得と年齢に応じてきめ細かく設定

	出産育児一時金	420,000円 ※産科医療補償制度に加入する医療機関で出産した場合，それ以外の場合は404,000円		
	家族出産育児一時金	420,000円 ※産科医療補償制度に加入する医療機関で出産した場合，それ以外の場合は404,000円		
	埋葬料	50,000円	50,000円	50,000円
	家族埋葬料	50,000円	50,000円	50,000円
休業給付	傷病手当金	1日につき標準報酬日額の3分の2相当額 1年6カ月（結核性3年）まで	1日につき給料日額の3分の2に一定係数を乗じた額 1年6カ月（結核性3年）まで	1日につき標準給与額の3分の2に一定係数を乗じた額 1年6カ月（結核性3年）まで
休業給付	出産手当金	1日につき標準報酬日額の3分の2相当額	1日につき給料日額の3分の2に一定係数を乗じた額	1日につき標準報酬日額の8割から学校等で支払った給与を差し引いた額
休業給付	出産手当金	出産日（出産が予定日後であるときは，予定日）以前42日（多胎妊娠の場合は，98日）から出産日後56日まで		
休業給付	休業手当金	1日につき標準報酬日額の50％相当額	1日につき給料日額の60％相当額	1日につき標準給与日額の60％相当額
災害給付	弔慰金	標準報酬月額の1カ月相当額	給料月額の1カ月相当額	標準給与月額の1カ月相当額
災害給付	家族弔慰金	標準報酬月額の70％相当額	給料月額の70％相当額	標準給与月額の70％相当額
災害給付	災害見舞金	損害の程度に応じ標準報酬月額の半分～3カ月分	損害の程度に応じ給料の半月分～3カ月分	損害の程度に応じ標準給与月額の半月分～3カ月分

出典：図表6-5と同じ，117頁。

（8）後期高齢者医療制度

1）対　　象

　高齢者医療は1972年の老人医療費無料化制度で過剰受診が増加し，国民健康保険の支出が増大した。少子高齢化の進展，老人医療費の増加，財政負担の不均等などが問題となり，2008年から高齢者の医療の確保に関する法律（高齢者医療確保法）が施行され，後期高齢者医療制度，前期高齢者医療制度が設けられた。医療費が高くなりやすい高齢者を他の医療保険制度から切り離し，新たな制度を設けることで上記のような問題点の改善が図られた（図表6-7）。

　75歳以上の高齢者（65歳以上の一定の障害があって認定を受けた者，寝たきり等の状態を含む）はそれまでの医療保険制度から脱退し，後期高齢者医療制度に加入することになった。また，40歳以上75歳未満の者は生活習慣病の予防を目的とした特定健康診査および特定保健指導の対象となった。

　制度の運営は都道府県単位で設立された後期高齢者医療広域連合が行い，市区町村が保険料徴収と窓口業務を行う。

図表6-7　新たな高齢者医療制度の創設（2008年4月）

○ 75歳以上の後期高齢者については，その心身の特性や生活実態等を踏まえ，平成20年度に独立した医療制度を創設する。
○ あわせて，65歳から74歳の前期高齢者については，退職者が国民健康保険に大量に加入し，保険者間で医療費の負担に不均衡が生じていることから，これを調節する制度を創設する。
○ 現行の退職者医療制度は廃止する。ただし，現行制度からの円滑な移行を図るため，平成26年度までの間における65歳未満の退職者を対象として現行の退職者医療制度を存続させる経過措置を講ずる。

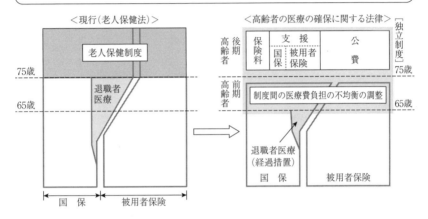

出典：厚生労働省保険局「新しい高齢者医療制度について」平成20年9月25日（https://www.mhlw.go.jp/bunya/shakaihosho/iryouseido01/dl/info02d-14a.pdf）。

2）給付内容

　給付内容は被用者保険や公営の国保とほぼ共通しており，現物給付（医療サービスの給付）と現金給付（療養の支給）がある。療養の給付，入院時食事療養費，入院時生活療養費，保険外併用療養費，療養費，訪問看護療養費，特別療養費，移送費，高額療養費，高額介護合算療養費，その他広域連合の条例で定められた給付がある。

3）財　　源

　財源については，患者負担を除いた全体の約1割が被保険者の納める保険料であり，約4割が現役世代からの支援（後期高齢者支援金），約5割が公費（国4：都道府県1：市町村1）である。

　被保険者の自己負担率は1割であり，一定額以上の所得者は3割である。

4）前期高齢者医療制度

　65歳以上75歳未満の前期高齢者を対象とし，健康保険や国民健康保険などの従来の医療保険に加入したまま保険給付を受けることになる。前期高齢者が偏在することによる保険者間の負担の不均衡を調整するため，各保険者は加入者数に応じた財政負担を行うことになっている。

（9）公費負担医療制度

　特定の目的のため，医療費の自己負担の一部または全部を国や地方自治体などが公費により負担するものである。一般に医療保険で取り扱うことが不適当な事情，社会的あるいは歴史的な事情がある場合などに実施される。

　特定の目的とは，国が補償すべきもの，公衆衛生の向上を目的とするもの，社会生活の向上を目的とするもの，難病などの治療研究をすすめるもの，障害者および障害児の福祉の増進を図ることを目的とするものなどがある。制度の成り立ち，根拠法などはそれぞれである。

　日本における公費負担医療は，全額公費負担のものもある一方，医療保険制度が優先でその自己負担分のみに対し，公費負担が適用されるものもある。また，公費の国と自治体の負担割合も制度ごとに異なっている。さらに，乳幼児医療制度など市町村独自の公費負担制度は実施の有無や名称，対象者，年齢，認定基準，窓口負担方法，負担金などの細部が自治体により異なっている（図表6-8）。

1）公衆衛生の向上を目的とするもの

① 　公害健康被害の補償

　大気汚染や水質汚濁などの公害による健康被害として認定された患者の公費負担である。指定疾患には，気管支喘息，慢性気管支炎，喘息性気管支炎，肺気腫などがある。

② 　石綿（アスベスト）による健康被害の救済

　石綿を吸入することにより指定疾患（悪性中皮腫，肺がん，気管支がん，石綿肺など）にかかった者，または遺族を対象とし，医療費を全額給付し，被害の救済が行われる。

図表6-8　主な公費負担医療制度

性　格	根拠法等	医療給付名	給付率	費用徴収等	17年度予算額
補償（的）給付	戦傷病者特別援護法	療養の給付	10割（全額国庫）	無	11.0億円
		更生医療			
	原子爆弾被爆者に対する援護に関する法律	認定疾病医療			8,204万円
		一般疾病医療費	保険の自己負担分（保険優先）		380.1億円
	予防接種法	医療費			998万円
強制措置に伴う医療	結核予防法	従業禁止・命令入所医療	保険の自己負担分（保険優先）	所得に応じた費用徴収あり	64.3億円
	精神保健及び精神障害者福祉に関する法律	措置入院医療			46.2億円
	麻薬及び向精神薬取締法	措置入院医療			487千円
	感染症の予防及び感染症の患者に対する医療に関する法律	一類感染症等の患者の入院	保険の自己負担分（保険優先）		0.4億円
		新感染症の所見がある者の入院	10割（全額公費）		
適正医療の普及を目的とする給付	結核予防法	適正医療	保険の自己負担分（保険優先）（但し医療費の95％を限度）	（医療費の5％相当額を自己負担）	4.4億円
	精神保健及び精神障害者福祉に関する法律	通院医療			546.7億円
治療研究費	特定疾患治療研究事業	医療費	保険の自己負担分（保険優先）	所得と治療状況に応じた段階的な負担（重症者及び低所得者は負担なし）	229.4億円
	小児慢性特定疾患治療研究事業	医療費		17.4.1～所得に応じた段階的な負担（重症患者及び低所得者並びに血友病患者は負担なし）	127.0億円
福祉的給付	生活保護法	医療扶助	保険の自己負担分（保険優先）	（医療扶助単給世帯の場合，当該世帯の収入充当額から医療費を除く最低生活費を差し引いた額が本人支払額）	9,629.0億円
	身体障害者福祉法	更生医療		所得に応じた費用徴収あり	85.6億円
	児童福祉法	育成医療（障害児等）			22.3億円
		療育の給付（結核児）			1,294万円
		児童保護措置			－
	母子保健法	養育医療（未熟児）			24.6億円

注：制度改正により，精神通院医療，更生医療及び育成医療は，平成17年10月から障害者自立支援法において自立支援医療として位置づけることとしている。

出典：広井良典・山崎泰彦編著『社会保障』ミネルヴァ書房，2014年，83頁。

③　結核予防法による命令入所または適正医療

結核を患った患者が指定された医療機関において治療を受ける時，全医療費の95％を公費と医療保険で負担する。感染の可能性がある場合，患者本人の同意をもって，保健所長は施設に入所させることができる。

2）社会生活の向上を目的とするもの

①　生活保護法にもとづく医療扶助

医療扶助は，生活保護法上の保護の一つであり，困窮のため最低限度の生活を維持できない場合に支給される。保護を必要とする者やその扶養義務者が申請をする必要がある。医療扶助は原則現物給付によって行われる。

②　自立支援医療

障害者に関する医療費公費負担制度である。障害種別毎に「更生医療」（身体障害者福祉法），「育成医療」（児童福祉法），「精神通院医療費公費負担制度」（精神保健福祉法）が各法律により規定されていたが，2006年に障害者自立支援法が施行され，3つの制度が自立支援医療として一元化された。

③　養育医療

家庭での保育が困難であるため，入院治療を必要とする未熟児に対し，心身ともに健全に成長できるように母子保健法に基づき給付される。指定された養育医療機関で治療を受け，医療保険と公費で負担される。

④　戦傷病者特別援護法による補償

軍人軍属であった者が公務上で障害者となった場合の補償。療養の給付や補装具の支給などがあり，全額公費負担される。

⑤　原子爆弾被爆者に対する援護に関する法律による認定疾病医療の給付

認定された疾病の医療費については全額が給付される。一般の疾病の医療費に対しては医療保険の自己負担分について給付される。

3）難病や特定疾患に関わるもの

①　難病医療助成制度による医療費助成

厚生労働大臣が指定した指定難病に罹患し，一定の条件を満たす場合，医療等に係る費用について自己負担分を助成（医療費患者負担率は2割）する制度である。「難病の患者に対する医療等に関する法律」が公布され，2015年1月よ

り，これまでの特定疾患医療から難病医療となり，新たな難病医療助成制度が始まった。

② 小児慢性特定疾患に関わる医療費助成

小児慢性特定疾病に罹患する児童について，健全育成の観点とともに家庭の医療費負担軽減を図るため，医療費自己負担分の一部を助成する制度である。対象となる疾病は国が指定した16疾患群762疾病ある。

2 介護保険制度

（1）介護保険制度の目的

1）介護保険制度とは何か

介護保険制度は，加齢が原因で生じる病気や障害により介護が必要となる状態になっても，能力に応じて自立した生活を送ることができるよう，社会全体で介護が必要な人を支える社会保険である。

介護保険制度が創設された背景には，急速に進む高齢化によって介護が必要な人が多くなったことや，医療の進歩による長寿化によって介護を必要とする期間も長くなったことがある。また，それまで高齢者の介護を支えてきた家族は，核家族化によって介護機能が低下しており，支える家族がいたとしても介護をする家族が高齢化していることもある。このように深刻化している介護リスクに対応するため，2000年4月に介護保険制度が創設された。

2）介護保険制度の目的

このようにして創設された介護保険制度であるが，その目的として，1つ目に「介護の社会化」が挙げられる。介護の社会化とは，高齢期における不安要因の一つである介護問題に対し，社会保険によって社会全体で介護が必要な者を支える仕組みを構築することである。介護の社会化により介護に対する不安を払拭することで高齢者が安心して生活できる社会をつくり，さらに家族などの介護者の負担軽減を図ることを目的としている。

2つ目に「自立支援」が挙げられる。自立支援とは，介護が必要な状態になっても介護サービスを利用することでその有する能力に応じ，可能な限り自立

した生活を送ることである。それまでの介護サービスは介護自体が目的となっており，介護サービスを受けて自立するという考え方はなかった。介護保険制度では，介護サービスを受けることで自分の生活の仕方や人生のあり方を自分の意思で選択し，より質の高い生活を送ることを目的としている。

　3つ目に「利用者本位のサービス」が挙げられる。それまでの介護サービスは，老人福祉法によって行政が介護の必要性を判断する措置制度で行われてきたため，自分の意思でサービス利用や方法を決めることができなかった。このため，介護サービスに社会保険方式を導入することで，利用者は希望する事業者と直接契約を結ぶ利用契約制度に変更することになった。また，利用者が適切な介護サービスを受けることができるよう，ケアマネジメントの手法も導入されることになった。

　4つ目に「社会保険方式の導入」が挙げられる。介護サービスに社会保険方式を導入することで介護サービスの給付と負担の関係性を具体化し，保険料負担に対する見返りとして介護サービスが受けられる，という権利性を明確にした。また，今後，高齢者が増加することで見込まれる介護費用に対し，社会全体で保険料を拠出することで安定的な財源を確保することも社会保険方式の導入の目的である。

3）介護保険制度の創設

　介護保険制度の創設の検討が始まったのは1990年代である。検討が始まった背景には高齢化の進展に伴う要介護高齢者の増加がある。日本は1994年，高齢化率14％を超えて高齢社会となった。(1)このような中，要介護高齢者の介護が社会的な問題として取り上げられはじめ，新しい高齢者介護システムが必要となった。

　1994年3月に発表された厚生大臣（現・厚生労働大臣）の私的諮問機関である高齢社会福祉ビジョン懇談会による「21世紀福祉ビジョン」で21世紀に向けた福祉の構想が示され，介護について，国民のだれもが住み慣れた地域で必要な介護サービスがスムーズに手に入れられるシステムの構築の必要性が示された。これを受け，同年12月，高齢者介護・自立支援システム研究会による「新たな高齢者介護システムの構築を目指して」で，これからの介護システムとして社

会保険による介護の提供が示された。

　これらを受け，政府においても本格的な議論が開始されることになった。1995年2月から厚生大臣（現・厚生労働大臣）の諮問機関である老人保健福祉審議会において高齢者の介護に関する審議が行われ，途中2回の報告書を経て，1996年4月に最終報告書「高齢者介護保険制度の創設について」がまとめられた。この報告書では介護に関連する既存の制度を再編成し，社会保険方式による新たな介護システムの創設が提案された。

　これを踏まえ，同年11月「介護保険関連3法案（介護保険法案，介護保険法施行案，医療法の一部を改正する法律案）」が国会に提出され，1997年12月に介護保険法が成立し，2000年4月から介護保険制度が施行された。

（2）介護保険制度の対象

1）介護保険制度を運営する保険者

　介護保険制度において保険を運営する保険者は市町村（特別区も含まれる。以下同じ）となる。市町村が保険者となった理由は，介護の課題は地域ごとで異なり，地域ごとの特徴を反映できる仕組みとするため，市町村を保険者とした。ただし，小規模な市町村では，安定した運営ができないことから広域連合や一部事務組合⁽²⁾として近隣の市町村で共同して運営することもできる。

2）介護保険制度に加入する被保険者

　介護保険制度では，図表6-9のとおり，65歳以上を第1号被保険者，40歳以上65歳未満を第2号被保険者としている。つまり，40歳以上になると介護保険制度の被保険者として介護保険制度に加入することになる。40歳以上を被保険者とした理由には，介護が必要となる可能性が40歳位から高くなることもあるが，このほか，40歳以上になると自分の親も高齢者となり，介護を必要とする可能性が高くなるからである。つまり，介護保険制度では自分自身の介護の他に自分の親の介護のためにも保険料を支払うことになる。

　被保険者になるには市町村内に住所があることが条件となる。また，第2号被保険者については，公的医療保険に加入していることも条件となる。原則として住所がある市町村の被保険者となるが，介護保険施設に入居している被保

図表6-9　介護保険制度における被保険者

	第1号被保険者	第2号被保険者
加入対象者	65歳以上	40歳以上65歳未満
加入条件	市区町村内に住所があること	市区町村内に住所があること 医療保険に加入していること
保険料の決め方	保険者（市町村）ごとに介護保険料を決める	各医療保険に加入する被保険者の総報酬に応じて決める
保険料の徴収	年金からの天引き	医療保険者が医療保険と一緒に徴収する

出典：筆者作成。

険者については，介護保険施設がある市町村に住所を変更しても変更前の住所地の被保険者となる。これを住所地特例という。

3）介護サービスを受給するには

　介護保険制度では，公的医療保険のように自分の判断でサービスを受給することはできず，要介護状態，あるいは要支援状態であると判定を受けなければならない。これを要介護（要支援）認定という。要介護（要支援）認定では要介護状態，あるいは要支援状態であるかどうかを要介護状態区分（要介護度）として，要支援状態を「要支援1－要支援2」，要介護状態を「要介護1－要介護5」までとし合わせて7区分で判定する。そして，要介護状態にある場合を要介護者とし，要支援状態にある場合を要支援者としている。

（3）介護保険制度ではどのような保険給付があるのか

1）介護保険制度における保険給付の種類

　介護保険制度における保険給付は，サービス内容や要介護状態区分によって整理することができる。サービス内容については，自宅の利用者に給付される居宅サービス，介護保険施設に入所した利用者に給付される施設サービス，サービスを提供する事業者のある市町村に住む利用者に利用が限られる地域密着型サービスの3つに分けることができる。また，要介護状態区分では，要介護1から要介護5までの要介護状態に給付される介護給付，要支援1と要支援2の要支援状態に給付される予防給付の2つに分けることができる。なお，予

図表6-10　介護保険制度における保険給付のサービス一覧

給付	介護給付	予防給付	給付	介護給付	予防給付
対象	要介護者	要支援者	対象	要介護者	要支援者
居宅サービス	①訪問介護 ②訪問介護入浴 ③訪問看護 ④訪問リハビリテーション ⑤居宅療養管理指導 ⑥通所介護 ⑦通所リハビリテーション ⑧短期入所生活介護 ⑨短期入所療養介護 ⑩特定施設入居者生活介護 ⑪福祉用具貸与 ⑫特定福祉用具販売	①介護予防訪問介護入浴 ②介護予防訪問看護 ③介護予防訪問リハビリテーション ④介護予防居宅療養管理指導 ⑤介護予防通所リハビリテーション ⑥介護予防短期入所生活介護 ⑦介護予防短期入所療養介護 ⑧介護予防特定施設入居者生活介護 ⑨介護予防福祉用具貸与 ⑩特定介護予防福祉用具販売	施設サービス	①介護老人福祉施設 ②介護老人保健施設 ③介護医療院 ※介護療養型医療施設は令和6年廃止予定	
居宅その他	①居宅介護住宅改修 ②居宅介護支援	①介護予防住宅改修 ②介護予防支援	地域密着型サービス	①定期巡回・随時対応型訪問介護看護 ②夜間対応型訪問介護 ③地域密着型通所介護 ④認知症対応型通所介護 ⑤小規模多機能型居宅介護 ⑥認知症対応型共同生活介護 ⑦地域密着型特定施設入居者生活介護 ⑧地域密着型介護老人福祉施設 ⑨看護小規模多機能型居宅介護	①介護予防認知症対応型通所介護 ②介護予防小規模多機能型居宅介護 ③介護予防認知症対応型共同生活介護

出典：厚生労働省「公表されている介護サービスについて」を基に筆者作成。

防給付の場合，サービス名称の最初に「介護予防〜」が付く（例：介護予防訪問看護）。このようにして分けられた保険給付によるサービスの一覧が図表6-10である。

　このほか，保険者である市町村が独自で行う保険給付として市町村特別給付というものがある。市町村特別給付には支給限度額に市町村が独自で給付額の上乗せを行う上乗せサービス，介護保険制度の保険給付以外に独自のサービスを設ける横出しサービスがある。

2）介護サービスを利用するまでのプロセス

　介護サービスを利用するまでには①保険者（市町村）に申請する，②認定調査を受ける，③要介護（要支援）認定を行う，④要介護（要支援）認定の結果を通知する，⑤ケアプランを作成するという5つのプロセスが必要となる。

①　保険者（市町村）に申請する

　介護保険サービスを利用するには，まず保険者である市町村に要介護（要支援）認定の申請をする必要がある。この申請では申請書に必要事項を記入し，かつ被保険者証を添え，市町村の担当する課の窓口に提出する。申請は本人に

代わり，家族や親族，成年後見人，民生委員，地域包括支援センターなどが申請することも可能となる。

② 認定調査を受ける

申請が受理されると，保険者である市町村から認定調査員が派遣されて認定調査が行われる。認定調査員は新規の場合，市町村の職員となる。しかし，要介護（要支援）認定を更新する場合や要介護度に変更があった場合については⁽³⁾，ケアプランを作成する指定居宅介護事業者や介護保険施設などの職員で研修を修了した者が行うことも可能である。また，認定調査とともに申請者の主治医（かかりつけ医）から主治医意見書が必要となる。

③ 要介護（要支援）認定を行う

認定調査の結果は，要介護（要支援）認定を行うため，コンピューターに入力される。これを一次判定という。この一次判定の結果に特記事項と主治医意見書を合わせ，介護認定審査会⁽⁴⁾に審査判定を求めることになる。これを二次判定という。介護認定審査会の委員は要介護状態，あるいは要支援状態に該当するか，該当する場合，どの程度の介護が必要であるのか，審査して判定を行う。

④ 要介護（要支援）認定の結果を通知する

保険者である市町村は，介護認定審査会の審査判定の結果を受けて認定，あるいは不認定の決定を行う。この決定の通知は申請日から原則30日以内に行うことになっている。この要介護（要支援）認定の結果については，申請日に遡っても有効となる。つまり，申請者は結果の通知が来るまでサービス利用を控える必要はなく，申請後すぐに介護サービスを利用できる仕組みとなっている⁽⁵⁾。

⑤ ケアプランを作成する

要介護（要支援）認定の結果，要介護状態，あるいは要支援状態にあることが認められてもすぐに介護サービスを利用できるわけではない。介護サービスを利用するためにはケアプランを作成する必要がある。ケアプランは自分で作成することも可能だが，ケアプランを作成する専門職である介護支援専門員（ケアマネジャー）に作成を依頼することも可能であり，この作成による自己負担はない。このようにケアプランが作成し，サービス提供事業所に利用の申し込みを行って初めて介護サービスを利用することができる。

図表6-11 介護保険制度の区分支給限度基準額

要介護度	限度額
要支援1	5万320円
要支援2	10万5,310円
要介護1	16万7,650円
要介護2	19万7,050円
要介護3	27万480円
要介護4	30万9,380円
要介護5	36万2,170円

出典：厚生労働省「2019年度介護報酬改定について」を基に筆者作成。

3）介護保険制度における自己負担

　介護サービスを利用するにあたっては無料でサービスを受けられるわけではなく，自己負担がある。利用者はサービス費用全体の1割を原則として自己負担する。

　ただし，前年度の所得が一定以上ある場合，2割，もしくは3割の自己負担となる。サービス利用に自己負担がある理由は，サービスを利用する者とサービスを利用しない者の公平性を図ることやサービスには費用がかかることを利用者に意識してもらうためである。

　また，介護保険制度では利用者が無制限にサービス利用することがないよう，保険給付の上限となる支給限度額を設けている（図表6-11）。支給限度額は要介護度ごとで異なっている。この要介護度に応じた支給限度額内で1割（2割，もしくは3割）を利用者が自己負担することになる。もっとも，この支給限度額は，居宅サービスを利用する場合に適用されるものであり，施設サービスの利用には適用されないことになっている。

4）介護保険制度における居宅サービスの内容

　居宅サービスは，主に12種類のサービスと住宅改修，ケアプランを作成してもらう居宅介護支援からなる（図表6-10）。

　①　訪問介護（ホームヘルプサービス）

　介護福祉士や訪問介護員（ホームヘルパー）が自宅を訪問して行うサービスである。排泄・食事・更衣などの直接身体に触れて行う身体介護，掃除・洗濯・調理などの家事援助を行う生活援助などがある。

　②　訪問入浴・介護予防訪問入浴介護

　看護師と介護職員が自宅で入浴が困難な利用者の自宅を訪問し，訪問入浴車などで持参した浴槽によって入浴の介護を行うサービスである。

　③　訪問看護・介護予防訪問看護

　看護師などが疾患のある利用者の自宅を訪問し，主治医の指示にもとづいて

療養上の世話や診療の補助を行うサービスである。

④　訪問リハビリテーション・介護予防訪問リハビリテーション

理学療法士，作業療法士，言語聴覚士などが利用者の自宅を訪問し，心身機能の維持回復や日常生活の自立に向けたリハビリテーションを行うサービスである。

⑤　居宅療養管理指導・介護予防居宅療養管理指導

在宅で療養している通院が困難な利用者に対して，医師，歯科医師，看護師，薬剤師，管理栄養士，歯科衛生士などが家庭を訪問し療養上の管理や指導，助言などを行うサービスである。

⑥　通所介護（デイサービス）

介護老人福祉施設に併設，あるいは単独で経営された通所介護事業所に通ってもらい，食事，入浴，その他の必要な日常生活上の支援や生活機能訓練，口腔機能向上サービスなどを日帰りで提供するサービスである。

⑦　通所リハビリテーション（デイケア）・介護予防通所リハビリテーション

介護老人保健施設，保険医療機関，診療所などに通ってもらい，日常生活の自立を助けるために理学療法，作業療法，その他必要なリハビリテーションを行い，利用者の心身機能の維持回復を行うサービスである。

⑧　短期入所生活介護（ショートステイ）・介護予防短期入所生活介護

介護老人福祉施設などの施設に短期間入所してもらい，食事，入浴，その他の必要な日常生活上の支援や機能訓練などを行うサービスである。家族介護者を一定期間介護から解放することで介護負担を軽減するレスパイトケアも目的となっている。

⑨　短期入所療養介護（ショートステイ）・介護予防短期入所療養介護

介護老人保健施設や保険医療機関などに短期間入所してもらい，医学的な管理のもとで，医療や機能訓練，日常生活上の支援などを行うサービスである。短期入所生活介護と同様にレスパイトケアも目的となっている。

⑩　特定施設入居者生活介護・介護予防特定施設入居者生活介護

介護付有料老人ホーム，養護老人ホーム，軽費老人ホーム，サービス付き高齢者向け住宅（サ高住）などの特定施設に入居している利用者に対し，入浴・

排泄・食事等の介護，その他必要な日常生活上の支援を行うサービスである。

⑪　福祉用具貸与・介護予防福祉用具貸与

居宅の利用者に対し，厚生労働大臣が定める福祉用具の中から必要な福祉用具の貸与を行うサービスである。

⑫　特定福祉用具販売・特定介護予防福祉用具販売

腰掛便座や簡易浴槽など福祉用具の貸与になじまないものを特定福祉用具として購入費用を保険給付するサービスである。

⑬　居宅介護住宅改修・介護予防住宅改修

介護が必要となったことで自宅の改修が必要となった場合にその費用が支給されるものである。すべての改修に保険給付が行われるのではなく，手すりの取り付け，段差の解消，滑りの防止などが対象となる。支給限度額があり，一律20万円までとなっている。

⑭　居宅介護支援・介護予防支援

居宅介護支援とは，介護支援専門員（ケアマネジャー）に要介護状態にある利用者に対し，心身の状況や置かれている環境に応じたケアプランを作成してもらうサービスである。また，介護予防支援とは，介護予防支援事業者となる地域包括支援センターなどに依頼し，要支援状態にある利用者の介護予防ケアプランを作成してもらうサービスである。

5）介護保険制度における施設サービスの内容

施設サービスは，以下の3つの介護保険施設から提供されるサービスである。要介護者のみの給付となることから介護給付のみとなる。

①　介護老人福祉施設（特別養護老人ホーム）

寝たきりや認知症などで常に介護が必要であり，自宅での生活が難しい利用者のための長期入所型の生活施設である。利用は，原則として「要介護3」以上となる。

②　介護老人保健施設

入所者に対してリハビリテーションなどの医療サービスを提供し，在宅生活への復帰をめざす施設である。保険医療機関からの退院と在宅生活の復帰を結ぶ中間にある施設であることから中間施設とも呼ばれている。

③　介護医療院

それまで長期的な療養を重視した介護療養型医療施設に代わって，2018年に創設された施設である。長期的な医療と介護ニーズを併せ持つ高齢者を対象とし，日常的な医学管理，看取り，ターミナルケアなどの医療機能と介護などの生活施設としての機能を兼ね備えた施設である。なお，介護療養型医療施設は2024年までに廃止される予定である。(7)

6）介護保険制度における地域密着型サービス

地域密着型サービスは，住民がより身近なところで介護サービスが受けられるよう，市町村が事業者の指定，指導，監督を行うサービスである。利用についてはサービスを提供する事業者のある市町村に住む利用者に限られており，以下の9種類からなる。

①　定期巡回・随時対応型訪問介護看護

日中・夜間を通じ，訪問介護と訪問看護の両方を24時間365日必要なタイミングで柔軟に提供するサービスである。また，定期巡回と随時の対応も行う。

②　夜間対応型訪問介護

夜間の時間帯において訪問介護サービスを行うサービスである。また，利用者の通報に応じて調整・対応するオペレーションサービスも行う。

③　地域密着型通所介護（小規模デイサービス）

利用定員18人以下と小規模で行う通所介護である。

④　認知症対応型通所介護・介護予防認知症対応型通所介護

認知症の利用者を対象とした専門的な介護を提供する通所介護である。

⑤　小規模多機能型居宅介護・介護予防小規模多機能型居宅介護

「通い」によるサービスを中心に，利用者の希望などに応じ，利用者の自宅への「訪問」や短期間の「泊まり」を組み合わせ，在宅生活を支援するサービスである。

⑥　認知症対応型共同生活介護・介護予防認知症対応型共同生活介護

認知症の利用者がグループホームという5人から9人程度の小規模の共同生活住居に入居し，家庭的な環境と地域住民との交流の下で生活を送るサービスである。

⑦　地域密着型特定施設入居者生活介護

定員が29名以下の介護付有料老人ホーム，養護老人ホーム，軽費老人ホーム，サービス付き高齢者向け住宅などの特定施設に入居している利用者に対し，入浴・排泄・食事等の介護，その他必要な日常生活上の支援を行うサービスである。

⑧　地域密着型介護老人福祉施設

定員が29人以下の小規模の介護老人福祉施設のことである。利用者の少ない山間部や土地確保が難しい都市部で設置が進められている。

⑨　看護小規模多機能型居宅介護（旧複合型サービス）

前述の小規模多機能型居宅介護と訪問看護を組み合わせて提供するサービスである。つまり，小規模多機能型居宅介護の「通い」「訪問」「泊まり」の他，「看護」も組み合わせたサービスである。

7）介護保険制度における地域支援事業

介護保険制度では，保険給付とは別にもう一つのサービスとして市町村が行う地域支援事業がある。地域支援事業は2005年の介護保険法の改正により創設された事業で，要介護状態や要支援状態となる前から介護予防を進めることや，介護が必要な状態になってもできる限り自立した日常生活を営むことができるよう，支援するという目的で創設された。地域支援事業は介護予防・日常生活支援総合事業（総合事業），包括的支援事業，任意事業の3つからなる（図表6-12）。

日常生活支援総合事業（総合事業）は保険者である市町村が中心となって地域の実情に応じて行うサービスであり，介護予防・生活支援サービス事業と一般介護予防事業がある。次に，包括的支援事業は地域包括支援センターを運営するための事業であり，地域包括支援センターの運営として行われる事業[8]と社会保障を充実させるための事業[9]がある。最後に，任意事業は市町村の判断で行うことができる事業で，介護給付費適正化事業，家族介護支援事業などがある。

このような地域支援事業を行う目的は地域包括ケアシステムの実現にある。地域包括ケアシステムとは，多くの子どもが生まれた団塊世代が75歳以上の後期高齢者となる2025年を目途に，地域の実情に応じ，「医療」「介護」「予防」

図表6-12　地域支援事業の全体像

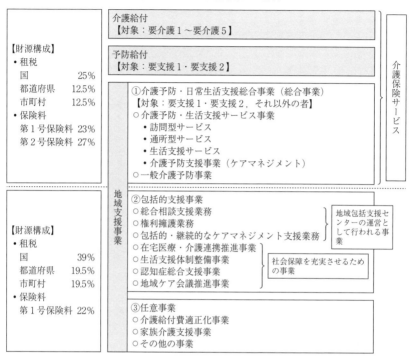

出典：厚生労働省「介護保険制度の改正案について」を基に筆者作成。

「住まい」「生活支援」が一体的に提供されるシステムである（図表6-13）。この地域包括ケアシステムを実現するために中心となる機関が，2005年の介護保険法の改正で創設された地域包括支援センターである。

　地域包括支援センターとは，地域において保健，福祉，医療など様々な分野から総合的に高齢者の生活をサポートする拠点となる機関である。地域包括支援センターには保健師，社会福祉士，主任介護支援専門員の3専門職を置くことが原則となっており，それぞれが有する専門知識や技術を活かし，相互に連携してチームアプローチを行うことが求められている。

図表 6 - 13　地域包括ケアシステムのイメージ

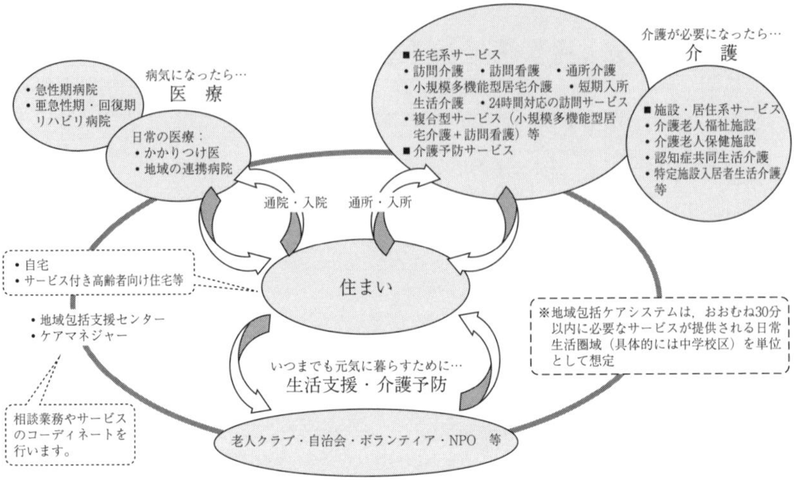

出典：厚生労働省『地域包括ケアシステム』。

（4）介護保険制度の財源はどのようになっているのか

1）介護保険制度に必要な費用の内訳

　介護保険制度を運営するのに必要な費用となる財源は，被保険者からの保険料と自己負担，国や地方自治体からの公費（税金）負担によって賄われている。介護保険制度の財源の内訳は，利用者が支払う自己負担を除いた費用に対し，公費が50％，介護保険料が50％と2分の1ずつ負担することになっている。さらに，公費は，国，都道府県，市町村で負担の割合が異なり，介護保険料は3年ごとに決められ，その時の第1号被保険者と第2号被保険者の人口比率によって負担する割合が異なる。

　税金となる公費50％の内訳は，国が25％，都道府県が12.5％，市町村が12.5％で負担する。もっとも，施設サービスの費用にあたる施設等給付費については，国が20％，都道府県が17.5％，市町村が12.5％となり，国が5％低く都道府県が5％高くなっている（図表6-14）。被保険者が支払う介護保険料50％の内訳は，2018年から3年間については第1号被保険者が23％，第2号被保険者が27％となっている。

図表 6 - 14　介護保険制度の財源内訳

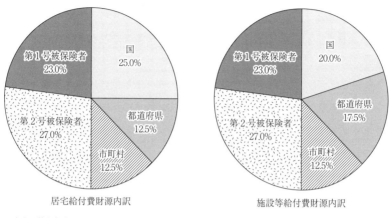

居宅給付費財源内訳　　　　　　　　施設等給付費財源内訳

出典：筆者作成。

2）介護保険料はどのようにして決められるのか

　被保険者が支払う介護保険料は，第1号被保険者と第2号被保険者で決め方が異なる（図表6-9）。第1号被保険者の場合，保険者である市町村ごとに介護保険料を決めていく。それに対し，第2号被保険者の場合，まず厚生労働省が全国平均の1人当たりの負担額を計算し，公的医療保険の保険者が介護保険料を医療保険料と一緒に徴収する。自由業・自営業者などが加入する国民健康保険の場合，人数に応じて保険料を決めるが，会社員や公務員などが加入する被用者保険の場合，加入する人の総報酬額に応じて保険料を決める総報酬割が導入されている。

　また介護保険料の徴収は，第1号被保険者の場合，年金額が一定額（年額18万円）以上の人は，年金から天引きされる特別徴収，それ以外の人は納入通知書による普通徴収となる。第2号被保険者の場合，公的医療保険の保険者が医療保険料と合わせて徴収する。公的医療保険の保険者は，医療保険料と一緒に徴収した介護保険料（介護納付金）を社会保険診療報酬支払基金に納め，そこから介護保険制度の保険者に引き渡すようになっている。

3）事業者に支払われる介護報酬

　介護保険制度において，介護サービス事業者が介護サービスを提供すると，

サービス費用の1割（2割もしくは3割）を自己負担し，残りのサービス費用については，保険者から支払われることになる（実際に支払い業務を行っているのは国民健康保険団体連合会である）。そして，この保険者から支払われるお金を介護報酬という。

介護報酬は単位という単価で決められており，1単位は10円が基本となるが，サービスの種類や介護サービス事業者の所在地によって割り増しされる。また，介護サービスの値段についてはサービスの種類ごとに厚生労働省が定めており，3年ごとに見直しが行われることになっている。

（5）介護保険制度はどのように展開されてきたか

介護保険制度は3年を1期として制度改正が行われている。当初は5年を1期としていたが，介護保険制度の利用者が急増したことや急速に進む高齢化に対応するため，2005年から3年を1期としている。

1）2005年の改正

2005年の改正は制度開始以降，軽度の利用者が著しく増加しており，介護サービスの利用が要介護状態の改善に結びついていないことを受け，改正が行われている。

① 予防重視型システムへの転換

制度施行後に「要支援」「要介護1」の軽度の利用者の増加が著しかったことから従来の予防給付に対して再編が行われ，要支援が「要支援1」と「要支援2」に分けられた。

② 施設給付の見直し

居宅と施設の負担の公平性の観点から，それまで保険給付で行われていた施設の居住費と食費を保険給付の対象外とし，利用者負担とした。

③ 新たなサービス体系の確立

住み慣れた地域で生活を継続できるようサービス体系の見直しが行われ，新たなサービス体系として地域密着型サービスが創設された。また，同時に地域包括支援センターが設置された。

④　サービスの質の確保・向上

　サービスの質の確保・向上として，利用者が適切にサービスを選択できるよう，すべての介護サービス事業者に対して情報開示を徹底することが行われた。また，介護支援専門員（ケアマネジャー）に対し更新制を設けることになり，5年ごとに更新研修を受けなければならないことになった。

2）2008年の改正

　2008年の改正は，当時の介護業界において最大の企業であったコムスンの不正行為の問題が明らかになったことを受け，介護サービス事業者に対する改正が中心となっている。

①　法令遵守等の業務管理体制の整備

　介護サービス事業者に業務管理の整備を義務づけ，その内容を厚生労働大臣，都道府県知事，または市町村長に届出をしなければならなくなった。

②　事業者の本部等に対する立入検査権等の創設

　事業者の組織的な関与が疑われる場合に対し，国，都道府県，市町村による事業者の本部への立入検査権が創設された。

③　不正事業者の処分逃れ対策

　事業者の処分逃れを防ぐため，事業所の廃止，休止届の提出について，それまでの事後届出制から廃止，休止の1カ月前までに届け出る事前届出制に変更した。

3）2011年の改正

　2011年の改正は，社会保障審議会介護保険部会の議論から地域全体で支える体制が不十分であることが明らかになったことを受け，地域包括ケアシステムの実現に向けた取り組みが進められた。

①　地域包括ケアの推進

　地域包括ケアの推進では，介護が必要な人が住み慣れた地域で安心して暮らし続けることができるよう，医療，介護，予防，住まい，生活支援のサービスが切れ目なく，一体的に提供される地域包括ケアシステムの構築が進められた。

②　24時間対応の定期巡回・随時対応サービスや複合型サービスの創設

　重度者などの介護が必要な者の在宅生活を支える24時間対応の定期巡回・随

時対応サービスや，従来の小規模多機能型居宅介護に訪問看護も提供できるようにした複合型サービスを地域密着型サービスに位置づけた。

③　介護予防・日常生活支援総合事業（総合事業）の創設

市町村の判断により，要支援者や二次予防事業対象者[11]向けの介護予防サービスや生活支援サービスを総合的に実施できる介護予防・日常生活支援総合事業（総合事業）を創設した。

4）2014年の制度改正

2014年の改正は，2012年から始まった「社会保障と税の一体改革」に基づいて行われた。この改革を受け，2014年の改正では「地域包括ケアシステムの構築」と「費用負担の公平化」を柱として改正が行われた。地域包括ケアシステムの構築に対する取り組みが①と②となり，費用負担の公平化に対する取り組みが③と④となる。

①　サービスの充実

地域包括ケアシステムの構築に向けて地域支援事業を充実させるため，新たな包括的支援事業として在宅医療・介護連携推進事業，生活支援体制整備事業，認知症総合支援事業，地域ケア会議推進事業を設けた。

②　サービスの重点化・効率化

サービスの重点化・効率化として，予防給付の見直しと新しい介護予防・日常生活支援総合事業の創設が行われた。予防給付の見直しでは，要支援者に対する訪問介護と通所介護を予防給付から市町村が地域の実情に応じ，取り組みができる地域支援事業へ移行した。新しい介護予防・日常生活支援総合事業では，2011年の改正で創設された介護予防・日常生活支援総合事業を任意事業からすべての市町村で実施する新総合事業とした。

③　低所得者の保険料軽減の拡充

低所得者の保険料を軽減する割合をより広くして充実することになり，それまで6段階で行われていたものを9段階に見直すことになった。

④　費用負担の重点化・効率化

一定以上の所得がある高齢者については，サービス利用料の自己負担割合を1割から2割とした。また，市町村税非課税世帯である施設の入居者の居住費

と食費については，申請に基づいて負担軽減となる補足給付を行ってきたが，資産も勘案することになった。

5）2017年の改正

　2017年の改正では，保険者の取り組みを推進して地域包括ケアシステムの強化を図るとともに，介護保険制度の持続可能性を高めることが求められた。これを受け，2017年の制度改正では，「地域包括ケアシステムの深化・推進」と「介護保険制度の持続可能性の確保」を柱として改正が行われた。地域包括ケアシステムの深化・推進に対する取り組みが①から③となり，介護保険制度の持続可能性の確保に対する取り組みが④と⑤となる。

　①　自立支援・重度化防止に向けた保険者機能の強化等の取り組みの推進

　保険者が策定する市町村介護保険事業計画において，高齢者の自立支援・重度化防止等に向けた具体的な対策や達成目標を盛り込むことが義務づけられた。

　②　医療・介護の連携の推進等

　今後，長期にわたり医療ニーズと介護ニーズを併せ持つ利用者の増加が見込まれることから，長期療養の機能と生活施設の機能を兼ね備えた新たな介護保険施設として介護医療院が創設された。

　③　地域共生社会の実現に向けた取り組みの推進等

　地域共生社会のビジョンにもとづく「丸ごと」支援とし，高齢者と障害児者等が同一事業所でサービスを受けやすくするため，介護保険制度と障害福祉制度にまたがるサービスとして新たに共生型サービスを創設した。

　④　3割負担の導入

　2014年の制度改正では，一定以上の所得がある高齢者に対し，サービス利用料の自己負担割合を1割から2割とした。2017年の制度改正では，そのなかでも特に所得が高い高齢者の自己負担割合を2割から3割とした。

　⑤　介護納付金への総報酬割の導入

　40歳以上65歳未満の第2号被保険者の介護保険料となる介護納付金は，今まで各公的医療保険の加入者数に応じて負担していたが，これを給料などの報酬額に応じた総報酬割とした。

3　年金保険制度

（1）年金保険制度の目的

1）年金保険制度とは何か——生活を安定させるための所得保障

　私たちの生活は，働くことにより得られる賃金などの所得によって成り立っているが，雇用されて働いている者は高齢になると定年を迎えることとなり，生活に必要な所得を得ることが難しくなる。また，病気や事故などで障害を負う，賃金を得ていた働き手が亡くなるなどによっても所得を得ることが難しくなる。

　このように私たちの生活は，定年を迎える，障害を負う，働き手を失うなど，生活を送る上で所得を失うリスクを多く抱えている。このようなリスクに対し，金銭などを給付して生活を送ることができるようにする社会保険が年金保険制度である。

　具体的には，高齢になる，障害を負う，所得を得ていた働き手が亡くなるなどにより，所得を失った場合に対して毎年一定の所得を保障し，生活の安定を図ることを目的としている。高齢による場合を老齢年金，障害を負った場合を障害年金，所得を得ていた働き手が亡くなった場合を遺族年金と呼ぶ。私たちの生活は，このように年金保険制度によって所得保障がなされることで安心して生活を送ることができるようになっている。

2）年金保険制度の仕組みはどのようになっているのか

①　日本の年金保険制度の構造——公的年金と私的年金

　年金は，このような社会保障制度の一環として，社会保険制度として実施される公的年金だけではなく，民間で実施される企業が従業員のために行う企業年金，および民間の金融機関などが取り扱う個人年金などの私的年金がある。

　このうち，公的年金の特徴は強制加入で，経済変動に応じた実質的な価値が保たれている，生涯にわたって支給される終身年金である，財源に国庫負担があることなどが挙げられる。これに対し，私的年金の特徴は任意加入で，経済変動による実質的な価値の維持が難しいため支給期間を限った有期年金であり，

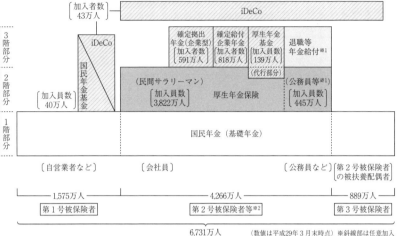

図表 6 - 15　日本の年金保険制度の体系

※1　被用者年金制度の一元化に伴い，平成27年10月1日から公務員および私学教職員も厚生年金に加入。また，共済年金の職域加算部分は廃止され，新たに退職等年金給付が創設。ただし，平成27年9月30日までの共済年金に加入していた期間分については，平成27年10月以後においても，加入期間に応じた職域加算部分を支給。
※2　第2号被保険者等とは，厚生年金被保険者のことをいう（第2号被保険者のほか，65歳以上で老齢，または，退職を支給事由とする年金給付の受給権を有する者を含む）。

出典：厚生労働省編『平成30年版 厚生労働白書 資料編』2019年，238頁。

かつ財源に企業の負担があることや運用収入が見込めることなどが挙げられる。

　このような公的年金と私的年金を含めた年金制度の体系は，1階部分となる全国民を対象とする国民年金（基礎年金），およびそれに上乗せする2階部分となるサラリーマンや公務員などを対象とする厚生年金からなる2階建てとなっている。企業年金や個人年金などの私的年金は3階部分で，これらの私的年金を加えることで，3階建てとなっている（図表6-15）。

②　年金保険制度の財政方式——賦課方式と積立方式

　年金保険制度を運営するのに必要な費用を集める財政方式は，一般に賦課方式と積立方式に大別される。このうち，賦課方式とは，年金保険の支給に必要な費用をその時の加入者の保険料により賄うものである。

　一方，積立方式とは，将来，自分が年金の受給を受ける時に必要となる財源を現役時代の間に積み立てておくものである。つまり，賦課方式の場合，保険料は現在の受給者に支給されるのに対し，積立方式の場合，保険料は将来の自

分に支給される。いずれにせよ，発足当初は積立方式であったが，現在ではこれらを併用した修正積立方式となっている。

　ちなみに，政府はこれを賦課方式としているが，そこはインフレなどの物価水準の変化や給与水準の変化などへの対応，加入者と受給者との互助を強調したいという政治的な思惑が働いていることに注意したい。賦課方式の場合，将来，物の価値（物価）が変化したとしても対応することができ，年金保険制度の実質的価値が維持される。もっとも，その一方で，将来，保険料を支払う現役世代が少なくなると，保険料の負担が大きくなるというデメリットも含んでいる。

3）年金保険制度はどのように創設されたのか

　年金制度の始まりは，明治時代に創設された旧軍人や公務員を対象にした租税を財源とする恩給制度である。当初の恩給制度は公務員や警察官，教職員などに分けて別個に整備されていったが，制度を一本化するため，1923年に恩給法が制定された。その後，大正時代にかけ，恩給制度が適用されない官業（政府が直接的に関係している事業）の労働者を対象として共済組合が設立されている。共済組合の年金制度では労働者相互の負担によって費用を賄う社会保険方式が採られた。

　民間の被用者を対象にした年金保険制度が始まったのは，1939年の船員保険法による船員保険である。当時の船員保険は船員の年金のみならず，医療，労災，失業を併せ持つ総合的な社会保険制度であった。続く1941年，工場で働く男性労働者を被保険者とした労働者年金保険法が制定され，1944年の改正では，事務職員や女性労働者まで被保険者の範囲を拡大し，名称も厚生年金保険法と改め，厚生年金が始まっている。このように終戦を迎えるまでに，公務員や民間被用者のための公的年金制度の整備が進められた。

　戦後になると，厚生年金は終戦による急激なインフレーションの影響を受け，一時，機能停止に陥ってしまう。しかし，1947年に労働者災害補償保険法が制定されたことに伴い，厚生年金から労働災害（労災）部分を分離すること，および厚生年金の老齢部分を一定水準に凍結することにより，このインフレーションによる危機を切り抜けた。そして，制度体系を全面的に改革するために根

本的な検討が始められ，1954年，厚生年金保険法の全面改正が行われ，これが戦後の公的年金制度の基本的な枠組みとなった。

　一方，公務員に対する公的年金制度は戦後も恩給制度と共済組合という形で存続していた。しかし，1958年，国家公務員共済組合法が全面改正され，恩給制度は共済組合年金（共済年金）に統合された。また，新たに1953年に私立学校教職員組合法（現・私立学校教職員共済法），1958年に農林漁業団体職員共済組合法（現在は廃止）が制定されるなど，公務員と同様の共済年金が次々と創設された。

　さらに，それまで公的年金の適用とならなかった自営業・自由業者を対象として，1959年に国民年金法が制定され，1961年 4 月，全面実施された。これにより会社員は厚生年金，船員は船員保険，公務員や教員など共済年金，自営業・自由業者はすべて国民年金に加入することになり，国民皆年金が実現した。その後も給付水準の改善が進められ，1965年には 1 万円年金，1969年には 2 万円年金の実現など給付水準が引き上げられた。さらに，1973年は「年金の年」といわれ，大幅な改正が行われている。

　たとえば，1 万円や 2 万円などの名目的な額を基準とするのではなく，現役の労働者の賃金の一定割合を年金の水準とする考え方が採られるようになった。また，物価水準の変動に合わせ，年金の給付額を調整する物価スライド制も導入された。このように1960年代から1970年代にかけ，公的年金は制度の充実が図られた。

　しかし，1980年代に入ると急速な少子高齢化の進展に伴い，国民年金に対する財政面での危機的な状況や厚生年金，国民年金，各種共済年金など分立した制度間の格差など，運営面での問題が顕在化してきた。このため，公的年金の長期的な安定を目的に，1985年に国民年金法等の一部改正を行い，公的年金制度の大きな改正が行われた。

　具体的には，まず国民年金の適用を全国民に拡大し，全国民共通の国民年金（基礎年金）を支給することにした。これにより厚生年金と共済年金は基礎年金に上乗せする報酬比例の年金となり，1 階部分を国民年金（基礎年金），2 階部分を厚生年金・共済年金などの被用者年金と 2 階建ての公的年金に再編成する

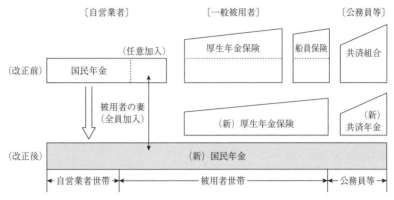

図表 6 - 16　日本の年金制度の再編成

〔自営業者〕　　　　　　　〔一般被用者〕　　　　　　　〔公務員等〕

出典：厚生労働統計協会『保険と年金の動向 2019/2020』2019年，231頁。

ことになった（図表6‐16）。これに伴い，老齢厚生年金の支給開始年齢を従来の60歳から国金年金の65歳に合わせるため，徐々に引き上げることとなり，厚生年金の被保険者には当分の間，60歳に達した時から65歳に達するまで特別支給の老齢厚生年金が支給されることになった。

　さらに，当時の水準をそのまま維持すると，高齢者世代の給付水準が予想以上に上昇することから，保険料を負担する現役世代と年金を受給する高齢者世代の公平性の確保が問題となり，給付水準を徐々に引き下げるなどの給付と負担の適正化が行われた。また，女性の年金権が確立されることになり，それまで国民年金への任意加入であった専業主婦などのサラリーマンや公務員の被扶養配偶者を第3号被保険者として，国民年金への強制加入が適用され，現在のような公的年金制度の体系となった。

（2）国民年金はどのように運営されているのか

1）国民年金の対象となるのは誰か

　国民年金は，日本国内に住所を有する20歳以上60歳未満の全国民を強制加入の対象者としており，被保険者を3種類に分けている。自由業・自営業者や農業従事者とその家族，学生，無職の者については第1号被保険者，会社員や公務員などの厚生年金の加入者については第2号被保険者，第2号被保険者に扶

養されている配偶者については第3号被保険者となる。

　国民年金については，原則として強制加入となるが，次の者については任意加入となる。日本国内に住所を有する60歳以上65歳未満の者（第2号被験者を除く）で40年の納付済期間がないため，国民年金を満額受給できない者，日本国内に住所を有しない20歳以上60歳未満の者である。これらの者については第1号被保険者として国民年金に任意加入できることになっている。

2）国民年金ではどのような保険給付が行われているのか

　国民年金の保険給付は，老齢・障害・遺族の基礎年金と第1号被保険者のみに給付される独自給付がある。また，第1号被保険者に対しては任意加入の老齢基礎年金に上乗せする国民年金基金がある。

　①　老齢基礎年金

　老齢基礎年金は，原則として10年以上の受給資格期間を満たした者に65歳から受給できる国民年金である。受給資格期間は，保険料納付済み期間と保険料免除期間，それに受給資格期間には反映するが給付額には反映しない合算対象期間を合わせた期間となる。

　また，老齢基礎年金の受給は原則65歳から受給となるが，60歳から64歳までに減額して受給する繰り上げ支給と66歳以降に増額して受給する繰り下げ支給を選択することができる。繰り上げ支給は「0.5×繰り上げた月数」の割合を減額し（60歳で受給すると0.5×60カ月で30％減額），繰り下げ支給は「0.7×繰り下げた月数」の割合で増額する（70歳で受給すると0.7×60カ月で42％増額）。減額，もしくは増額した年金額はその後，一生涯続くことになる。

　老齢基礎年金の年金額については，20歳から60歳までの40年間，保険料を全額納付した場合に満額が支給される（図表6-17参照）。年金額については，物価や賃金の変動に応じて年度毎に改定される。ちなみに，2020年度は78万1,700円（月額6万5,141円）となり，保険料の未納期間があるとその期間に応じて減額がされる。また，保険料免除の期間がある場合，免除割合とその期間に応じて減額される。

　②　障害基礎年金

　障害基礎年金は，国民年金に加入しており（日本国内に住所があって60歳で被

図表 6 - 17 老齢基礎年金の年金額

【2020年度の場合】

老齢基礎年金	$78万1,700円 \times \dfrac{保険料納付月数 + (保険料免除月数 \times 免除額反映割合)}{480カ月 (12カ月 \times 40年)}$

出典：筆者作成。

保険者期間を終えて65歳までの間も含む），障害認定日に年金の障害等級において[15]
１級，または２級の障害を負ったと認定された者が受給できる国民年金である。

　支給要件としては，原則として障害の原因となった傷病について初めて診療
を受けた初診日の前日において，初診日のある月の前々月までに加入期間の３
分の２以上の期間について，保険料が納付，または免除されている，もしくは，
初診日において65歳未満であり，初診日のある月の前々月までの１年間に保険
料の未納がないこと，のいずれかの要件を満たす必要がある。なお，20歳以前
に初診日がある場合は要件がなく，本人の所得の制限を条件に障害基礎年金を
受給することができる。

　障害基礎年金の年金額については，物価や賃金の変動に応じて年度毎に改定
される（図表6 - 18参照）。障害等級によって異なり，障害等級１級の場合，老
齢基礎年金の満額に25％増額と子の加算がある。障害等級２級の場合は，老齢
基礎年金の満額に子の加算となる。また，加入期間による年金額の差はない。
障害基礎年金における子は，受給権者によって生計を維持されている18歳到達
年度の末日（３月31日）を経過していない子，または20歳未満の障害等級１級
もしくは２級の子となっている。

　③　遺族基礎年金とは何か

　遺族基礎年金は，国民年金に加入している者が死亡した場合，その者によっ
て生計を維持されていた子のいる配偶者や子にのみ支給される国民年金である。
支給要件としては，被保険者が死亡した日の前日において，加入期間の３分の
２以上の期間について，保険料が納付または免除されている，もしくは老齢基
礎年金の受給資格期間を満たしていることを要件に，その遺族に支給される。
もっとも，2026年４月１日以前の死亡については，死亡日に65歳未満であれば，

図表 6 - 18　障害基礎年金の年金額

【2020年度の場合】

障害基礎年金	障害等級 1 級	78万1,700円×1.25＋子の加算
	障害等級 2 級	78万1,700円＋子の加算

子の加算
第 1 子・第 2 子　各22万4,900円
第 3 子以降　各 7 万5,000円

出典：筆者作成。

図表 6 - 19　遺族基礎年金の年金額

【2020年度の場合】

遺族基礎年金	78万1,700円×1.25＋子の加算

子の加算
第 1 子・第 2 子　各22万4,900円
第 3 子以降　各 7 万5,000円

出典：筆者作成。

死亡日のある月の前々月までの 1 年間に保険料の滞納がない場合，遺族基礎年金が支給される。

　遺族基礎年金の年金額については，物価や賃金の変動に応じて年度毎に改定される（図表 6 - 19参照）。配偶者に支給する場合，老齢基礎年金の満額に子の加算がある。子に支給される場合，老齢基礎年金の満額のみとなる。また，加入期間による年金額の差はない。遺族基礎年金における子は，受給権者によって生計を維持されている18歳到達年度の末日（ 3 月31日）を経過していない子，または20歳未満の障害等級 1 級，もしくは 2 級の子となっている。

3 ）第 1 号被保険者に対する独自給付

　国民年金では，これまでみてきた全国民共通の基礎年金の他，第 1 号被保険者のみを対象とした独自給付がある。

①　付加年金

　老齢基礎年金に上乗せされる任意加入制の給付である。第 1 号被保険者が定額の保険料に追加して付加保険料（月額400円）を納付すると，毎年の年金額に200円に納付した月数を乗じた額が上乗せされる。

② 寡婦年金

　死亡日の前日において第１号被保険者として保険料を納めた期間が10年以上
ある夫が，年金を受給しないで亡くなった場合，妻に対して支給される。条件
として10年以上継続して婚姻関係にあり，生計を維持されていた妻に対して60
歳から65歳になるまでの間支給される。年金額は，夫が第１号被保険者として
受給するはずだった年金額の４分の３である。

③ 死亡一時金

　死亡日の前日において第１号被保険者として保険料を納めた期間が３年以上
ある者が，年金を受給しないで亡くなった場合，遺族に対して支給される。も
っとも，遺族基礎年金や寡婦年金を受給する場合は支給されない。一時金の額
は，保険料納付済み期間により12万円から32万円となる。

④ 国民年金基金

　第１号被保険者を対象にした老齢基礎年金に上乗せをする任意加入の公的年
金制度である。国民年金しか加入しない自由業・自営業者などの第１号被保険
者は，会社員などの厚生年金保険がある第２号被保険者と比較し，将来の年金
額に大きな差が生じてしまう。このため，1991年に第１号被保険者の老後の所
得保障を目的として国民年金基金が創設された。つまり，国民年金基金は公的
年金制度において第１号被保険者の２階部分の役割を担う。

　また，国民年金基金は全国国民年金基金と職能型国民年金基金の２種類から
なる。全国国民年金基金は第１号被保険者であれば住所地や業種は問わず，加
入できる。これに対し，職能型国民年金基金は弁護士，歯科医，司法書士の業
務に従事する第１号被保険者が加入する。それぞれの国民年金基金の事業内容
は同様である。もっとも，第１号被保険者であっても保険料を免除されている
者は，加入できない。

　なお，国民年金基金の加入者は，独自給付の付加年金は，国民年金基金が代
行するという性格上，付加保険料を納付することができない。

　４）国民年金の財源となる費用負担はどうなっているのか

　国民年金の運営に必要な費用となる基礎年金給付費については，被保険者が
負担する保険料と国庫負担によって賄われている。国民年金の保険料は，第１

号被験者については個別に負担することになっているが，第2号・第3号被験者については，厚生年金保険が被保険者数に応じ，基礎年金拠出金として一括して負担することになっている。また，国庫負担については，2004年の改正により2009年から基礎年金給付費の3分の1から2分の1に引き上げられている。

　個別に負担される第1号被保険者の保険料については定額制となっている。2004年の改正により2004年以降，毎年度280円ずつ引き上げていき，2017年度以降は1万6,900円で固定することになっていたが，2016年の改正で第1号被保険者の産前産後の保険料免除が導入されたことに伴い，2019年度以降は1万7,000円で固定されることになった。

　しかし，第1号被保険者が保険料を支払えない場合，第2号・第3号被保険者にはない保険料免除制度がある。国民年金は所得に関係なく，定額制の保険料が課せられる。このため，所得の低い者や無い者に対して保険料免除制度が設けられている。保険料免除制度は，法律で定めた要件に該当するため，届出によって免除される法定免除と，前年所得が一定額以下，もしくは失業などのため申請をして承認を受けて免除される申請免除がある。また，申請免除は保険料の免除額によって全額免除と一部免除（4分の3，半額，4分の1）があり，前年の所得を基準にして審査が行われ，1カ月単位で免除される。

　保険料免除を受けた期間については，老齢基礎年金を受給するのに必要な受給資格期間に反映するが，年金の給付額については免除額によって反映する割合が異なる。全額免除の場合は全額納付した場合の8分の4（2分の1），4分の3免除の場合は8分の5，半額免除の場合は8分の6（4分の3），4分の1の場合は8分の7で算定する（図表6-17の免除額反映割合となる）。また，2019年から第1号被保険者が出産した場合，産前産後休業期間中の保険料が免除され，保険料を納付したものとして扱われる免除制度が始まっている。

　ただし，20歳以上の学生の場合，このような保険料免除制度を受けることができず学生納付特例がある。この制度は学生本人の前年所得が一定水準以下の場合，申請することによって保険料の納付が猶予されるものである。学生納付特例を受けた場合，承認を受けた翌年より10年以内であれば，猶予された期間の保険料を後から支払う追納ができる。もっとも，3年度目以降に保険料を追

納する場合，承認を受けた当時の保険料額に経過期間に応じた加算額が上乗せされることになっている。

（3）厚生年金はどのように運営されているのか

1）厚生年金の対象となるのはだれか

　厚生年金については事業所単位で適用される。厚生年金では，会社，工場，商店，船舶などの適用事業所に常時使用される70歳未満の者を被保険者としている。適用事業所には，法律によって加入が義務づけられている強制適用事業所，加入が任せられている任意適用事業所に分けられる。強制適用事業所は株式会社などの法人の事業所である。また，農林水産業やサービス業を除く従業員が常時5人以上いる個人の事業所も該当する。それ以外は任意適用事業所となり，従業員の半数以上が厚生年金の適用事業所となることに同意し，事業主が申請して厚生労働大臣の認可を受けることにより適用事業所となることができる。

2）厚生年金ではどのような保険給付が行われているのか

　厚生年金の保険給付は国民年金と同様，老齢・障害・遺族の3つの厚生年金がある。

① 老齢厚生年金

　老齢厚生年金は，老齢基礎年金の支給要件を満たしており，厚生年金の被保険者期間が1カ月以上ある場合に原則として65歳から老齢基礎年金に上乗せする形で受給できる厚生年金である。もっとも，特別支給の老齢厚生年金については被保険者期間が1年以上必要となる。

　この特別支給の老齢厚生年金は，1985年の改正において基礎年金が導入された際，厚生年金の支給開始年齢を従来の60歳から国民年金の65歳に合わせるため，支給開始年齢を段階的に引き上げるために設けられた制度である。[18] 特別支給の老齢厚生年金には，加入期間によって決まる定額部分（支給は2012年度まで），給与などの報酬に応じて決まる報酬比例部分（支給は2024年度まで）の2つある。適用されるのは1961年4月1日以前に生まれた男性と1966年4月1日以前に生まれた女性であり，それ以降に生まれた者は65歳からの支給となる。

図表6-20　老齢厚生年金の年金額

【2020年度の場合】

老齢厚生年金	報酬比例部分 （A）+（B）	（A）総報酬制の導入前（2003年3月まで）の期間部分 平均標準報酬月額×支給乗率（1000分の7.125〜9.5）×保険者期間の月数 （B）総報酬制の導入後（2003年4月以降）の期間部分 平均標準報酬額×支給率（1000分の5.481〜7.308）×保険者期間の月数 ＊支給乗率は生年月日に応じて定められる
	加給年金	配偶者　22万4,900円 第1子・第2子　各22万4,900円 第3子以降　各7万4,800円

出典：筆者作成。

　老齢厚生年金の年金額については，報酬比例部分に加給年金を合算した額となる（図表6-20参照）。報酬比例部分の年金額は，「平均標準報酬額（以前は平均標準報酬月額）×支給乗率×被保険者期間月数」で計算される。平均標準報酬額とは，2003年3月の総報酬制度の導入以降に適用され，標準報酬月額と標準賞与額の総額を被保険者期間の月数で除した額である。一方，総報酬制度以前は平均標準報酬月額となり，2003年3月までの標準報酬月額の総額をそれまでの被保険者期間の月数で除した額となる。この額に生年月日に応じた支給乗率，被保険者期間の月数を乗じる。そして，総報酬制の導入前後の2つの額を合算したものが総報酬比例部分の年金額となる。

　加給年金は，厚生年金保険の被保険者期間が20年以上ある受給権者が65歳に到達した時点で，その者によって生計を維持されている65歳未満の配偶者，または18歳到達年度の末日（3月31日）を経過していない子，もしくは20歳未満の障害等級1級，あるいは2級の子がいる場合に加算されるものである。

　老齢厚生年金の年金額は報酬比例部分にこの加給年金を加えた額となる。もっとも，老齢厚生年金の場合，働きながら老齢厚生年金を受給する在職老齢年金も可能となるが，受給権者の給料と年金の合計額が基準額を超えると年金の支給の一部，または全部の支給停止が行われることがある。

②　障害厚生年金

障害厚生年金は，厚生年金保険の被保険者期間中，障害の原因となった傷病

図表 6 - 21　障害厚生年金の年金額

【2020年度の場合】

障害厚生年金	障害等級 1 級	報酬比例の年金額×1.25＋配偶者加給年金（22万4,900円）
	障害等級 2 級	報酬比例の年金額＋配偶者加給年金（22万4,900円）
	障害等級 3 級	報酬比例の年金額（最低保障額　58万6,300円）
	障害手当金	報酬比例の年金額×2.00（最低保障額　117万2,600円）

＊障害厚生年金の報酬比例の年金額について
（A）総報酬制導入前　平均標準報酬月額×支給乗率（1000分の7.125）×保険者期間の月数
（B）総報酬制導入後　平均標準報酬額×支給乗率（1000分の5.481）×保険者期間の月数
支給乗率が固定されており（A）＋（B）の額となる。

出典：筆者作成。

について診療を受けた初診日があり，障害基礎年金の受給に相当する年金の障害等級 1 級や 2 級が生じた場合，障害基礎年金に上乗せして支給される厚生年金である。また，障害厚生年金では障害基礎年金では該当しない程度の障害等級 3 級でも支給があり，障害等級 3 級に満たない障害の場合でも障害手当金という障害厚生年金独自の給付がある。

　支給要件として，保険料納付済み期間や障害認定などについては障害基礎年金と同様の要件となっている。障害手当金については，厚生年金の被保険者期間中に，障害の原因となった傷病について診療を受けた初診日があり，初診日から 5 年以内に傷病が治っており，治った日において障害厚生年金を受給する障害よりも軽度の障害がある場合，支給される。

　障害厚生年金の年金額は障害等級によって異なる（図表6 - 21参照）。障害等級 1 級と 2 級については障害基礎年金の年金額に上乗せする形となる。障害等級 1 級の場合，報酬比例部分の年金額に25％の増額と65歳未満の配偶者への加給年金を加算した額となる。障害等級 2 級の場合，報酬比例部分の年金額と65歳未満の配偶者への加給年金を加算した額となる。さらに，障害厚生年金のみの受給となる障害等級 3 級の場合，報酬比例部分の年金額のみとなるが，最低保障額（58万6,300円）が決められている。障害手当金は一時金となり，報酬比例部分の年金額の 2 年分となり，同様に最低保障額（117万2,600円）が決められている。

図表6-22　遺族厚生年金の年金額

【2020年度の場合】

遺族厚生年金	報酬比例の年金額×4分の3

＊遺族厚生年金の報酬比例の年金額について
（A）総報酬制導入前　平均標準報酬月額×支給乗率（1000分の7.125）×保険者期間の月数
（B）総報酬制導入後　平均標準報酬額×支給乗率（1000分の5.481）×保険者期間の月数
　支給乗率が固定されており（A）＋（B）の額となる。

　出典：筆者作成。

③　遺族厚生年金

　遺族厚生年金は，厚生年金の被保険者，老齢厚生年金の受給権者，もしくは受給資格期間を満たしている者，障害等級1級・2級の障害厚生年金の受給権者が死亡した場合，その遺族に支給される厚生年金である。また，被保険者期間中の傷病が原因となり，初診日から5年以内に亡くなった場合も遺族厚生年金が支給される。

　支給される遺族の範囲は遺族基礎年金とは異なり，死亡した者によって生計を維持されていた配偶者，子，父母，孫，祖母となる。子のいる配偶者，または子については遺族基礎年金も合わせて受給することができる。それ以外は，遺族厚生年金のみとなる。夫，父母，祖父母については，被保険者が死亡した時点で55歳以上であることが条件となり60歳から支給される。また，夫の死亡時に30歳未満で子のない妻は5年間の有期給付となる。

　なお，支給要件として，死亡した者の保険料納付済期間などについては遺族基礎年金と同様の要件となっている。

　遺族厚生年金の年金額は報酬比例部分の年金額の4分の3となっている（図表6-22参照）。もっとも，被保険者期間の月数が300月（25年）に満たない場合，300月とみなして計算する。また，加算として子のいない中高齢の妻が受給する中高齢寡婦加算や経過的寡婦加算などがある。中高齢寡婦加算は，夫が死亡した時に40歳以上で子のない妻（夫の死亡後40歳に達した当時，子がいた妻も含む）が65歳になるまで受ける加算である。遺族基礎年金の場合，子がいない妻や子がいてもその子が18歳（障害等級1級，2級の子の場合，20歳）以上になってしまうと支給されない。このため，遺族厚生年金では中高齢寡婦加算が設けられて

おり，58万5,100円が加算される。経過的寡婦加算は，1956年4月1日以前生まれの人が対象となり，遺族厚生年金を受けていた妻が65歳となり，老齢基礎年金を受給するようになった場合，それまで受け取っていた中高齢寡婦加算との差額を加算される。

3）厚生年金の財源となる費用負担はどうなっているのか

　厚生年金の給付に必要な費用は被保険者と事業主が負担する保険料によって賄われており，国民年金のように国庫負担はない。また，厚生年金の保険料は定額制となる国民年金とは異なり，被保険者の月収額となる標準報酬月額やボーナス額となる標準賞与額に基づいて算出される。ボーナス額となる標準賞与額については，2003年3月から保険料が課せられることになり，標準報酬月額と合わせる総報酬制が導入された。

　厚生年金の保険料は，標準報酬月額や標準賞与額，それぞれの額に固定された保険料率18.3％を乗じた額が保険料となり，被保険者と事業主が2分の1ずつ労使折半する。もっとも，厚生年金の保険料には，国民年金の保険料も含まれていることから，国民年金の保険料を別に支払う必要はない。

　保険料の算出方法については，標準報酬月額の場合，被保険者が受け取る月収を1等級（8万8,000円）から31等級（62万円）までの31等級に区分しており，この各等級の金額に保険料率18.3％を乗じた額が保険料となる。たとえば，1等級の区分は9万3,000円未満までとなっており，9万円の月収であっても8万8,000円とする。これに保険料率18.3％を乗じた1万6,104円が保険料となり，これを労使折半した8,052円を被保険者が負担する。一方，標準賞与額の場合は，実際のボーナス額の1,000円未満を切り落とした額となり，この金額に保険料率18.3％を乗じた額が保険料となる。標準賞与額上限は150万円までとなっている。

　厚生年金における保険料の免除制度としては，産前産後休業期間中や育児休業期間中に対して保険料が免除される。この免除期間の年金額の算定については，休業取得直前の標準報酬月額で保険料を納付したものとして扱われる。また，子が3歳に達するまでの間，勤務時間短縮などにより，標準報酬月額が低下した場合も子の養育開始前の標準報酬月額で年金額が算定される。

（4）年金保険制度はどのように展開されてきたのか

　最後に，1985年に現在の公的年金制度の体系が作られた後，公的年金制度はどのような制度改正が展開されてきたのか，みていくことにする。

1）公的年金制度の一元化の展開

　公的年金制度の一元化は，1985年の改正において全国民を対象とした基礎年金の導入後も，公的年金制度の2階部分となる被用者年金において行われている。当時の被用者保険は，厚生年金と公務員など特定の産業や職種を対象とする7つの共済年金により運営されていた。しかし，産業構造や就業構造の変化に伴い，保険料を支払う現役世代が減少する共済年金もあり，制度間での不公平が拡大していった。それにより，1996年の改正において旧三公社（現在のJR，JT，NTT）が，2001年の改正において農林漁業団体の共済年金が厚生年金へと統合されている。

　さらに，2004年の改正では国家公務員と地方公務員が加入する共済年金の財政を一元化している。その際，今後，国民年金も含めた公的年金制度の一元化が求められたが，事業主負担の有無，正確な所得の把握などの問題が指摘され，まずは厚生年金と共済年金の一元化を速やかに実現することが重要であるとされた。これを受け，「社会保障・税の一体改革」の一環として，2012年に「被用者年金制度の一元化等を図るための厚生年金保険等の一部を改正する法律（被用者年金一元化法）」が成立し，公務員や私学教職員が加入する共済年金が厚生年金に統合された。

2）公的年金制度を持続させるための給付と負担に関する改正

　公的年金制度は急速に進む少子高齢化に対し，将来にわたって制度を持続でき，かつ安心できるものにするために給付と負担に関する改正が行われている。まず2000年の改正では，急速に進む少子高齢化に対し，将来の保険料率の上昇を抑えるため，厚生年金保険の報酬比例部分を5％引き下げる適正化が行われた。

　その後も少子高齢化がますます進行する中で，将来の現役世代の負担を過重なものにしないで高齢期の生活を支える給付を確保するため，2004年に大きな改正が行われた。従来は，給付水準を決定してから，保険料などの負担水準を

決めていたものを負担水準の上限を決定した上で，給付水準を調整することにした。

　具体的には，保険料水準固定方式の導入，基礎年金国庫負担割合の2分の1への引き上げ，財政検証の実施，マクロ経済スライドの導入である。

　保険料水準固定方式の導入は，国民年金と厚生年金保険の最終的な保険料水準を定め，その負担の範囲内で給付水準を調整する仕組みを公的年金制度に組み込むことである。国民年金の保険料は2005年から毎年280円ずつ引き上げ，2017年度以降は月額1万6,900円（現在は1万7,000円）とし，厚生年金保険の保険料率は，2004年から毎年0.345％引き上げ，2017年度以降，保険料率18.3％に固定することになった。

　そして，保険料水準固定方式の導入に伴い公的年金制度の収入を増やすため，基礎年金への国庫負担を従来の3分の1から2分の1に引き上げられた。つまり，保険料による収入増が見込めないことから国からの公費負担（租税負担）によって収入を増やすということである。国庫負担は2004年度から引き上げを行い，2005年度と2006年度にさらに適切な水準へ引き上げ，2009年度までに2分の1への引き上げを完了することとした。

　また，保険料水準固定方式の導入により，今後，おおむね100年間の長期にわたり，公的年金制度の給付水準や財政状況がどのように推移していくのか検証を行う財政検証が実施されることになった。この財政検証は5年に1度行われ，社会や経済の変化を踏まえて公的年金制度の財政状況を検証し，給付水準を調整する必要があるかを検討する。

　そして，この財政検証により給付水準の調整が必要であるとされた場合，給付水準を調整するために導入されたのがマクロ経済スライドである。マクロ経済スライドとは，「現役世代の人口の変化による保険料の負担」と「平均余命の伸びによる給付費の増加」というマクロでみた負担と給付の状況に応じ，給付水準となる年金額を調整する仕組みである。

　具体的には，年金額は賃金や物価の上昇によって増加することが前提となっているが，マクロ経済スライドを発動した場合，その賃金や物価の上昇による年金額の増加分を抑制することによって，実質的に年金額を減らすということ

である。

　また，支給開始年齢については，1985年，当分の間，行うことを前提として始まった特別支給の老齢厚生年金について，1994年の改正では定額部分に対し，3年ごとに1歳ずつ65歳に達するまで引き上げられることになった（2012年度まで）。男性は2001年度から，女性は2006年度からとなる（女性は5年遅れとなる）。さらに，2000年の改正では報酬比例部分に対し，定額部分の引き上げ完了後の2013年度から2024年度にかけて3年ごとに1歳ずつ65歳に達するまで引き上げられることになった（2024年度まで）。これにより厚生年金の支給開始年齢も国民年金と同じ65歳となる予定である。

3）女性や学生に対する公的年金制度の改正

　まず，女性に対する公的年金制度については，前述のとおり，1985年の改正において，専業主婦など被扶養配偶者にも第3号被保険者として国民年金の強制加入が適用された。そして，1994年の改正では女性の就労を支援する観点から育児休業中の厚生年金保険の保険料が免除され，保険料を免除した期間も年金額に反映されることになった。さらに，2004年の改正では第3号被保険者となる専業主婦など被扶養配偶者が離婚した場合，第3号被保険者期間の保険料については共同で負担したとみなし，厚生年金の納付記録の2分の1を分割できるものとした。

　また，学生に対する公的年金制度については，国民年金の発足以来，20歳以上の学生は任意加入とされてきた。もっとも，その結果，20歳に達した以降の学生期間中に障害になった場合に障害基礎年金を受給できないことや老齢基礎年金が学生期間の保険料未納により満額にならない問題が生じた。そこで，1989年の改正では，20歳以上の全学生を国民年金の第1号被保険者として強制加入させることにした。さらに，2000年の改正では，学生の保険料の免除についてそれまで親元世帯の所得により免除されていたが，所得が一定水準以下の学生については，国民年金の保険料を免除する学生納付特例が導入された。

4　労災保険制度・雇用保険制度

（1）労災保険制度・雇用保険制度の目的

1）労災保険制度・雇用保険制度とは何か──働く上でのリスクに対応する

　雇用されて働いている労働者は，様々なリスクに直面する。たとえば，働いていた会社を失う失業，育児や介護を行うための休業，仕事中や通勤時に起こるケガ，仕事が原因による病気などである。このようなリスクに直面すると雇用されている労働者は賃金を失うことになり，たちまち生活が困難なものとなってしまう。このような働く上でのリスクに対して対応する社会保険が労働者災害補償保険制度（労災保険制度）と雇用保険制度である。この2つの社会保険は保険の給付は別個に行われるが，保険料の納付などについては，一体のものとして取り扱われるため，総称して「労働保険」とも呼ばれている。

2）労災保険制度とはどのような制度なのか

　労災保険制度は仕事が要因となる病気やケガ，通勤途中の事故などにより，仕事を休まなくてはならない場合，身体に障害を負った場合，死亡した場合などに，その労働者や遺族に対して必要な保険給付を行う社会保険制度である。また保険給付だけではなく，被災した労働者の社会復帰の促進，被災した労働者とその家族への援護，労働者の安全と衛生の確保などを目的とした社会復帰促進等事業を行っている。

　この労災保険制度では，仕事を原因とする病気や負傷を労働災害とし，治療費などは会社を経営する事業主に負担義務が発生する。また，それに伴い，休業したり，身体に障害を負ったり，死亡したような場合も事業主が補償しなければならない。さらに，通勤によって同様の状態になった場合を通勤災害とし，同じように事業主が補償しなければならないことになっている。

　このように事業主が労働災害や通勤災害に対して補償の責任を負う災害補償義務については，労働基準法第75条などで規定されている。もっとも，事業主は労災保険制度に加入し，労災保険制度による給付が行われることで，労働基準法上の補償責任を免れることになる。つまり，労災保険制度は労働基準法に

規定されている災害補償義務について，社会保険制度を用いて具体化したものとなる。事業主は，労災保険制度により業務上起こりうる労働災害や通勤災害に対し，労働者に補償を行えない状況を回避するため，労災保険制度に加入していることになる。

3）労災保険制度はどのように創設されたのか

戦前の労働者の労災補償については，1905年の鉱業法や1911年の工場法，1931年の労働者災害扶助法などにより，徐々に事業主の災害補償責任が確立されてきた。また，業務災害に対応する公的保険としては，1922年の健康保険法や1931年の労働者災害扶助責任保険法などがある。しかし，適用範囲が狭いことや補償の内容や水準が低いことなど，決して十分なものではなかった。また，当時の労災補償については事業主が労働者を助けてあげる，という恩恵的な要素が強いものであった。

このような状況を刷新し，現在の労災保険制度の骨格ができたのは戦後であり，1947年に制定された労働者災害補償保険法（労災保険法）である。同年に労働条件に関する最低基準を定めた労働基準法が制定され，同法の中で事業主の労働災害に対する災害補償義務について規定されたことにより，事業主の補償負担の軽減や労働者に対する迅速で，かつ公正な補償を確保することを目的として労災保険法が制定された。

その後の労災保険制度の展開をみていくと，1951年には，後述する保険料率を労災発生の頻度に合わせて増減させることで，事業主の労災防止への意識を高めるメリット制が導入されている。さらに，1960年の改正では，補償の長期化が図られ，労働災害による長期療養者や重度障害者に対する長期補償制度が導入されている。1964年には，ILO（国際労働機関）総会において「業務災害の場合における給付に関する条約（ILO121号条約）」が採択され，1967年に発効された。これに伴い，ILO121号条約が示す給付水準を満たすため，労災保険制度の改善の議論が始まることになった。

1965年の改正では，補償の年金化（毎年一定の金額を定期的に給付すること）が図られ，重度障害者のみに年金化されていた障害補償を中度障害者にも拡大し，遺族に対する遺族補償も年金化された。さらに，1972年には保険の適用範囲が

全事業所となり，小規模な個人経営の農林水産業を除いて全面適用となった。これによりILO121号条約が示す給付水準を実現することになった。また，1973年には通勤途上の災害も通勤災害として労働災害と同じように補償の対象となった。

　1980年代以降の労災保険制度はほぼ5年おきに改正が行われ，介護問題や過労死問題など新たな問題に対応していくことになった。介護問題については1995年の改正において，労働災害などにより介護が必要となった労働者に対し，人口の高齢化や核家族化などにより家族からの十分な介護を受けることが困難となってきたことから，介護（補償）給付が新たに創設された。また，過労死問題については，2000年の改正において，過労死に関連する業務上の理由による脳・心臓疾患の発症を予防するため，二次健康診断等給付が新たに創設された。

4）雇用保険制度とはどのような制度なのか

　雇用保険制度は，雇用されて働いている人が失業したり，仕事の継続が難しくなったりした場合，必要な保険給付を行い，雇用されて働いている者の生活を安定させる社会保険制度である。また，保険給付だけではなく，失業の予防や雇用機会の増大，労働者の職業能力の開発，向上などを目的とした雇用保険二事業を行っている。

　雇用保険制度における失業による保険給付などは雇用政策の一環となる。失業は必ずしも労働者個人や事業主の責任で起こるものではなく，企業の範囲を超えて不況などの経済的状況や子どもの育児，老親の介護などの社会的状況によっても引き起こされる。このため，失業は国が責任を持って対応すべき問題と考えられており，様々な雇用政策が行われている。その一つが労働者の生活の安定を目的とした雇用保険制度である。

　日本国憲法第27条第1項では，「すべて国民は，勤労の権利を有し，義務を負ふ」と「勤労の権利」を規定している。この「勤労の権利」とは，国として働く意欲のある者には仕事を与えるよう努力することを規定した条文であり，雇用保険制度の根拠となる条文でもある。国は，働く意欲のある労働者が働く機会を得られるよう，雇用保険制度の現業機関となる公共職業安定所（ハロー

ワーク）を設置しなくてはならない。また，雇用保険制度による保険給付を受けるためには，「勤労の義務」を負うことになり，労働の意思があることが必要となる。このため，保険給付の際には労働の意思を示すため，求職活動を行っている必要がある。

5）雇用保険制度はどのように創設されたのか

　雇用保険制度が成立したのは戦後であり，1947年に制定された「失業保険法」による。戦争直後の混乱期に生じた多数の失業者を救済することを目的に，雇用保険制度の前身となる失業保険制度が創設された。創設当初の失業保険は，指定された業種で常時5人以上の従業員を雇用する事業者を対象とし，離職の日以前1年間に6カ月以上の保険料納付が条件となり，得ていた賃金の6割を標準として一律180日間給付するというものであった。

　現在のような雇用保険制度となったのは1974年の「雇用保険法」の制定である。1954年から1973年までの高度経済成長によって，急速に変化する社会に対し，失業保険制度は，適用範囲の拡大，給付日数の見直しなど制度の充実を図ってきた。ところが，その失業保険制度に対し，失業による保険給付のみだけではなく，雇用促進や失業予防の機能が求められるようになり，雇用保険制度が創設されることになった。

　1974年に成立した雇用保険制度は，原則として労働者を雇用するすべての事業所を保険の適用とし，失業給付として求職者給付と就職促進給付が設けられた。また，雇用保険制度の特徴として，これまでのような事後的な保険給付だけではなく，雇用の改善や失業の予防，労働者の能力開発など事前的，予防的な取り組みとして雇用安定事業，能力開発事業，雇用福祉事業[20]からなる三事業が設けられた。

　その後の雇用保険制度の展開をみていくと，1990年代の急速な高齢化や女性の社会進出などに対応し，雇用保険制度に新たな役割が求められるようになった。まず1994年の改正において，高齢者と女性の職業の継続を援助するため，高年齢雇用継続給付や育児休業給付などの雇用継続給付が創設された。これにより，失業給付は失業等給付に改められた。さらに，1998年の改正では介護休業をする労働者の雇用の継続を図るため，介護休業給付が創設された。また，

労働者が主体的に職業能力の開発に取り組むことを支援するため，教育訓練給付も創設された。

　その後，雇用保険制度は厳しい雇用情勢に対する改正が行われた。2000年の改正では，倒産や解雇により失業した中高年層に対する給付日数の拡大，2009年の改正では，非正規雇用労働者に対する雇用保険制度の適用基準の緩和が行われている。また，少子高齢化が進展する中で，高齢者や女性などの就職の促進や雇用の継続を行うため，2014年の改正では，育児休業給付の給付率を最初の180日分については50％から67％に引き上げられた。また，2016年の改正では雇用保険制度の適用範囲が拡大され，65歳以上の労働者は高年齢被保険者とし，高年齢被保険者が失業した場合，高年齢求職者給付金を支給することにした。

（2）労災保険制度はどのように運営されているのか

1）労災保険制度の対象

　労災保険制度は，原則として1人でも労働者を雇用している全事業所が適用対象となり，適用事業と呼ばれている。ここで原則としたのは，公務員は労災保険制度とは別の国家公務員災害補償法や地方公務員災害補償法が適用されることや，農林水産業のうち，労働者が小規模で個人経営の場合，加入が任意とされる暫定任意適用事業となるからである。

　労災保険制度では法律上，被保険者という考え方はなく，適用事業に雇用されている労働者はアルバイトやパートタイマーなど雇用形態に関係なく，労働者として適用される。受給要件については，雇用されていた期間なども問われることはない。また，適用される労働者以外に，業務の実態や災害の発生状況からみて適用がふさわしいとみなされる者は，一定の要件のもと，労災保険制度に加入することを認めている特別加入制度が設けられている。特別加入制度が適用される者としては中小企業主，自営業者，海外派遣者，特定作業従事者(21)などである。

2）労災保険制度を運営している保険者

　労災保険制度を運営している保険者は政府（国）であるが，実際に運営して

いるのは厚生労働省となる。実際の現業業務を行っているのは厚生労働省の地方部局である都道府県労働局や，その下部機関に当たる労働基準監督署である。都道府県労働局は雇用保険と一緒に労働保険として保険料の徴収を行っており，労働基準監督署は保険給付に関する手続きなどを行っている。また，労働基準監督署は労働災害や通勤災害として補償するため，必要な労災の認定も行っている。

3）労災保険制度における保険給付にはどのようなものがあるのか

　労災保険制度の保険給付を受けるためには，労働者に生じた負傷，病気，障害，死亡などが業務上の業務災害あるいは通勤災害として，労災の認定が行われなくてはならない。業務災害の場合，認定の基準となるのが業務遂行性と業務起因性である。業務遂行性とは労働者が使用者の支配化，もしくは管理下にあったということである。つまり，仕事中に生じた災害であるということである。業務起因性とは，災害が業務上の出来事が原因で生じたものであるという因果関係のことである。つまり，仕事が原因で生じた災害であるということである。業務災害として認定されるためにはこの2つの基準が満たされる必要がある。

　一方，通勤災害の場合，認定の基準となるのが通勤遂行性と通勤起因性である。通勤遂行性とは労働者が就業するため，住居と就業の場所との間を合理的な経路や方法で移動していた，ということである。通勤起因性とは通勤の際に生じた災害である，ということである。このため，帰宅途中に日常生活に不必要な寄り道などをした場合などは認定されないこともある。どのような場合に通勤災害として認定されるかは一概にいえるものではなく，最終的な判断は労災の認定を行う労働基準監督署の署長の判断に委ねられている。

　労災保険制度の保険給付を現金給付で行う場合，算定する基準として用いられるのが給付基礎日額である。給付基礎日額とは，労働基準法における平均賃金に相当する額のことをいう。この平均賃金は，労災が発生した日の直前3カ月間に労働者に対し，支払われた賃金の総額をその期間の総日数で割った1日当たりの賃金額のことである。もっとも，この場合の賃金の総額には，臨時的に支払われた賃金や賞与などは含まれないことになっている。労災保険制度に

おける現金給付はこの給付基礎日額に基づき，算出される。

　労災保険制度の保険給付は図表6－23のようになり，業務災害に関する保険給付と通勤災害に関する保険給付，二次健康診断等給付がある。業務災害と通勤災害の保険給付にはそれほど違いはなく，業務災害の保険給付には補償の文字が入っている。これは業務災害に対して事業主は補償責任があることを意味している。

　① 療養（補償）給付

　労働者が労災による負傷や病気を治療する際に支給される保険給付である。労働者が労災病院や労災指定病院などで療養する場合，療養の給付となり，医療の現物給付となる。この場合，労働者は治療等の費用を支払うことはない。労災病院や労災指定病院以外で治療する場合，療養の費用の支給となり，療養に要した費用は一旦自分で負担した後に全額償還される現金給付となる。療養（補償）給付はこの2種類からなる。

　② 休業（補償）給付

　労働者が労災による負傷や病気を治療するため，働くことができず，賃金を受けられない場合に支給される保険給付である。支給額は，賃金を受けられない日の4日目以降から，給付基礎日額の60％が支給される。なお，休業の当初3日間については，労働基準法による休業補償を事業主が行わなくてはならない。

　また，休業（補償）給付の受給者は，社会復帰促進等事業における特別支給金から休業特別支給金として，給付基礎日額の20％が支給される。このため，休業（補償）給付と合わせて給付基礎日額の80％が支給されることになる。

　③ 傷病（補償）年金

　労働者が労災による負傷や病気の治療を開始してから1年6カ月を経過しても治らず，傷病の程度が労災保険制度で定められた第1級から第3級までの傷病等級に該当する場合，支給される保険給付である。支給額は，傷病（補償）年金となり，第1級が給付基礎日額の313日分，第2級が277日分，第3級が245日分となり，毎年，一定の金額を定期的に給付する年金として支給される。なお，給付については休業（補償）給付から切り替わって支給される。

図表 6 - 23　日本の労災保険制度の体系

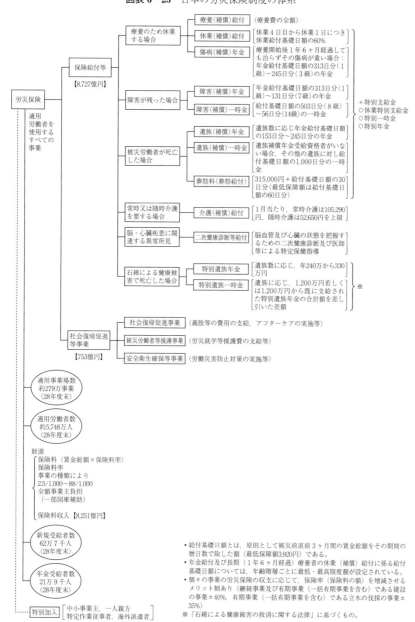

出典：厚生労働省編『厚生労働白書　平成30年版　資料編』2019年，134頁。

④　障害（補償）給付

　労働者が労災による負傷や病気が治った後，障害が残った場合，障害の程度に応じて支給される保険給付である。労災保険制度で定められた障害等級により，第1級から第7級までの重い障害に該当する場合，障害（補償）年金が支給される。支給額は，第1級の給付基礎日額の313日分から第7級の131日分までとなる。

　また，第8級から第14級までの比較的軽い障害に該当する場合，年金ではなく，一時金として障害（補償）一時金が支給される。支給額は，第8級の給付基礎日額の503日分から第14級の56日分までとなる。さらに，障害（補償）給付の受給者は障害の程度に応じ，社会復帰促進等事業の特別支給金から障害特別支給金が合わせて支給される。

⑤　遺族（補償）給付

　労働者が労災により死亡した場合，一定の要件に該当する遺族に対して支給される保険給付である。一定の要件とは労働者が死亡した当時，その者によって生計を維持していた配偶者（内縁関係も含む），子，父母，孫，祖父母，兄弟姉妹である。[23]このような遺族がいる場合，遺族（補償）年金が支給される。支給額は生計を維持していた遺族の人数に応じ，給付基礎日額の153日分から245日分が年金として支給される。

　また，遺族（補償）年金を受けることができる遺族がいない場合，その他の遺族に対して遺族（補償）一時金が支給される。支給額は給付基礎日額の1,000日分となっている。さらに，遺族（補償）給付の受給者は，社会復帰促進等事業の特別支給金から遺族特別支給金が一律300万円が一時金として支給される。

⑥　葬祭料（葬祭給付）

　労働者が労災により死亡した場合，遺族であるか，ないかにかかわらず，葬祭を行う者に対して葬祭料が支給される保険給付である。基本額31万5,000円に給付基礎日額の30日分を加えた額，もしくは給付基礎日額の60日分のいずれか高い方を葬祭料として支給する。

⑦　介護（補償）給付

　労働者が労災により介護が必要となった場合，支給される保険給付である。対象となるのは前述の傷病（補償）年金や障害（補償）年金を受給している労働者であり，介護費用を要する場合に支給される。支給は常時介護を要する者と随時介護を要する者に分かれる。また，親族などにより介護を受けているか，介護費用を支出しているかなどで支給される金額が異なってくる。

⑧　二次健康診断等給付

　事業主が実施する労働安全衛生法に基づく職場の定期健康診断において，脳や心臓の疾患に関連する項目について異常が認められた労働者に対して行う健康診断である。2000年の改正において創設された。二次健康診断等給付により，労働者は脳や心臓の状態を把握し，その結果に基づいて脳や心臓の疾患の発症の予防を図るため，医師などにより行われる特定保健指導を受けることができる。なお，二次健康診断等給付は本人の請求に基づき，1 年に 1 回だけ受診できることになっている。

4 ）労災保険制度における社会復帰促進等事業

　労災保険制度においては，保険給付の他にも労働者とその遺族の福祉の増進を図ることを目的として社会復帰促進等事業を行っている。社会復帰促進等事業は，労災に遭った労働者の円滑な社会復帰を促進する社会復帰促進等事業，労災に遭った労働者とその遺族の援護を図る被災労働者等援護事業，労働者の安全と衛生の確保を目的とした安全衛生確保等事業の 3 つの事業からなる（図表 6 - 23参照）。

　社会復帰促進事業としては，義肢などの補装具の購入や修理費の支給，労災病院や医療リハビリセンターの設置などの事業がある。被災労働者等援護事業としては，休業（補償）給付の休業特別支給金などの特別支給金の支給，子どもの学資を支援する労災就学等援護費の支給などの事業がある。最後に，安全衛生確保等事業としては，長時間労働対策の実施，労働災害防止対策の実施，労働者の健康確保対策の実施などの事業がある。このように労災保険制度における社会復帰促進等事業では，保険給付のほかに様々な事業を行っている。

（平成30年4月1日施行）

事業の種類の分類	事業の種類	労災保険率
林業	林業	1000分の60
漁業	海面漁業（定置網漁業又は海面魚類養殖業を除く）	1000分の18
漁業	定置網漁業又は海面魚類養殖業	1000分の38
鉱業	金属鉱業、非金属鉱業（石灰石鉱業又はドロマイト鉱業を除く）又は石炭鉱業	1000分の88
鉱業	石灰石鉱業又はドロマイト鉱業	1000分の16
鉱業	原油又は天然ガス鉱業	1000分の2.5
鉱業	採石業	1000分の49
鉱業	その他の鉱業	1000分の26
建設事業	水力発電施設、ずい道等新設事業	1000分の62
建設事業	道路新設事業	1000分の11
建設事業	舗装工事業	1000分の9
建設事業	鉄道又は軌道新設事業	1000分の9
建設事業	建築事業（既設建築物設備工事業を除く）	1000分の9.5
建設事業	既設建築物設備工事業	1000分の12
建設事業	機械装置の組立て又は据付けの事業	1000分の6.5
建設事業	その他の建設事業	1000分の15

事業の種類の分類	事業の種類	労災保険率
製造業	金属製品製造業又は金属加工業（洋食器、刃物、手工具又は一般金物製造業及びめっき業を除く。）	1000分の10
製造業	洋食器、刃物、手工具又は一般金物製造業（めっき業を除く）	1000分の6.5
製造業	めっき業	1000分の7
製造業	機械器具製造業（電気機械器具製造業、輸送用機械器具製造業、船舶製造又は修理業及び計量器、光学機械、時計等製造業を除く）	1000分の5
製造業	電気機械器具製造業	1000分の2.5
製造業	輸送用機械器具製造業（船舶製造又は修理業を除く）	1000分の4
製造業	船舶製造又は修理業	1000分の23
製造業	計量器、光学機械、時計等製造業（電気機械器具製造業を除く）	1000分の2.5
製造業	貴金属製品、装身具、皮革製品等製造業	1000分の3.5
製造業	その他の製造業	1000分の6.5
運輸業	交通運輸事業	1000分の4
運輸業	貨物取扱事業（港湾貨物取扱事業及び港湾荷役業を除く）	1000分の9
運輸業	港湾貨物取扱事業（港湾荷役業を除く）	1000分の9
運輸業	港湾荷役業	1000分の13
電気、ガス、水道又は熱供給の事業	電気、ガス、水道又は熱供給の事業	1000分の3

製造業	食料・品製造業	1000分の6
	繊維工業又は繊維製品製造業	1000分の4
	木材又は木製品製造業	1000分の14
	パルプ又は紙製造業	1000分の6.5
	印刷又は製本業	1000分の3.5
	化学工業	1000分の4.5
	ガラス又はセメント製造業	1000分の6
	コンクリート製造業	1000分の13
	陶磁器製品製造業	1000分の18
	その他の窯業又は土石製品製造業	1000分の26
	金属精錬業（非鉄金属精錬業を除く）	1000分の6.5
	非鉄金属精錬業	1000分の7
	金属材料・品製造業（鋳物業を除く）	1000分の5.5
	鋳物業	1000分の16

その他の事業	農業又は海面漁業以外の漁業	1000分の13
	清掃，火葬又はと畜の事業	1000分の13
	ビルメンテナンス業	1000分の5.5
	倉庫業，警備業，消毒又は害虫駆除の事業又はゴルフ場の事業	1000分の6.5
	通信業，放送業，新聞業又は出版業	1000分の2.5
	卸売業・小売業，飲食店又は宿泊業	1000分の3
	金融業，保険業又は不動産業	1000分の2.5
	その他の各種事業	1000分の3
	船舶所有者の事業	1000分の47

出典：厚生労働省統計協会編『保険と年金の動向 2019/2020』2019年，177頁を参照して筆者作成。

5) 労災保険制度の財源となる費用負担はどうなっているのか

　労災保険制度の運営に必要な費用については，事業主が負担する保険料と国からの若干の<u>国庫負担</u>で賄われている。労災保険制度の保険料は，労働者が負担することはなく，<u>事業主が全額負担</u>することになっている。保険料の額は，事業主が労働者に支払った賃金の総額に保険料率を掛けて算定する。保険料率は，厚生労働大臣が業種別に定めることになっており，現在は図表6-24のとおり55業種について定められている。

　しかし，事業の種類が同じであっても，作業工程，機械設備，作業環境，事業主の災害防止努力などにより業務災害が起こる確率が異なる。このため，事業主の保険料負担の公平性の確保と，労働災害防止努力の一層の促進を目的として，該当する事業の労働災害の多寡に応じ，一定の範囲内で保険料率や保険料額を増減させる<u>メリット制</u>が採られている。

（3）雇用制度はどのように運営されているのか
1）雇用保険制度の対象となるのは

　<u>雇用保険制度</u>については，原則として労働者が雇用されている事業は業種や規模にかかわらず，すべて<u>適用事業</u>と呼ばれている。ここで原則としたのは，公務員はリストラや倒産がないことから<u>適用除外</u>となっていることや農林水産業のうち，労働者が5人未満の個人経営の場合，加入が任意とされる<u>暫定任意適用事業所</u>となるからである。

　雇用保険制度では，適用事業に雇用されている労働者は雇用保険制度の被保険者となる。もっとも，1週間の所定労働時間が20時間未満である者や，同一の事業主の適用事業に継続して31日以上雇用されることが見込まれない者については適用除外となる。また，雇用保険制度の被保険者は<u>一般被保険者</u>，<u>高年齢被保険者</u>，<u>短期雇用特例被保険者</u>，<u>日雇労働被保険者</u>の4種類に分けられ（図表6-25参照），それぞれの区分に応じて失業時の給付内容が異なってくる。

2）雇用保険制度を運営している保険者

　雇用保険制度を運営している保険者は政府（国）だが，実際に運営しているのは厚生労働省となる。実際の現業業務を行っているのは厚生労働省の地方部

図表6-25　雇用保険制度における被保険者

①一般被保険者	下記以外の労働者
②高年齢被保険者	65歳以上の労働者
③短期雇用特例被保険者	季節的に雇用される労働者または短期の雇用（1年未満）に就く者
④日雇労働被保険者	日々雇用される労働者または30日以内の期間を定めて雇用される者

出典：厚生労働統計協会編『保険と年金の動向 2019/2020』2019年，165頁を参照して筆者作成。

局である都道府県労働局やその下部機関に当たる公共職業安定所（ハローワーク）である。都道府県労働局は労災保険と一緒に労働保険として保険料の徴収を行っており，公共職業安定所（ハローワーク）は雇用保険制度の保険給付に関する手続きなどを行っている。

　また，公共職業安定所（ハローワーク）では後述する求職者給付における基本手当を受給するため必要な失業の認定も行っている。基本手当を受けるには公共職業安定所（ハローワーク）に求職の申込みを行い，4週間ごとの認定日に出頭し，失業の状態にあるかどうかの失業の認定を受けることになっている。そして，失業と認定されると基本手当が支給される。[24]

3）雇用保険制度における保険給付にはどのようなものがあるのか

　雇用保険制度の体系は，図表6-26のようになり，大きく失業等給付と雇用保険二事業からなる。失業等給付とは保険給付のことであり，失業者や離職者に対して所得保障を行うことにより，求職活動や能力開発を促進することを目的としている。さらに，失業等給付は失業者が求職活動をする間の生活の安定を図るための求職者給付，再就職の援助や促進を目的とする就職促進給付，厚生労働大臣が指定する教育訓練を受講した場合，費用の一部が補助される教育訓練給付，職業生活の円滑な継続を援助，促進することを目的とする雇用継続給付の4つからなる。

①　求職者給付

　失業等給付における求職者給付は，失業者の求職中の生活を安定させるための保険給付であり，被保険者の種類に応じ，一般求職者給付，高齢求職者給付，短期雇用特例求職者給付，日雇労働者求職者給付と細分化されている。

　　一般求職者給付　　一般求職者給付とは，一般被保険者に対する給付とな

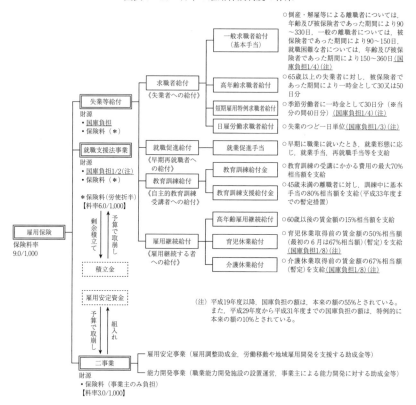

図表6-26　日本の雇用保険制度の体系

出典：厚生労働省編『厚生労働白書 平成30年版 資料編』2019年，155頁。

り，その給付の中心となるのが基本手当である。基本手当には受給要件があり，
離職の日以前2年間（その間に傷病等の期間がある場合，最長4年間）に，被保険
者期間が12カ月以上ある場合に支給される。もっとも，倒産や解雇などにより
離職した特定受給資格者や有期の雇用契約が更新されなかったなどの特定理由
離職者は，離職の日以前1年間に被保険者期間が6カ月以上ある場合，支給さ
れる。

　なお被保険者期間の計算方法については，離職の日から遡って1カ月ごとに
賃金支払の対象となる賃金支払基礎日数が11日以上ある月を1カ月として計算
する。

図表6-27　雇用保険における基本手当の所定給付日数

特定受給資格者及び特定理由就職者

区　　分 ＼ 被保険者であった期間	1年未満	1年以上5年未満	5年以上10年未満	10年以上20年未満	20年以上
30歳未満	90日	90日	120日	180日	—
30歳以上35歳未満	90日	120日	180日	210日	240日
35歳以上45歳未満	90日	150日	180日	240日	270日
45歳以上60歳未満	90日	180日	240日	270日	330日
60歳以上65歳未満	90日	150日	180日	210日	240日

特定受給資格者以外の受給資格者

区　　分 ＼ 被保険者であった期間	1年未満	1年以上5年未満	5年以上10年未満	10年以上20年未満	20年以上
全　年　齢		90日		120日	150日

障害者等の就職困難者

区　　分 ＼ 被保険者であった期間	1年未満	1年以上5年未満	5年以上10年未満	10年以上20年未満	20年以上
45歳未満	150日	300日			
45歳以上65歳未満	150日	360日			

出典：広井良典・山崎泰彦編著『社会保障』ミネルヴァ書房，2017年，182頁。

　次に基本手当の給付額については，1日当たりの給付額である<u>基本手当日額</u>によって支給される。基本手当日額は，離職前6カ月における平均賃金を1日単位で求めた<u>賃金日額</u>の50～80％（60歳以上65歳未満は45～80％）の給付率の範囲で乗じた額となる。この給付率については賃金日額が低いほど高くなるようになっている。

　受給期間については，離職の日の翌日から1年間に限られており，決められた給付日数を限度として支給される。給付日数については離職理由，年齢，心身障害などによる就職の難易度と被保険者であった期間に応じ，90～360日の範囲で決定される（図表6-27参照）。自己都合で退職した場合も支給されるが，2カ月間は支給されない給付制限が設けられている。

　その他の一般求職者給付としては，公共職業安定所（ハローワーク）が指定

図表 6-28 雇用保険制度の雇用保険料率

事業の種類 \ 保険料	失業等給付		雇用保険二事業	合計
	被保険者負担	事業主負担	事業主負担	(雇用保険料率)
一般の事業	3/1000	3/1000	3/1000	9/1000
農林水産・清酒製造の事業	4/1000	4/1000	3/1000	11/1000
建設の事業	4/1000	4/1000	4/1000	12/1000

出典：厚生労働省「雇用保険料について」を基に筆者作成。

する公共職業訓練を受給する場合に支給される技能習得手当，公共職業訓練を受けるため，家族と別居して寄宿する場合に支給される寄宿手当，求職の申し込みをした後に傷病によって15日以上職業に就くことができず，基本手当を受けられない場合に支給される傷病手当などがある。

　高年齢求職者給付　　高年齢求職者給付は高年齢被保険者に対する給付である。基本手当ではなく，一時金として高年齢求職者給付金が支給される。受給要件としては高年齢被保険者として失業し，離職の日以前1年間（その間に傷病等の期間がある場合，最長4年間）に被保険者期間が6カ月以上ある場合，支給される。給付額は被保険者の期間で異なり，被保険者期間が1年未満の場合，基本手当日額の30日分，1年以上の場合，基本手当日額の50日分が支給される。

　短期雇用特例求職者給付　　短期雇用特例求職者給付は短期雇用特例被保険者に対する給付である。基本手当ではなく，一時金として特例一時金が支給される。受給要件は短期雇用特例被保険者として失業をし，離職の日以前1年間に被保険者期間が6カ月以上ある場合支給される。給付額については，基本手当日額の30日分（当分の間は40日分）が支給される。

　日雇労働求職者給付　　日雇労働求職者給付は日雇労働被保険者に対する給付である。基本手当に相当する日雇労働求職者給付金が支給される。受給要件としては，日雇労働被保険者として失業をし，失業した日の属する月の直前2カ月間に通算して26日以上の印紙保険料(25)が納付されていた場合，支給される。給付額については1日ごとに決める給付金日額となり，印紙保険料の納付額と賃金日額によって3段階に分けられている。

　②　就職促進給付

失業等給付における就職促進給付は，失業者の再就職を援助，促進するための保険給付であり，その中心となるのが就職促進手当である。就職促進手当には再就職手当，就業促進定着手当，就業手当，常用就職支度手当の4種類がある。

　　再就職手当　　再就職手当は，基本手当の受給者が決められた給付日数の3分の1以上を残して安定した職業に就いた場合支給される。給付額は基本手当の残日数に応じて給付率が異なり，3分の1以上の場合は基本手当日額の60％，3分の2以上の場合は基本手当日額の70％となり，それぞれ残日数分を乗じた額が支給される。

　　就業促進定着手当　　就業促進定着手当は，再就職手当の支給を受けた者が引き続き再就職先に6カ月以上雇用され，その6カ月分の賃金が離職前の賃金よりも低い場合に支給される。給付額は，離職前の賃金と再就職後の賃金の差額の6か月分となる。

　　就業手当　　就業手当は，基本手当の受給資格がある者がアルバイトなどの再就職手当の対象とならない常用雇用以外で就業し，基本手当の残日数が3分の1以上，かつ45日以上あり一定の要件に該当する場合に支給される。給付額は，基本手当日額の30％に就業した日数を乗じた額が支給される。

　　常用就職支度手当　　常用就職支度手当は，基本手当の受給資格がある者のうち，障害などで就労が困難な者が，安定した職業に就職し，基本手当の残日数が3分の1未満，または45日未満で，一定の要件に該当する場合に支給される（3分の1以上は再就職手当の対象となる）。給付額は，基本手当日額の40％に90日を上限として残日数分を乗じた額が支給される。

　その他の就職促進給付にはこれら就職促進手当のほか，遠方に就職する，職業訓練を受けるなどの理由により住所や居所を変更する場合に支給される移転費，遠隔地にある求人事業所を訪問して求人者と面接などをした場合に支給される求職活動支援費などがある。

　③　教育訓練給付

　失業等給付における教育訓練給付は，労働者のキャリア形成を支援する保険給付であり，在職中であっても受給することができる。教育訓練給付には一般

教育訓練給付金，専門実践教育訓練給付金の2種類があり，2022年までの時限措置として教育訓練支援給付金がある。(26)

一般教育訓練給付金　　一般教育訓練給付金は，厚生労働大臣が指定した教育訓練講座を修了した場合，支払った費用の一部を支給するものである。受給要件は，被保険者期間が3年以上あることであり（初めての受給の場合，当面の間は1年以上でよい），過去にこの給付金を受け，3年以上経過していることである。給付額は，10万円を上限として，支払った費用の20％が支給される。

専門実践教育訓練給付金　　専門実践教育訓練給付金は，看護師，美容師，介護福祉士，保育士などの資格を取得するため，厚生労働大臣が指定した専門学校に支払った費用の一部を支給するものである。受給要件は，被保険者期間が3年以上あることであり（初めての受給の場合，当面の間は2年以上でよい），過去にこの給付金を受けて3年以上経過していることである。給付額は，1年間40万円を上限として3年間まで支払った費用の50％が支給される。

④　雇用継続給付

失業等給付における雇用継続給付は，高年齢となることや育児，介護などが必要となっても仕事を続けられるよう，支援する保険給付である。雇用継続給付には高年齢雇用継続給付，育児休業給付，介護休業給付の3種類がある。

高年齢雇用継続給付　　高年齢雇用継続給付は，60歳到達時と比べ，賃金が75％未満に低下した60歳以上65歳未満の一般被保険者に高年齢雇用継続基本給付金を支給するものである。受給要件は，被保険者であった期間が5年以上の場合に支給される。給付額は原則60歳以降に支払われた賃金の15％となり，65歳に達する月まで支給される。

育児休業給付　　育児休業給付は，1歳，または1歳2カ月未満の子(27)（支給対象期間の延長に該当する場合，1歳6カ月，または2歳(28)）を養育するため，育児休業を取得した場合，一般および高年齢被保険者に育児休業給付金を支給するものである。受給要件は，原則として育児休業開始前2年間に被保険者期間が12カ月以上ある場合，支給される。給付額は，育児休業の開始から6カ月については，休業前の賃金日額に支給日数を乗じた額の67％（3分の2）が支給され，6カ月経過後は50％（2分の1）が支給される。ただ，育児休業は分割して取

得することが認められていない。

　　介護休業給付　　介護休業給付は，家族を介護するため，介護休業を取得した一般，および高年齢被保険者に介護休業給付金を支給するものである。受給要件は，原則として介護休業開始前2年間に被保険者期間が12カ月以上ある場合，支給される。給付額は，休業前の賃金日額に支給日数を乗じた額の67％（3分の2）が支給される。給付期間があり，介護休業を開始した日から起算して3カ月を経過するまでの間支給される。なお，介護休業は合計して93日以内であれば3回まで分割して取得することができ，半日単位の取得も可能となる。

4）雇用保険制度における雇用保険二事業

　雇用保険制度では失業の予防，雇用機会の増大，労働者の能力開発などを図るため，事業主に対し，必要な援助や助成を行うことを目的とした雇用保険二事業を行っている。雇用保険二事業は，雇用状況の安定と改善を目的とした雇用安定事業，労働者の能力の開発と向上を目的とした能力開発事業の2つからなる（図表6-26参照）。

　雇用安定事業としては，事業主に対する助成金，中高齢者などの再就職支援，若者や子育て女性に対する就労支援などを行っている。能力開発事業としては在職者や離職者に対する訓練，事業主が行う教育訓練への支援などがある。このように雇用保険制度における雇用保険二事業では，保険給付のほかに様々な事業を行っている。

5）雇用保険制度の財源となる費用負担はどうなっているのか

　雇用保険制度の運営に必要な費用については，労働者と事業主が負担する保険料と国庫負担によって賄われている。雇用保険制度の保険料は事業主が全額負担となる労災保険制度と異なり，被保険者となる労働者も負担する。もっとも，失業等給付については労働者と事業主で保険料を労使折半するが，雇用保険二事業については事業主が保険料を全額負担する。保険料については，毎月の賃金総額に図表6-28の雇用保険料率を乗じて算出される。

　なお，国庫負担については失業等給付にのみ行われ，雇用保険二事業については国庫負担が行われない。また，失業等給付においても一部の保険給付にのみ国庫負担が行われる。

5 生活保護制度

（1）制度の目的

　生活保護制度は，「最後のセーフティネット[29]」ともいわれる制度である。ネットの網の目を細かくし，一人も取りこぼさないことが求められている。

1）明治以降の貧困者支援の制度の歴史

　日本における貧困者救済の最初の制度としては，1874年の恤救規則がある。「恤」は憐むという意味で，この制度の慈恵性を表している。

　制度の対象は単身者，老衰・病気・障害等で働けないもの，13歳以下のものなど，「無告の窮民」とされた。また，「人民相互の情誼」，つまり，近親者や地域の共同体による相互扶助が中心であった。救済の内容としては米代の支給等であった（たとえば年間1石8斗分を支給）。

　その後，昭和に入り，1929年救護法が制定された。これは世界恐慌（1929年）により大量の失業者が生まれるなど国民の生活困窮の状況が深刻になり，前述の恤救規則では対応しきれなくなったことから制定されたものである。制定は1929年であるが，世界恐慌などによる財政的な困難で実施が大幅に延期され，1932年に施行された。

　その内容は下記のようなものであった。

- ・救済対象は65歳以上の老衰者，13歳以下の幼者，妊産婦，傷病，あるいは精神・身体障害により労務を行うのに支障がある者，労働ができない者であった。欠格条項も規定されており，性行が著しくよくない，著しく怠惰な者には救護は行わないとしている。
- ・扶養義務者による扶養が可能な場合，扶養義務者による扶養を優先するとしている（第2条）。
- ・救護機関は市町村長で，方面委員を補助機関とした。扶助の種類としては生活扶助，医療扶助，助産扶助，生業扶助，埋葬費があった（医療扶助，助産扶助は1931年改正で削除）。費用は市町村負担であったが，国が2分の1，都道府県が4分の1を補助した。

・救護施設としては養老院，病院，孤児院などがあった。

　1945年の第二次世界大戦の敗戦後の混乱により多くの貧困者が生まれた。こうした敗戦後の国民の生活困窮や貧困状態に対し，GHQ の指令で生活困窮者緊急生活援護要覧が閣議決定された。これは軍用物資の民生転換政策であった。これにより軍事物資の配分，および生活に困窮する国民への救済が行われた。その後，GHQ の指導・助言により，日本国憲法第25条第1項で定める生存権の保障を受け，1946年10月，旧生活保護法が制定された。

　その第1条では，「この法律は，生活の保護を要する状態にある者の生活を，国が差別的又は優先的な取扱をなすことなく平等に保護して，社会の福祉を増進することを目的とする」とし，国家責任と無差別平等をうたっている。

　また，第2条では，救済から除外するものとして，能力があるにもかかわらず，勤労の意思のない者，勤労を怠る者，その他生計の維持に努めない者，素行不良な者を挙げている。また，救護法と同じように，扶養義務者による扶養の優先が継続されている（第3条）。実施機関は市町村長（第4条）で補助機関は民生委員とされた。

　第11条では保護の種類として，生活扶助，医療扶助，助産扶助，生業扶助，葬祭扶助の5つの扶助を規定した。

　旧生活保護法は生活扶助を中心に実施されたが，根本的な改正の必要性があるという意見が多く出された。そして，1949年，社会保障制度審議会から「生活保護制度改善強化に関する勧告」が出された。これに伴い，現在の生活保護法が制定された。そこで，国家責任，健康で文化的な生活を保障することなどが明確化された。また，国民が生活保護を請求する権利や基本原理・基本原則，扶助の種類などが規定された。

2）救貧機能としての生活保護制度

　現在の生活保護制度は最低限度の生活の保障をするのと同時に，自立の助長を目的とした制度である。その目的のため，生活保護法には4つの原理（原則）と8つの扶助が規定されている。

　具体的には，まず4つの原理は以下のとおりである。

① 国家責任による最低生活保障の原理（第1条）

第1条では「この法律は，日本国憲法第25条に規定する理念に基き，国が生活に困窮するすべての国民に対し，その困窮の程度に応じ，必要な保護を行い，その最低限度の生活を保障するとともに，その自立を助長することを目的とする」と規定され，国家責任とともに自立の助長も明記されている。

なお，日本に居住する外国人については行政措置として生活保護法を準用して救済する，ということに注意が必要である。また「生活に困窮する外国人に対する生活保護の措置について」では，「生活に困窮する外国人に対しては一般国民に対する生活保護の決定実施の取り扱いに準じて左の手続きにより必要と認める保護を行うこと[30]」としている。

このほか，健康で文化的な最低限度の生活とはどのようなものかについては，国が定める生活保護法による保護の基準により規定されている。この基準については後述するが，時代の変化の中で基準も変更し続けていることに注意しなければならない。また，自立の助長についてであるが，生活保護受給者の自立については多くの議論が行われている。昨今では単なる経済的自立だけではなく，日常生活自立や社会生活自立も視野に入れたものとなっている。

② 保護請求権無差別平等の原理（第2条）

第2条では「すべて国民は，この法律の定める要件を満たす限り，この法律による保護…（中略）…を，無差別平等に受けることができる」と規定されている。この要件については，後述する能力や資力の活用などが細かく規定されている。無差別平等は信条，性別，社会的地位等により差別したり，優先したりしないことを意味しており，生活困窮に陥った原因は問わないのが特徴である。救護法や旧生活保護法にみられた欠格条項がなくなったことが特徴である。

③ 最低生活保障の原理（第3条）

第3条では「この法律により保障される最低限度の生活は，健康で文化的な生活水準を維持することができるものでなければならない」と規定されている。この健康で文化的な最低限度の生活については時代の変遷の中で常に問われている。このため，社会福祉士などの援助者は常にこれらに鋭敏でなければならない。

④　保護の補足性の原理（第4条）

　第4条では「保護は，生活に困窮する者が，その利用し得る資産，能力その他あらゆるものを，その最低限度の生活の維持のために活用することを要件として行われる」「民法…（中略）…に定める扶養義務者の扶養及び他の法律に定める扶助は，すべてこの法律による保護に優先して行われるものとする」「前2項の規定は，急迫した事由がある場合に，必要な保護を行うことを妨げるものではない」と規定されている。

　資産については現在でも家屋と車が生活保護の受給に当たり，課題となることが多い。特に地方においては車は必需品で，日常の買い物や職探しなどのため，なくてはならないものであり，生活保護受給の大きな壁になっている。

　能力については，稼働能力，労働能力が問われる。自立の助長にあたっては，稼働能力のある世帯の「能力」活用は常に一つの焦点となってきた。また，現在の生活保護制度において，稼働能力のある者の就労による自立の促進は大きな課題となっている。その他，「あらゆるもの」には資産となし得るものも対象となる。

　扶養義務者については，民法上の扶養義務の履行を期待できる扶養義務者のある時は，その扶養を保護に優先させることがいわれている。[31]特に夫婦相互間と未成熟の子に対する親に関しては，強い扶養義務が課せられている扶養義務に関しては，様々な反論がある。[32]さらに，他の法律や制度による保障，援助などを受けることができる者，または受けることができると推定される者については極力その利用に努めさせること，とされており，たとえば，身体障害者福祉法，児童福祉法，災害援助法などの活用が考えられる。

3）原　　則

① 　申請保護の原則（第7条）

　第7条では「保護は，要保護者，その扶養義務者又はその他の同居の親族の申請に基いて開始するものとする。但し，要保護者が急迫した状況にあるときは，保護の申請がなくても，必要な保護を行うことができる」と規定されている。生活保護の受給のためには生活保護の申請書を提出し，受給の意思を明らかにしなければならない。

ただし，申請者が申請書及び同意書の書面での提出が困難である場合には，申請者の口頭によって必要事項に関する陳述を聴取し，書面に記載した上，その内容を本人に説明し，署名捺印を求めるなど，申請があったことを明らかにするための対応を行うことが実施要領に定められている。また，申請を待つだけではなく，要保護者を発見し適切な保護を実施するため，住民に対する生活保護制度の周知に努めることや民生委員等の関係機関との連絡・連携を図ることも定められている。

②　基準及び程度の原則（第8条）

　第8条では「保護は，厚生労働大臣の定める基準により測定した要保護者の需要を基とし，そのうち，その者の金銭又は物品で満たすことのできない不足を補う程度において行うものとする」「前項の基準は，要保護者の年齢別，性別，世帯構成別，所在地域別その他保護の種類に応じて必要な事情を考慮した最低限度の生活の需要を満たすに十分なものであつて，且つ，これをこえないものでなければならない」と規定されている。

　この厚生労働大臣が定める基準が生活保護法による保護の基準である。生活保護法による保護の基準は，保護の要否を決めるための尺度としての機能と保護費の支給額を決めるための尺度としての機能もある。

③　必要即応の原則（第9条）

　第9条では「保護は，要保護者の年齢別，性別，健康状態等その個人又は世帯の実際の必要の相違を考慮して，有効且つ適切に行うものとする」と規定されている。この原則は法の機械的・画一的な運用を戒め，個々の要保護者の実情に即し，柔軟な運用を求めたものである。

④　世帯単位の原則（第10条）

　第10条では「保護は，世帯を単位としてその要否及び程度を定めるものとする。但し，これによりがたいときは，個人を単位として定めることができる」と規定されている。

　生活保護の場合は世帯単位が原則である。居住，生計が一でない場合でも同一世帯として認定を行うことになる。「但し，これによりがたいとき」，つまり，世帯単位によりがたい時は個人を単位として保護を実施することになる。その

個人を世帯から分離して取り扱うことになるため，世帯分離とされる。

　世帯分離は，様々な場合が想定される。典型的なものとしては<u>長期入院</u>や<u>長期の施設入所</u>が挙げられる。長期入院，あるいは長期入所しているものを同一世帯として認定することが出身世帯全員の自立の助長を著しく阻害すると認められる時などである。また，収入を得る努力をしない者がおり，他の世帯員は，保護を要する状態という場合，<u>稼働能力</u>を活用しない者を分離し，残りの世帯員を保護するというものである。

（2）対　　象

1）生活保護受給者

　さて，2019年2月現在163万5,515世帯，208万9,641人が生活保護を受給している。受給者の内訳としては高齢者が受給者の半数を占めている。稼働年齢層と考えられるその他世帯も多く，就労支援が課題となっている。母子世帯も一定の割合を占めており，子どもの貧困への対策という意味でも注意が必要である（図表6-29）。

2）広がる貧困と格差の拡大

　生活保護受給に至らなくても国民の生活困窮の深刻さは増している。たとえば<u>非正規雇用労働者</u>が増加し，2,000万人を超えており（図表6-30），<u>貧困と格差の拡大</u>の深刻な状況をうかがい知ることができる。

　また，全国のホームレス（路上生活者）は減少しているように見受けられるが，[34]2020年以降のコロナ禍で東京ではネットカフェ難民4,000人の宿泊場所が社会問題になった。[35]ネットカフェ難民の全国調査も必要ではないかと考えられる。

　そこで，貧困の定義について述べる。貧困には<u>絶対的貧困</u>と<u>相対的貧困</u>という2つの定義がある。

　絶対的貧困は「栄養学的にみて生存することが不可能な状態を指す。ラウントリーは，肉体的能率を維持することができない状態を絶対的貧困とし，当時の栄養学の知見を用いながらその絶対的貧困（第一次貧困）を貨幣量によって示した貧困の実態を把握した」[36]。

図表6-29 被保護実人員（各月間）と対前年同月伸び率

	31年2月	構成割合	前年同月	対前年同月差	対前年同月伸び率	前月	対前月差
1. 被保護実人員（保護停止中を含む。）							
総数	2,089,641		2,115,374	(-25,733)	(-1.2%)	2,093,324	(-3,683)
保護率（人口百人当）	1.65%		1.67%			1.66%	
2. 被保護世帯数（保護停止中を含む。）							
総数	1,635,515		1,638,392	(-2,877)	(-0.2%)	1,637,611	(-2,096)
3. 世帯類型別世帯数及び割合（保護停止中を含まない。）							
総数	1,627,444		1,630,072	(-2,628)	(-0.2%)	1,629,478	(-2,034)
高齢者世帯	880,946	54.1%	863,759	(17,187)	(2.0%)	882,134	(-1,188)
（内訳）単身世帯	804,954	49.5%	786,733	(18,221)	(2.3%)	805,795	(-841)
（内訳）2人以上の世帯	75,992	4.7%	77,026	(-1,034)	(-1.3%)	76,339	(-347)
高齢者世帯を除く世帯	746,498	45.9%	766,313	(-19,815)	(-2.6%)	747,344	(-846)
（内訳）母子世帯	86,558	5.3%	92,145	(-5,587)	(-6.1%)	86,663	(-105)
（内訳）障害者・傷病者世帯計	413,193	25.4%	420,598	(-7,405)	(-1.8%)	413,353	(-160)
（内訳）その他の世帯	246,747	15.2%	253,570	(-6,823)	(-2.7%)	247,328	(-581)

注：保護率の算出は、当月の被保護実人員を同月の総務省「人口推計（概算値）」で除した。
出所：厚生労働省「生活保護の被保護者調査（平成31年2月分概数）の結果」2019年5月8日。

　これに対し，相対的貧困では「特定の社会における標準的な生活様式との比較において許容できない状態を決定するため，その状態は時代や社会において異なることになる。この相対的貧困は，絶対的貧困のように単なる衣食住のみが足りた状態ではなく，生活する社会の標準的な生活様式や慣習，活動に参加することができない剥奪を生み出す状態を指す[37]」。

　相対的貧困との関連では今日的貧困ともいえる社会的排除がある。社会的排除とは1980年代にフランスで使われだした概念で，「社会統合を意図した福祉国家の社会制度にも組み入れられず，社会の周縁に追いやられている状況を，「新しい貧困」＝社会的排除と呼んだ[38]」ものである。社会的排除が貧困や生活困窮につながっていることに注意が必要である。

3）生活保護基準

　厚生労働大臣の定める基準，すなわち生活保護法による保護の基準は下記のように算出方法が変化している。

　「1948年8月は，マーケットバスケット方式（栄養所要量を満たす飲食物費を基

図表 6 - 30　正規雇用労働者と非正規雇用労働者の推移

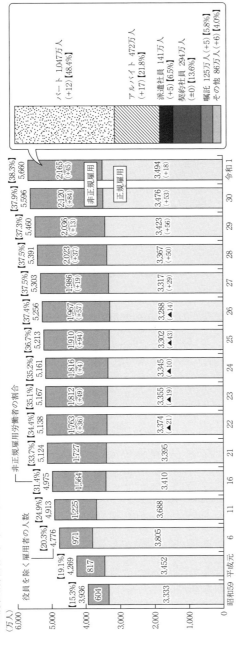

○非正規雇用労働者は、平成 6 年以降現在まで緩やかに増加しています（役員を除く雇用者全体の38.3%・令和元年平均）。
○正規雇用労働者は、平成26年まで緩やかに減少していましたが平成27年に8 年ぶりにプラスに転じ、5 年連続で増加しています。

注： (1)　平成21年の数値は、平成22年国勢調査の確定人口に基づく推計人口の切替による数値による週及集計した数値〈除く〉。
(2)　平成22年から平成28年までの数値は、平成27年国勢調査の確定に基づく推計人口（新基準）の切替による週及集計した数理。
(3)　平成23年の数値、割合は、被災 3 県の補完推計を用いて計算した値（平成27年国勢調査基準）。
(4)　雇用形態の区分は、勤め先での「呼称」によるもの。
(5)　正規雇用労働者：勤め先での呼称が「正規の職員・従業員」である者。
(6)　非正規雇用労働者：勤め先での呼称が「パート」「アルバイト」「労働者派遣事業所の派遣社員」「契約社員」「嘱託」「その他」である者。
(7)　割合は、正規雇用労働者と非正規雇用労働者の合計に占める割合。

資料：平成11年までは総務省「労働力調査（特別調査）」（2 月調査）長期時系列表 9、平成16年以降は総務省「労働力調査（詳細集計）」（年平均）長期時系列表10。

出典：厚生労働省「非正規雇用の現状と課題」2019年。

礎に，必要な品物を一つひとつ買い物かごに入れるかのように積み上げて算定する），1961年にはエンゲル方式に移行している（マーケットバスケット方式により算定した飲食物費をもとにエンゲル係数を作成し，消費支出総額を求めるもの）。その後，1960年代半ばに格差縮小方式，1980年代半ばには水準均衡方式へと移行した。格差縮小方式は，低所得者層の消費水準が上昇し，所得格差が縮小する傾向を踏まえ，保護水準の引き上げが図られ，水準均衡方式によってこの水準を維持する改定が図られてきた」。

（3）給付内容

生活保護の給付には8つの扶助がある。また，全国の市町村を6区分の級地に分類した級地基準がある。

1）生活扶助（第12条）

第12条では「生活扶助は，困窮のため最低限度の生活を維持することのできない者に対して」行われると規定されている。主なものは衣食，その他日常生活の需要を満たすために必要なもの，移送の費用である。

基準生活費は1類と2類に分けられる。第1類（個人経費）は飲食物や衣類など，個人的な経費を年齢別に定めた基準，第2類（世帯共通経費）は水道・光熱費や家具什器類など世帯共通的経費を世帯人員別に定めた基準である。

このほか，妊婦加算，障害者加算，介護施設入所者加算，在宅患者加算，放射線障害者加算，児童養育加算，介護保険料加算，母子加算などがある。また，次のような一時的なものと入院時，入所時等の扶助がある。

具体的には，期末一時扶助，一時扶助（臨時的一般生活費。被服費，家具什器，移送費，入学準備金，就労活動促進費，配電設備等），入院患者日用品費，介護施設入所者基本生活費などである。給付は金銭給付によるが，これによることができない時は現物給付となる。また，勤労控除がある。これは保護者の自立助長，就労自立に向け，意欲を喚起するもので，必要経費控除や基礎控除，新規就労控除，未成年者控除等などがある。

2）教育扶助（第13条）

第13条では「教育扶助は，困窮のため最低限度の生活を維持することのでき

ない者に対して」行われると規定されている。義務教育に必要な費用が支給される。義務教育に伴って必要な教科書，その他の学用品，義務教育に伴って必要な通学用品，学校給食その他義務教育に必要なものなどである。

　給付は金銭給付によるが，これによることができない時は現物給付となる。被保護者，親権者，もしくは未成年後見人で，学校長などに交付される。

3）住宅扶助（第14条）

　第14条では「住宅扶助は，困窮のため最低限度の生活を維持することのできない者に対して」給付されると規定されている。住居扶助の対象は住居と補修その他住宅の維持のため，必要なものである。住居費は所在地域別等で決められた基準額の範囲内の額とされ，基準額を超えた時は，厚生労働大臣が都道府県（指定都市および中核市）ごとに定める額の特別基準を使用する。

　給付は金銭給付によるが，これによることができないときは現物給付となる。生活扶助費を合わせて給付される。宿所提供施設の利用の場合，現物給付となる。[40]

4）医療扶助（第15条）

　第15条では「医療扶助は，困窮のため最低限度の生活を維持することのできない者に対して」行われると規定されている。医療扶助の支給は診察，薬剤，または治療材料，医学的処置，手術及びその他の治療並びに施術，居宅における療養上の管理及びその療養に伴う世話，その他の看護，病院又は診療所への入院，およびその療養に伴う世話，その他の看護，移送等に行われる。

　医療扶助は，国民健康保険，高齢者医療の診療報酬および診療報酬の例によるとされている。また，指定医療機関に委託されて行われるが，厚生労働大臣の定めるところにより，懇切丁寧に被保護者の医療を担当しなければならず（第50条），指定医療機関は，被保護者の医療について，厚生労働大臣または都道府県知事の行う指導に従わなければならない，とされている。

　給付は現物給付を原則とするが，これによることができない時は金銭給付となる。なお，2018年からは後発医薬品の使用が原則化された。

5）介護扶助（第15条の2）

　第15条の2では「介護扶助は，困窮のため最低限度の生活を維持することの

できない要介護者…（中略）…要支援者に対して」行われると規定されている。介護保険法と同じ給付となる。給付は，介護関係法令等に示すところにより，介護サービスを受けるため，必要な最小限度の額とされている。また，介護保険の自己負担分が支給対象となる（介護保険給付が優先。保護の補足性の原理）。

　給付は現物給付を原則とするが，これによることが適当でない時は金銭給付によって行うことができる。指定介護機関は厚生労働大臣，都道府県知事等が指定する。

6）出産扶助（第16条）

　第16条では「出産扶助は，困窮のため最低限度の生活を維持することのできない者に対して」行われると規定されている。出産扶助の内容は，分べんの介助，分べん前及び分べん後の処置，脱脂綿，ガーゼ，その他の衛生材料である。また，入院に要する必要最小限度が支給される。

　給付は金銭給付で行われる。これによることができない時は現物給付となる。出産に伴う必要な費用が交付される。

7）生業扶助（第17条）

　第17条では「生業扶助は，困窮のため最低限度の生活を維持することのできない者又はそのおそれのある者に対して」行われると規定されている。また，「但し，これによつて，その者の収入を増加させ，又はその自立を助長することのできる見込のある場合に限る」と規定されている。生業扶助の内容は，生業に必要な資金・器具又は資料，生業に必要な技能の修得，就労のため必要なものである。この扶助は稼働能力を引き出し，自立の助長を目的とするものである。

　給付は金銭給付によるが，これによることができない時は現物給付となる。

8）葬祭扶助（第18条）

　第18条では「葬祭扶助は，困窮のため最低限度の生活を維持することのできない者に対して」行われると規定されている。葬祭扶助の内容は検案，死体の運搬，火葬，または埋葬，納骨，その他葬祭のため，必要なものである。遺族が困窮のため葬祭ができない場合のほか，葬祭を行う扶養義務者がいない場合も葬祭を行う者に支給される。

給付は金銭給付となるが，これによることができない時は現物給付となる。

（4）実施機関・生活保護施設

1）実施機関（第19条）

実施機関は福祉事務所となる。第19条では「都道府県知事，市長及び社会福祉法…（中略）…に規定する福祉に関する事務所（以下「福祉事務所」という。）を管理する市町村は，次に掲げる者に対して，この法律の定めるところにより，保護を決定し，かつ，実施しなければならない」と規定されている。

なお，1999年に成立した「地方分権の推進を図るための関係法律の整備等に関する法律（地方分権一括法)」により，1人の担当人数は80世帯が標準とされた（市部は80世帯・郡部は60世帯）。また，機関委任事務と団体委任事務が以下のように改正された。

① 法定受託事務

「法律又はこれに基づく政令により都道府県，市町村又は特別区が処理することとされる事務のうち，国が本来果たすべき役割に係るものであつて，国においてその適正な処理を特に確保する必要があるもの」（地方自治法第2条第9項第1号)。また，生活保護の最低生活保障については「法定受託事務」として実施される。

② 自治事務

「地方公共団体が処理する事務のうち，法定受託事務以外のもの」（地方自治法第2条第8項)。生活保護の相談支援については，自治事務として実施されている。

2）生活保護施設

保護施設は5つの種類がある。

① 救護施設

「身体上又は精神上著しい障害があるために日常生活を営むことが困難な要保護者を入所させて，生活扶助を行うことを目的とする施設。」（生活保護法第38条第2項）

② 更生施設

「身体上又は精神上の理由により養護及び生活指導を必要とする要保護者を入所させて，生活扶助を行うことを目的とする施設。」（生活保護法第38条第3項）

③ 医療保護施設

「医療を必要とする要保護者に対して，医療の給付を行うことを目的とする施設。」（生活保護法第38条第4項）

④ 授産施設

「身体上若しくは精神上の理由又は世帯の事情により就業能力の限られている要保護者に対して，就労又は技能の修得のために必要な機会及び便宜を与えて，その自立を助長することを目的とする施設。」（生活保護法第38条第5項）

⑤ 宿所提供施設

「住居のない要保護者の世帯に対して，住居扶助を行うことを目的とする施設。」（生活保護法第38条第6項）

（5）被保護者の権利と義務

1）被保護者の権利

権利としては次の3つが規定されている。

① 不利益変更の禁止（生活保護法第56条）

「正当な理由がなければ既に決定された保護を不利益に変更されることがない」というものである。

② 公課禁止（生活保護法第57条）

保護金品等の財源は全額租税である。このため，これに租税を科すことはない。

③ 差押禁止（生活保護法第58条）

すでに給付を受けた保護金品等及び進学準備給付金は差し押さえられることがないというものである。

2）被保護者の義務

義務としては次の5つがある。

① 譲渡禁止（生活保護法第59条）

保護等を受ける権利は一身専属の権利で，親族その他に譲渡はできないというものである。

② 生活上の義務（生活保護法第60条）

第60条では「被保護者は，常に，能力に応じて勤労に励み，自ら，健康の保持及び増進に努め，収入，支出その他生計の状況を適切に把握するとともに支出の節約を図り，その他生活の維持及び向上に努めなければならない」と規定されている。

③ 届出の義務（生活保護法第61条）

第61条では「被保護者は収入，支出その他生計の状況について変動があつたとき，又は居住地若しくは世帯の構成に異動があつたときは，すみやかに保護の実施機関又は福祉事務所長にその旨を届け出なければならない」と規定されている。

④ 指示等に従う義務（生活保護法第62条）

被保護者は保護の実施機関から生活の維持，向上，その他保護の目的達成に必要な指導，または指示を受けたときはこれに従う義務があるというものである。

⑤ 費用返還義務（生活保護法第63条）

急迫した事情などのため，資力があるにもかかわらず保護を受けた者は，保護の実施機関の定める額を返還する義務が課せられている[41]。

3）不服申し立てと訴訟

生活保護制度では，下記のように不服申立て（審査請求）と訴訟について規定されている。

① 審査請求（生活保護法第64条）

保護の実施機関の処分に対し，審査請求を行うことができる。審査請求は都道府県知事に対して行う。

② 再審査請求（生活保護法第66条）

処分に係る審査請求についての都道府県知事の裁決に不服がある者は厚生労働大臣に対し，再審査請求を行うことができる。

③　訴訟提起（生活保護法第69条）

　保護の実施機関，または支給機関がした処分の取り消しの訴えは，当該処分についての審査請求に対する採決を経た後でなければ提起することができない。行政訴訟としては朝日訴訟が知られている。朝日訴訟は1957年，国立岡山療養所で療養中だった朝日茂氏が，実兄からの仕送り1,500円を収入認定し，その後，保障される入院患者日用品費600円では「健康で文化的な最低限度の生活」を営むことはできないと主張し，提起した訴訟である。[42]

（6）生活保護法改正

　2013年12月生活保護法改正案が成立し，2014年7月1日から施行された。主な改正点は就労による自立，健康の保持増進，不正・不適正受給対策の強化，[43]医療扶助の適正化（後発医薬品の使用を促す）などである。

（7）財源構成

1）生活保護に関する費用

　保護費，保護施設事務費，委託事務費，保護施設の設備費，就労自立給付金・進学準備給付金の支給に要する費用，被保護者就労支援事業の実施に要する費用，法の施行に伴い，必要な自治体の人権費，法の施行に伴い必要なその他の行政事務費からなる。

2）市町村による支弁，都道府県による支弁（生活保護法第70・71条）

　市町村，都道府県は前述の生活保護に関する費用を支弁する。市町村，都道府県，または指定都市・中核市は費用の4分の1の負担を行っている。

3）国の負担及び補助（生活保護法第75条）

　国は扶助の費用について4分の3の補助を行っている。保護施設の設備費に関しては2分の1の補助となる。

（8）生活保護の課題

　コロナ禍の中で国民の生活困窮が深刻化する中で，生活保護の課題も鮮明化している。たとえば，前述したネットカフェ難民の存在は生活保護における居

住保障のあり方も改めて問いかけるものである。また，ミーンズテスト（資力調査）や扶養照会についても実施面でも緩和していくことが求められている。

　生活保護制度の救貧機能を強化していくためには，受給しやすくすること（現在は弁護士や司法書士，貧困者支援団体などの福祉事務所への同行支援によって受給に結びついている例もある），そして，自立への幅広い支援策のさらなる充実が必要である。

6　社会手当制度

（1）目　　的

　社会手当は国が運営主体で事後における<u>救貧機能</u>を持ったもので，<u>財源は租税</u>である。

　社会手当としては<u>児童手当</u>，<u>児童扶養手当</u>，<u>特別児童扶養手当</u>，<u>障害児福祉手当</u>，<u>特別障害者手当</u>の5つがある。

　このうち，児童手当は児童福祉法に基づくもので，児童を養育している者に対し，手当を支給することにより家庭における生活の安定に寄与するとともに，次代の社会を担う児童の健全な育成及び資質の向上に資することを目的にしている。この児童手当に関しては<u>子供の貧困対策に関する大綱</u>（子どもの貧困大綱）でも，「児童手当法に基づく児童手当の支給を着実に実施する」こととされている。

　また児童扶養手当は，離婚等による母子家庭等の生活の安定と自立の促進に寄与することにより，児童の福祉の増進を図ることを目的としている（2010年8月からは父子家庭の父にも支給）。図表6-31にあるように，母子世帯の平均所得は243万円と大変厳しい状況にあり，児童扶養手当の果たす役割が大きい。子どもの貧困率は13.0％台と高い比率にある。特に一人親世帯の子どもの貧困状態は深刻である（図表6-32）。

　なお，児童扶養手当についても，子どもの貧困大綱で「2016年の児童扶養手当法改正による<u>児童扶養手当の多子加算額</u>の倍増や，2018年の児童扶養手当法施行令改正による<u>全部支給所得制限限度額引上げ</u>を踏まえた手当の支給につい

図表6-31　母子世帯と父子世帯の状況

		母子世帯	父子世帯
1	世帯数［推計値］	123.2万世帯 （123.8万世帯）	18.7万世帯 （22.3万世帯）
2	ひとり親世帯になった理由	離婚 79.5%（80.8%） 死別 8.0%（ 7.5%）	離婚 75.6%（74.3%） 死別 19.0%（16.8%）
3	就業状況	81.8%（80.6%）	85.4%（91.3%）
	就業者のうち 正規の職員・従業員	44.2%（39.4%）	68.2%（67.2%）
	うち 自営業	3.4%（ 2.6%）	18.2%（15.6%）
	うち パート・アルバイト等	43.8%（47.4%）	6.4%（ 8.0%）
4	平均年間収入 ［母又は父自身の収入］	243万円（223万円）	420万円（380万円）
5	平均年間就労収入 ［母又は父自身の就労収入］	200万円（181万円）	398万円（360万円）
6	平均年間収入 ［同居親族を含む世帯全員の収入］	348万円（291万円）	573万円（455万円）

※（　）内の値は，前回（平成23年度）調査結果を表している。
※「平均年間収入」及び「平均年間就労収入」は，平成27年の1年間の収入。
※集計結果の構成割合については，原則として，「不詳」となる回答（無記入や誤記入等）がある
　場合は，分母となる総数に不詳数を含めて算出した値（比率）を表している。

出典：厚生労働省子ども家庭局家庭福祉課・母子家庭等自立支援室「平成28年度 全国ひとり親世
　　　帯等調査結果の概要」。

て着実に実施する。さらに，2019年11月からの支払回数の年3回から年6回へ
の見直しについて，事務の円滑な履行に努める」[46]とされており，一人親家庭の
貧困問題に対応するものとして位置づけられている。

　また，「母子家庭等自立支援対策大綱」（2002年）でも，①児童扶養手当の支
給を受けた母の自立に向けての責務を明確化する，②離婚後などの生活の激変
を一定期間内で緩和し，自立を促進するという趣旨で施策を組み直すという観
点から，きめ細かい配慮を行いつつ，支給期間と手当の額の関係を見直すとさ
れている。

　特別児童扶養手当は，精神，または身体に障害を有する児童について特別児
童扶養手当を支給し，これらの者の福祉の増進を図ることを目的としている。
障害児を育てることにより仕事が制限され，世帯の収入が減少する等，生活の
困難さへ対応するものである。

図表6-32　貧困率の年次推移

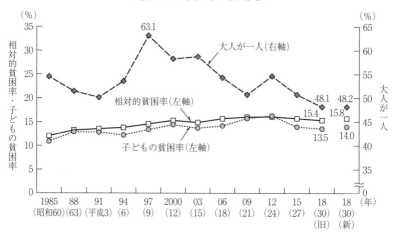

注：(1) 1994（平成6）年の数値は，兵庫県を除いたものである。
　　(2) 2015（平成27）年の数値は，熊本県を除いたものである。
　　(3) 2018（平成30）年の「新基準」は，2015年に改定されたOECDの所得定義の新たな基準で，従来の可処分所得から更に「自動車税・軽自動車税・自動車重量税」，「企業年金・個人年金等の掛金」及び「仕送り額」を差し引いたものである。
　　(4) 貧困率は，OECDの作成基準に基づいて算出している。
　　(5) 大人とは18歳以上の者，子どもとは17歳以下の者をいい，現役世帯とは世帯主が18歳以上65歳未満の世帯をいう。
　　(6) 等価可処分所得金額不詳の世帯員は除く。
出典：「国民生活基礎調査」2019年。

　障害児福祉手当は，重度障害児に対し，その障害のために必要となる精神的，物質的な特別の負担の軽減の一助として手当を支給することにより，特別障害児の福祉の向上を図ることを目的とした手当である。特別児童扶養手当は障害児の父母等の家族に支給されるのに対し，障害児福祉手当は障害児本人に支給されるものであることに注意が必要である。

　一方，特別障害者手当は精神，または身体に著しく重度の障害を有し，日常生活において常時特別の介護を必要とする特別障害者に対し，重度の障害のため必要となる精神的，物質的な特別の負担の軽減の一助として手当を支給することにより，特別障害者の福祉の向上を図ることを目的にしている。

（2）対　　象

　児童手当の対象は，国内に居住し，かつ中学校修了までの児童を家庭で養育している父，または母である（15歳に到達後の最初の年度末まで）。児童が施設に入所している場合，入所している施設の設置者などに支給される。

　児童扶養手当の対象は，離婚等で父，または母と生計を同じくしていない児童を育成している家庭で，18歳に達する日以降の最初の３月31日までにある児童を監護している母，または父に支給される。また父母に代わり，その児童を養育している者にも支給される。

　特別児童扶養手当の対象は20歳未満で精神，または身体に障害を有する児童を家庭で監護，養育している父母などに支給するものである。

　障害児福祉手当の対象は，精神，または身体に重度の障害を有するため，日常生活において常時の介護を必要とする状態にある在宅の20歳未満の者に支給される手当である。特別児童扶養手当は障害児の父母等の家族に支給されるのに対し，障害児福祉手当は障害児本人に支給されるものであることに注意が必要である。特別障害者手当は精神，または身体に著しく重度の障害を有するため，日常生活において常時特別の介護を必要とする状態にある在宅の20歳以上の者に支給される。

（3）給付内容

1）児童手当（児童手当法）

　児童手当の給付は０〜３歳未満は１万5,000円，３歳から小学校修了前は１万円（第１〜第２子），第３子以降は１万5,000円，中学生は１万円となっている。所得制限があるのも特徴の一つである（図表6-33）。

2）児童扶養手当（児童扶養手当法）

　児童１人の場合，全部支給４万3,160円，一部支給４万3,150円から１万180円となっている。児童２人以上の場合は全部支給１万190円，一部支給１万180円から5,100円，３人目以降は児童１人につき全部支給6,110円，一部支給6,100円から3,060円となっている。[47]

　所得制限は受給者の前年の年収160万円未満（２人世帯）が基準である（2018

図表 6 - 33　児童手当制度の概要

1．支給対象
　中学校卒業まで（15歳の誕生日後の最初の3月31日まで）の児童を養育している方

2．支給額

児童の年齢	児童手当の額（一人あたり月額）
3歳未満	一律15,000円
3歳以上 小学校修了前	10,000円 （第3子以降は15,000円）
中学生	一律10,000円

※児童を養育している方の所得が所得制限限度額以上の場合は，特例給付として月額一律5,000
　円を支給します。（以下，児童手当と特例給付を合わせて「児童手当等」といいます。所得制
　限については裏面をご覧ください）

※「第3子以降」とは，高校卒業まで（18歳の誕生日後の最初の3月31日まで）の養育している
　児童のうち，3番目以降をいいます。

3．支給時期
　原則として，毎年6月，10月，2月に，それぞれの前月分までの手当を支給します。
　例）6月の支給日には，2～5月分の手当を支給します。

4．保育料や，申し出があった方についての学校給食費などを，市区町村が児童手当等から徴収
　することが可能です。

※保育料などの徴収を実施するかどうかは，各市区町村で異なります。

児童手当制度では，以下のルールを適用します！

　1．原則として，児童が日本国内に住んでいる場合に支給します（留学のために海外に住ん
　　でいて一定の要件を満たす場合は支給対象になります）。
　2．父母が離婚協議中などにより別居している場合は，児童と同居している方に優先的に支
　　給します。
　3．父母が海外に住んでいる場合，その父母が，日本国内で児童を養育している方を指定す
　　れば，その方（父母指定者）に支給します。
　4．児童を養育している未成年後見人がいる場合は，その未成年後見人に支給します。
　5．児童が施設に入所している場合や里親などに委託されている場合は，原則として，その
　　施設の設置者や里親などに支給します。

所得制限

扶養親族等の数	所得制限限度額（万円）	収入額の目安（万円）
0人	622.0	833.3
1人	660.0	875.6
2人	698.0	917.8
3人	736.0	960.0
4人	774.0	1002.0
5人	812.0	1040.0

出典：内閣府「児童手当制度のご案内」2020年。

図表 6-34　児童扶養手当制度の概要

1. 目的
離婚によるひとり親世帯等，父又は母と生計を同じくしていない児童が育成される家庭の生活の安定と自立の促進に寄与するため，当該児童について手当を支給し，児童の福祉の増進を図る。 （平成22年8月より父子家庭も対象）
2. 支給対象者
18歳に達する日以後の最初の3月31日までの間にある児童（障害児の場合は20歳未満）を監護する母，監護し，かつ生計を同じくする父又は養育する者（祖父母等）。
3. 支給要件
父母が婚姻を解消した児童，父又は母が死亡した児童，父又は母が一定程度の障害の状態にある児童，父又は母の生死が明らかでない児童などを監護等していること。 　※ただし，国内に住所を有しないとき，児童が父又は母と生計を同じくするとき，母又は父の配偶者に養育されるとき等は支給されない。平成26年12月より，受給者等の年金額が手当額を下回る場合は，その差額分の手当を支給。
4. 手当月額（令和2年4月〜）
・児童1人の場合　　　　　　　　全部支給：43,160円　一部支給：43,150円から10,180円まで 　・児童2人以上の加算額［2人目］全部支給：10,190円　一部支給：10,180円から 5,100円まで 　　　　　　　［3人目以降1人につき］全部支給： 6,110円　一部支給： 6,100円から 3,060円まで

5. 所得制限限度額（収入ベース） 　・全部支給（2人世帯）　160万円 　・一部支給（2人世帯）　365万円	6. 支払期月 　・1月，3月，5月，7月，9月，11月 　※令和元年11月から支払回数を年3回から年 　　6回の隔月支給に見直した。

7. 受給状況
・平成31年3月末現在の受給者数 　　939,262人（母：884,908人，父：49,900人，養育者：4,454人）
8. 予算額（国庫負担分）［令和2年度予算］1,598.7億円
9. 手当の支給主体及び費用負担 　・支給主体：都道府県，市及び福祉事務所設置町村 　・費用負担：国1/3　都道府県，市及び福祉事務所設置町村2/3

出典：厚生労働省子ども家庭局家庭福祉課「ひとり親家庭等の支援について」2020年。

年8月〜）。ただし，160万円以上365万円未満の場合は，所得に応じて10円きざみで支給額を変更するという複雑な制限となっている（図表6-34）。

3）特別児童扶養手当（特別児童扶養手当等の支給に関する法律）

　1級5万2,500円，2級：3万4,970円である。受給資格者，またはその配偶者，もしくは生計を同じくする扶養義務者の前年の所得が一定の額以上であるときは手当は支給されない（図表6-35）。

図表6-35　特別児童扶養手当の概要

目　　的	精神又は身体に障害を有する児童について手当を支給することにより，これらの児童の福祉の増進を図る。
支給要件	20歳未満で精神又は身体に障害を有する児童を家庭で監護，養育している父母等に支給。
支給月額	1級 52,500円 2級 34,970円
支払い時期	特別児童扶養手当は，原則として毎年4月，8月，12月に，それぞれの前月分までが支給される。
所得制限	受給資格者（障害児の父母等）もしくはその配偶者又は生計を同じくする扶養義務者（同居する父母等の民法に定める者）の前年の所得が一定の額以上であるときは手当は支給されない。

所得制限詳細（単位：円，平成14年8月以降適用）

扶養親族等の数	受給資格者本人		受給資格者の配偶者及び扶養義務者	
	所得額（※1）	参考：収入額の目安（※2）	所得額（※1）	参考：収入額の目安（※2）
0	4,596,000	6,420,000	6,287,000	8,319,000
1	4,976,000	6,862,000	6,536,000	8,596,000
2	5,356,000	7,284,000	6,749,000	8,832,000
3	5,736,000	7,707,000	6,962,000	9,069,000
4	6,116,000	8,129,000	7,175,000	9,306,000
5	6,496,000	8,551,000	7,388,800	9,542,000

出典：厚生労働省「特別児童扶養手当について」2020年。

4）障害児福祉手当（特別児童扶養手当等の支給に関する法律）

　支給額は1万4,480円である。受給資格者（重度障害児）の前年の所得が一定の額を超える時，またはその配偶者，もしくは受給資格者の生計を維持する扶養義務者（同居する父母等の民法に定める者）の前年の所得が一定額以上である時は支給されない（図表6-36）。

5）特別障害者手当（特別児童扶養手当等の支給に関する法律）

　支給月額は2万7,350円である。受給資格者（特別障害者）の前年の所得が一定の額を超える時，またはその配偶者，もしくは受給資格者の生計を維持する扶養義務者（同居する父母等の民法に定める）の前年の所得が一定の額以上である時は支給されない（図表6-37）。

　ちなみに，東京都福祉局の調査（2018年）により，身体障害者の約47％，知

図表 6 - 36　障害児福祉手当の概要

目　的	重度障害児に対して，その障害のため必要となる精神的，物質的な特別の負担の軽減の一助として手当を支給することにより，特別障害児の福祉の向上を図ることを目的としています。
支給要件	精神又は身体に重度の障害を有するため，日常生活において常時の介護を必要とする状態にある在宅の20歳未満の者に支給されます。
支給月額	14,480円
支払い時期	障害児福祉手当は，原則として毎年2月，5月，8月，11月に，それぞれの前月分までが支給されます。
所得制限	受給資格者（重度障害児）の前年の所得が一定の額を超えるとき，もしくはその配偶者又は受給資格者の生計を維持する扶養義務者（同居する父母等の民法に定める者）の前年の所得が一定の額以上であるときは手当は支給されません。

所得制限（単位：円，平成14年8月以降適用）

扶養親族等の数	受給資格者本人		受給資格者の配偶者及び扶養義務者	
	所得額（※1）	参考：収入額の目安（※2）	所得額（※1）	参考：収入額の目安（※2）
0	3,604,000	5,180,000	6,287,000	8,319,000
1	3,984,000	5,656,000	6,536,000	8,596,000
2	4,364,000	6,132,000	6,749,000	8,832,000
3	4,744,000	6,604,000	6,962,000	9,069,000
4	5,124,000	7,027,000	7,175,000	9,306,000
5	5,504,000	7,449,000	7,388,800	9,542,000

出典：厚生労働省「障害児福祉手当について」2020年。

的障害者の約34％，精神障害者の約50％が，仕事をしていないことが明らかになった（図表6-38）。

（4）財源構成

　児童手当は，3歳未満については国・地方・事業主からの拠出金で充当されており，3歳～中学校修了前は国，地方からの拠出金で充当されている。その他，児童扶養手当，特別児童扶養手当，障害児福祉手当，特別障害者手当の財源はすべて税金である。

（5）社会手当の課題

　現在，様々な子どもの貧困対策が行われているが，子どもの貧困率は現在も

図表6-37　特別障害者手当の概要

目　的	精神又は身体に著しく重度の障害を有し，日常生活において常時特別の介護を必要とする特別障害者に対して，重度の障害のため必要となる精神的，物質的な特別の負担の軽減の一助として手当を支給することにより，特別障害者の福祉の向上を図ることを目的にしています。
支給要件	精神又は身体に著しく重度の障害を有するため，日常生活において常時特別の介護を必要とする状態にある在宅の20歳以上の者に支給されます。
支給月額	27,350円
支払い時期	特別障害者手当は，原則として毎年2月，5月，8月，11月に，それぞれの前月分までが支給されます。
所得制限	受給資格者（特別障害者）の前年の所得が一定の額を超えるとき，もしくはその配偶者又は受給資格者の生計を維持する扶養義務者（同居する父母等の民法に定める者）の前年の所得が一定の額以上であるときは手当は支給されません。

所得制限（単位：円，平成14年8月以降適用）

扶養親族等の数	受給資格者本人		受給資格者の配偶者及び扶養義務者	
	所得額（※1）	参考：収入額の目安（※2）	所得額（※1）	参考：収入額の目安（※2）
0	3,604,000	5,180,000	6,287,000	8,319,000
1	3,984,000	5,656,000	6,536,000	8,596,000
2	4,364,000	6,132,000	6,749,000	8,832,000
3	4,744,000	6,604,000	6,962,000	9,069,000
4	5,124,000	7,027,000	7,175,000	9,306,000
5	5,504,000	7,449,000	7,388,800	9,542,000

出典：厚生労働省「特別障害者手当について」2020年。

　高い水準となっている（13%台）。特に一人親家庭の貧困は日本社会における重要な社会課題となっている。

　現在，全国に広がる子ども食堂やフードバンクの存在は子どもの貧困，そして，子育てをする世帯の貧困の深刻さの裏返しといってもよいのではないだろうか。そうした意味でも児童手当，児童扶養手当のさらなる充実が求められている。また，コロナ禍の下，貧困状況が深刻化している中では所得制限（前年の所得）の緩和など柔軟な対応が必要である。

　障害者の所得保障も様々な課題を抱えている。2019年には重度の身体障害者の国会議員が誕生したことにより，障害者の働く権利や働くことの保障が改めて議論になった。働く権利の保障とともに，障害者の所得保障としての社会手当のあり方も議論を深めていくことが必要である。

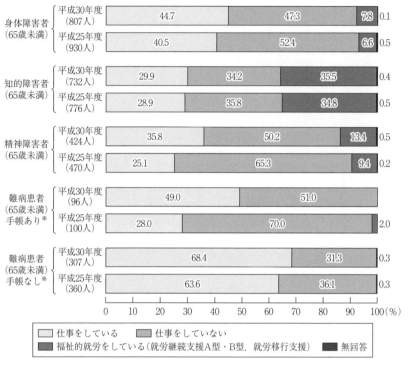

図表 6 - 38 収入を伴う仕事の有無

注：※「手帳」は，身体障害者手帳，愛の手帳，精神障害者保健福祉手帳のいずれかを指している。
出典：東京都福祉局「障害者の生活実態調査」「平成30年度保健基礎調査」。

7 社会福祉制度

（1）社会福祉とは何か

　社会福祉はすべての人の幸福，あるいは社会全体の幸福というような意味で一般的にはとらえられている。ただ，幸福は主観的なものであり，何を幸福とするのか，その物差しは人によって異なるが，ここで幸福が意味するのは，幸福に生きるために必要な社会的条件，あるいは社会的基盤のことであり，人間としてあるべき生活を営む権利に応える社会的対応ということができるだろう。

　神野直彦によると，スウェーデン語で広義の社会福祉をオムソーリ

（omsorg）と表現するが，その本来の意味は「悲しみの分かち合い」であるという。社会福祉を「『社会の構成員』の『悲しみの分かち合い』により，『悲しみ』を『幸せ』に変えること」であり，そのための「制度」であると表現している。[48]

　人は一生において様々な困難や悲しみに直面する。病気になる。障害を負う。愛する人を失う。そして，生活に困窮する。こうした悲しみを分かち合い，みんなが幸せになる。悲しみを分かち合う者も自己の存在が他者に必要とされていると感じることで幸せを実感する。それが個々人のその時々の善意に依存するのではなく，社会的かつ普遍的な仕組みとして存在する必要がある。

　一番ケ瀬康子は慈恵，慈善事業から社会事業へ，さらに戦後の社会福祉へというように社会福祉を歴史的にとらえる中で，いわゆる狭義の社会福祉について定義している。貧困が生成される社会的責任を認めて展開した社会事業の成果を組み込みながら，社会福祉は「普遍的に国民全体を対象として，いかなる場合にも，健康で文化的な生活が損なわれないような制度を権利としてうちたてていく」[49]，そのような性格を有するものであるとし，権利としての社会福祉を主張している。社会福祉は日本国憲法第25条において生活権保障のための施策として規定されたものであることを強調する。

　一番ケ瀬は社会福祉が単なる目的概念や活動の方法としてのみ存在するのではなく，今日においては社会的実体として存在する制度・政策であると述べている。[50]

（2）社会福祉の位置

　それでは社会福祉は社会保障とどのような関係にあるのだろうか。同法第25条は，第1項で「すべて国民は，健康で文化的な最低限度の生活を営む権利を有する」と国民の生存権を規定したうえ，第2項で「国は，すべての生活部面について，社会福祉，社会保障及び公衆衛生の向上及び増進に努めなければならない」と国の生存権保障義務を規定している。社会福祉は，社会保障，公衆衛生と並んで，国民の健康で文化的な生活を保障する施策の一つとして示されている。

さらに，社会保障制度審議会の「50年勧告」では，「社会保障制度とは，疾病，負傷，分娩，廃疾，死亡，老齢，失業，多子その他困窮の原因に対し，保険的方法又は直接公の負担において経済保障の途を講じ，生活困窮に陥った者に対しては，国家扶助によって最低限度の生活を保障するとともに，公衆衛生及び社会福祉の向上を図り，もって全ての国民が文化的社会の成員たるに値する生活を営むことができるようにすること」と位置づけられている。この勧告により，社会福祉は，社会保険，国家扶助，公衆衛生と並んで社会保障を構成する4部門の一つであるとされた。

　一方，社会保障制度審議会の「62年勧告」では社会保険の限界性の認識とともに，社会福祉を，「社会保険は，一般的・普遍的に防貧の力を持つといえるが，貧困に陥る個別的な原因に対しては効果が限られる。保険料を負担できないものは原則として除外され，あるいは防貧として効果のない低い水準で我慢させられやすい。また，貧困の原因は多様で，社会保険をもってしてはこの原因のすべてをカバーすることはできない。低所得階層の防貧手段として社会福祉が必要である」と位置づけている。

　宮田和明は狭義の社会福祉について，「すべての国民に健康で文化的な生活を体系的に保障することを目的とする社会保障制度のなかにあって，直接には，さまざまな生活上の障害につながるハンディキャップを背負った人々――児童，老人，障害者，母子家庭，父子家庭など――を対象とし，生活上の障害を除去ないし軽減して，人間としての豊かな生活と発達を保障するために行われる組織的・社会的な援助・サービスの体系である[51]」と定義している。さらに，「62年勧告」と同様，「社会保障制度の中にあって，社会保険制度が『定型化された事故』への対応を課題としているのに対して，社会福祉に期待される役割は，定型化することが困難な，多様な個別的理由に基づく生活困難への対応にある。定型化することが困難な多様な生活困難は，国民諸階層に一律に現れるのではなく，困難に陥りやすい状況に置かれ，またそこから自力で脱出する力の弱い層に集中して現れると考えられる[52]」という考えを示している。併せて社会保険が「事故の定型化」によって低所得層を排除するリスクがあるのに対し，社会福祉は柔軟性を有するという特徴も示唆している。

　たとえば，高齢者の介護サービスは2000年以降，基本的には介護保険制度が担うことになった。もっとも，利用料負担を伴う契約制度のもとで現実として介護サービスの利用が困難な状況にある高齢者は少なくない。被虐待高齢者，利用料負担が困難な低所得の高齢者，あるいは認知面の問題により契約の難しい高齢者である。成年後見制度を活用しようにも申し立てに時間を要するなどの課題がある。介護保険制度における契約が成立しない高齢者が少なからず確実に存在するため，社会福祉が必要になる。

　また，老人福祉法第10条と第11条には「措置」の規定がある。たとえば，特別養護老人ホームへの措置については次のように規定されている。

第11条　市町村は，必要に応じて，次の措置を採らなければならない。

　　2　65歳以上の者であつて，身体上又は精神上著しい障害があるために常時の介護を必要とし，かつ，居宅においてこれを受けることが困難なものが，やむを得ない事由により介護保険法に規定する地域密着型介護老人福祉施設又は介護老人福祉施設に入所することが著しく困難であると認めるときは，その者を当該市町村の設置する特別養護老人ホームに入所させ，又は当該市町村以外の者の設置する特別養護老人ホームに入所を委託すること。

　しかし，この法律が適用されるのは現状ではほとんど虐待事例に限られてしまっている。経済的な問題や家族の問題，意思能力の問題などで契約が成立しない高齢者は決して少なくないが，十分に活用されていないという現実もある。

（3）社会福祉の諸制度

1）児童福祉

①　児童福祉の展開

　戦後における日本の児童福祉は戦災孤児・浮浪児対策から始まっている。1945年9月の戦災孤児等保護対策要綱に始まり，保護と治安維持を目的として進められた。児童福祉法は1947年に制定されている。保護の対象の範囲を不良少年，犯罪少年，被虐待児童など特殊児童に限定することなく，全児童を対象とする法律が必要であるという考えから児童福祉法という名称が用いられた。

浮浪児等の保護の徹底を図りつつ，日本の将来を担うすべての児童の福祉を積極的に助長する。そのような意図があった。その後，法改正を経て条文は改められているが，その理念は今日において以下のように表現され，引き継がれている。

第1条　すべて国民は，児童が心身ともに健やかに生れ，且つ，育成されるよう努めなければならない。

　2　すべて児童は，ひとしくその生活を保障され，愛護されなければならない。

　そして，児童福祉法によって設置された中央児童福祉審議会が「児童憲章」の制定を発議した。これを受け，各界の代表者によって構成される児童憲章制定会議（総理大臣主宰）が1951年5月5日の「子どもの日」に「児童憲章」を制定した。終戦直後の荒廃した社会環境の中で，子どもを守り育てる施策の充実が求められていた。児童福祉法は国と自治体が保護者とともに児童を心身ともに健やかに育成する責任を負うことを定めているが，「児童憲章」はこれを児童の立場から，法的な効力を有するものではないが，権利として確認したものである。その前文には以下の3つの理念が示されている。

　児童は，人として尊ばれる。

　児童は，社会の一員として重んぜられる。

　児童は，よい環境の中で育てられる。

　さらに，国際的には「児童の権利に関する宣言」が1924年に国際連盟に採択され，1959年に拡張されたものが国連で採択されてきたが，この30周年に合わせ，1989年に「児童の権利に関する条約（子どもの権利条約）」が国連総会で採択され，1990年に発効し，日本は1994年に批准している。本条約の基本理念として，「差別の禁止」「子どもの最善の利益」「生命・生存，発達の権利」「子どもの参加」が掲げられている。批准国は本条約に基づき，国内法を整備する義務がある。児童福祉法をはじめとして，これらに配慮した施策が実施されている。

　日本における児童福祉に関わる法制としては，前述した児童福祉法をはじめ，児童扶養手当法，母子及び父子並びに寡婦福祉法，特別児童扶養手当等の支給

に関する法律，母子保健法，児童手当法がある。また，近年において児童虐待の防止等に関する法律（2000年），少子化社会対策基本法（2003年），次世代育成支援対策推進法（2003年）などが制定されている。

②　子育て支援策

エンゼルプランと新エンゼルプラン　1989年の人口動態統計において，合計特殊出生率が1.57に低下したことが1990年に判明し，過去最低であった丙午の年に当たる1966年の合計特殊出生率1.58を下回ったことから「1.57ショック」と呼ばれた。政府はこれを契機に少子化対策に着手することになり，仕事と子育ての両立支援など子どもを生み育てやすい環境づくりについて検討を始めた。

1994年に「今後の子育て支援のための施策の基本的方向について（エンゼルプラン）」が文部，厚生，労働，建設の4大臣合意により策定され，今後10年間に取り組むべき基本的方向と重点施策についての計画が示された。エンゼルプランの実施に向け，保育所の量的拡大や低年齢児（0～2歳児）保育，延長保育等の多様な保育サービスの充実，地域子育て支援センターの整備等を図るための「緊急保育対策等5か年事業」が策定され，1999年度を目標年次として整備が進められることになった。

また，1999年に少子化対策推進関係閣僚会議において「少子化対策推進基本方針」が決定され，この方針にもとづく重点施策の具体的実施計画として同年に，「重点的に推進すべき少子化対策の具体的実施計画について（新エンゼルプラン）」が策定された。この新エンゼルプランは従来のエンゼルプランと緊急保育対策等5か年事業を見直したもので，2000年度から2004年度までの計画であった。最終年度に達成すべき目標値の項目にはこれまでの保育サービス関係だけでなく，雇用，母子保健・相談，教育などの事業も加えた幅広い内容となった。

少子化社会対策基本法と少子化社会対策大綱　2003年7月，議員立法により「少子化社会対策基本法」が制定され，同年9月から施行された。この法律に基づき内閣府に内閣総理大臣を会長とし，全閣僚によって構成される少子化社会対策会議が設置された。その上で，同法は総合的，かつ長期的な少子化に対

処するための施策の大綱の策定を政府に義務づけている。これを受け、2004年6月、「少子化社会対策大綱」が少子化社会対策会議を経て閣議決定された。少子化の急速な進行は社会・経済の持続可能性を揺るがす危機的なものという認識のもと、施策の視点や重点課題、具体的な行動が示されている。

この少子化社会対策大綱に盛り込まれた施策についてその効果的な推進を図るため、2004年12月の少子化社会対策会議において「少子化社会対策大綱に基づく具体的実施計画（子ども・子育て応援プラン）」が決定され、2005年度から実施されている。これは少子化社会対策大綱が掲げる重点課題に沿い、国が自治体や企業等とともに計画的に取り組む必要がある事項について、2005年度から2009年度までの5年間に講ずる具体的な施策内容と目標を掲げた総合的な計画である。

また、少子化社会対策基本法と同時期の2003年7月、「次世代育成支援対策推進法」が制定された。自治体および事業主が、次世代育成支援の取組を促進するため、それぞれが行動計画を策定し実施していくことをねらいとしたものである。

子ども・子育て支援新制度　2012年8月に成立した子ども・子育て関連三法（子ども・子育て支援法、就学前の子どもに関する教育、保育等の総合的な提供の推進に関する法律の一部を改正する法律、子ども・子育て支援法及び就学前の子どもに関する教育、保育等の総合的な提供の推進に関する法律の一部を改正する法律の施行に伴う関係法律の整備等に関する法律）にもとづく子ども・子育て支援新制度が2015年4月に施行された。この新制度では「保護者が子育てについての第一義的責任を有する」という基本的な認識のもと、幼児期の学校教育・保育、地域の子ども・子育て支援を総合的に推進することにしている。

具体的には、①認定こども園、幼稚園、保育所を通じた共通の給付および小規模保育などへの給付の創設、②認定こども園制度の改善、③地域の実情に応じた子ども・子育て支援の充実を図る。実施主体は基礎自治体である市町村であり、地域の実情などに応じて幼児期の学校教育・保育、地域の子ども・子育て支援に必要な給付・事業を計画的に実施していく。また、子ども・子育て支援は社会保障において優先的に取り組む施策と位置づけられ、2020年度におい

ても保育士の処遇改善など質の向上のための予算が計上されている。

　　幼児教育・保育の無償化　　2019年10月から幼児教育が無償化された。生涯
にわたる人格形成の基礎を培う幼児教育の重要性や，幼児教育の負担軽減を図
る少子化対策の観点を踏まえ，全世代型社会保障への改革の一環として実施さ
れている。3歳から5歳までの子ども，および0歳から2歳までの住民税非課
税世帯の子どもについての幼稚園，保育所（園），認定こども園などの費用を
無償化している。

　　待機児童解消に向けた保育の充実と総合的な放課後児童対策の推進　　2019年4
月1日時点の待機児童数は1万6,772人である。女性の就業率は年々上昇し，
保育の利用申込者数も急増しているため，さらなる対策の強化が求められてい
る。

　そこで，厚生労働省は2017年6月，「子育て安心プラン」を策定した。2018
年度から2020年度までの3か年計画で，待機児童の解消を図り，女性の就業率
8割に対応できるよう，2020年度末までに32万人分の保育の受け皿を確保し，
待機児童を解消する計画である。また，2016年度から実施している企業主導型
保育事業については2016年度から2018年度でおよそ8万6,000人分の受け皿を
確保し，2020年度で新たに2万人分を確保する計画である。さらに，預かり保
育への補助の充実などにより幼稚園における待機児童の受入れを推進している。
保育の受け皿づくりと合わせて重要な課題が保育人材の確保である。処遇改善
や新規の資格取得，就業継続，離職者の再就職といった支援に総合的に取り組
むことにしている。

　一方，共働き家庭など留守家庭における小学生の児童に対しては学校の余裕
教室等を活用し，放課後に適切な遊びと生活の場を与えることを目的とする放
課後児童クラブを実施している。2019年5月1日時点で2万5,881カ所で実施
され，登録児童数は129万9,307人になっている。ちなみに，この待機児童数は
1万8,261人である。

　③　児童虐待防止対策

　児童虐待については2000年に公布された「児童虐待の防止等に関する法律」
（児童虐待防止法），および児童福祉法の改正，民法などの改正により制度的な

充実が図られてきている。その一方で，児童虐待に関する相談対応件数は一貫して増加しており，2018年度には15万9,838件となっている。子どもの生命が奪われるなど重大な事件も後を絶たない。

そこで，2018年6月，「児童虐待防止対策に関する関係閣僚会議」が開催され，同年7月の会議で「児童虐待防止対策の強化に向けた緊急総合対策」が決定された。転居した場合の児童相談所間における情報共有の徹底，子どもの安全確認ができない場合の対応の徹底，児童相談所と警察の情報共有の強化などが緊急に実施する重点対策として示された。

さらに同対策に基づき，同年12月に児童虐待防止対策体制総合強化プランを決定，児童相談所および市町村の体制強化に向け，2022年度までに児童福祉司を約2,000人増加させること，市町村子ども家庭総合支援拠点を全市町村に設置するなどの計画が示された。また，2019年2月の関係閣僚会議では通告元の秘匿や関係機関の連携等に関する新ルールを設置することを内容とする「『児童虐待防止対策の強化に向けた緊急総合対策』のさらなる徹底・強化について」を決定した。同年3月には関係閣僚会議において，児童虐待の発生予防・早期発見や児童虐待発生時の迅速・的確な対応等を強化する内容とする「児童虐待防止対策の抜本的強化について」を決定，併せて「児童虐待防止対策の強化を図るための児童福祉法等の一部を改正する法律案」を国会に提出した。同法案は国会での審議を経て，同年6月に可決・成立した。

児童福祉法及び児童虐待防止法の改正について児童虐待防止対策の強化を図るため，2019年3月，「児童虐待防止対策の強化を図るための児童福祉法等の一部を改正する法律案」が国会に提出され，同年6月に可決・成立した。この改正法では主に次の内容が定められている。

具体的には，親権者は児童のしつけに際して体罰を加えてはならない，都道府県は一時保護等の介入的対応を行う職員と保護者支援を行う職員を分けるなどの措置を講ずる，児童相談所の設置に関する参酌基準を定める，中核市及び特別区が児童相談所を設置できるよう，施設整備や人材確保の支援などの措置を講ずる，DV対策との連携強化のため，配偶者暴力相談支援センターなどの職員は児童虐待の早期発見に努めることなどである。

④　ひとり親家庭等支援策

　厚生労働省が2016年度に実施した「全国ひとり親世帯等調査」によると，母子世帯の推計世帯数は123万2,000世帯である。父子世帯の推計世帯数は18万7,000世帯である。

　母子世帯になった理由をみると，死別が8.0％，生別が91.1％。就業状況については，母子家庭の母の81.8％が就業している。このうち，正規の職員・従業員が44.2％，パート・アルバイトなどが43.8％である。父子家庭の父は85.4％が就業し，このうち，正規の職員・従業員が68.2％，自営業が18.2％，パート・アルバイト等が6.4％である。母子世帯の母自身の平均年間収入は243万円で，児童のいる世帯の1世帯当たり平均所得金額745万9,000円（2019年国民生活基礎調査）と比べ，低い水準となっている。

　一方，父子世帯の父自身の平均年間収入は420万円であり，母子世帯よりも高い水準にあるが，300万円未満の世帯も35.2％ある。

　新たな「子供の貧困対策に関する大綱」を踏まえ，①教育の支援，②生活の安定に資するための支援，③保護者に対する職業生活の安定と向上に資するための支援，④経済的支援という4つの柱に沿い，ひとり親家庭等に対する地方公共団体の相談窓口のワンストップ化の推進，放課後児童クラブ等の終了後にひとり親家庭の子どもの生活習慣の習得・学習支援や食事の提供などを行うことが可能な居場所づくりの実施，児童扶養手当の機能の充実，ひとり親家庭などへの保育料軽減の強化，高等職業訓練促進給付金の充実など就職に有利な資格の取得の促進などの支援を実施している。

　児童扶養手当については，2019年11月支払分より支払回数について従来の年3回（4月，8月，12月）から年6回（1月，3月，5月，7月，9月，11月）に見直している。また，障害年金との併給調整の見直しも行っている。

2）障害者福祉

　日本の障害者福祉は戦後，徐々に発展しつつある。1946年に日本国憲法，1949年に身体障害者福祉法などが制定され，その後，すべての国民を対象とした障害者福祉制度が確立されてきた。

　国際的には，1981年の「国際障害者年」，1982年の「障害者に関する世界行

動計画」，1983年に始まる「国連障害者の十年」，1993年に始まる「アジア太平洋障害者の十年」などが展開されている。このような国際的な動きに歩調を合わせるように日本の障害者福祉は推進されている。

① 障害者基本法

障害者施策に関する基本理念を示し，その推進を目的として制定された心身障害者対策基本法（1970年）が大幅に改正され，1993年に障害者基本法が成立している。

本法は，国および自治体が障害に関わる施策を実施するための基本法である。その理念にノーマライゼーションの理念があり，障害者はあらゆる分野の活動に参加する機会を与えられるものとするという趣旨が加えられた。第1条には次のように法の目的が示されている。

> **第1条** この法律は，全ての国民が，障害の有無にかかわらず，等しく基本的人権を享有するかけがえのない個人として尊重されるものであるとの理念にのつとり，全ての国民が，障害の有無によつて分け隔てられることなく，相互に人格と個性を尊重し合いながら共生する社会を実現するため，障害者の自立及び社会参加の支援等のための施策に関し，基本原則を定め，及び国，地方公共団体等の責務を明らかにするとともに，障害者の自立及び社会参加の支援等のための施策の基本となる事項を定めること等により，障害者の自立及び社会参加の支援等のための施策を総合的かつ計画的に推進することを目的とする。

② 障害種別ごとの法

身体障害者福祉法 身体障害者の自立と社会経済活動への参加を促進するため，1949年に制定され，翌1950年に施行されている。

本法における身体障害者とは身体障害者福祉法別表に掲げる身体上の障害がある18歳以上の者であって，都道府県知事から身体障害者手帳の交付（1級～6級）を受けた者と定められている（18歳未満は児童福祉法）。

別表に示されている障害の種類は次のとおりである。

「視覚障害」「聴覚又は平衡機能の障害」「音声機能，言語機能又はそしゃく機能の障害」「肢体不自由」「心臓，じん臓又は呼吸器の機能の障害」

「ぼうこう又は直腸の機能の障害」「小腸の機能の障害」「ヒト免疫不全ウイルスによる免疫の機能の障害」「肝臓の機能の障害」

いずれも障害が一定以上で永続することが要件である。

身体障害者手帳所持者数は2016年現在，全国で428万7,000人（人口比3.4%）と推計されている。前回の2011年と比較すると10.9%の増加である。2016年について障害の種類別にみると，肢体不自由45.0%，内部障害28.9%，聴覚・言語障害8.0%，視覚障害7.3%である（「平成28年生活のしづらさなどに関する調査（全国在宅障害児・者等実態調査）」）。

　知的障害者福祉法　　1947年に児童福祉法が制定され，そのなかに精神薄弱児施設（現・知的障害者施設）が法律に位置づけられた。1960年には精神薄弱者福祉法（現・知的障害者福祉法）が制定された。

知的障害者福祉法において知的障害についての定義はないが，2000年の知的障害児（者）基礎調査においては，「知的機能の障害が発達期（おおむね18歳まで）にあらわれ，日常生活に支障が生じているため，何らかの特別の援助を必要とする状態にあるもの」と定義されている。また，知的障害をIQ（知能指数）で軽度・中度・重度と区分することもある。知的障害者（児）には療育手帳が交付されるが，ここでは重度とそれ以外で区分されている。

療育手帳を所持する在宅の知的障害者（児）は2016年現在，96万2,000人と推計されている。性別でみると，男58万7,000人（61.0%），女36万8,000人（38.3%）である。障害の程度別でみると，重度37万3,000人（38.8%），その他は55万5,000人（57.7%）である（「平成28年生活のしづらさなどに関する調査（全国在宅障害児・者等実態調査）」）。

　精神保健福祉法　　1950年，精神障害者に対する適切な医療・保護の提供を目的として精神衛生法が制定された。その後，1987年に精神保健法に名称変更され，1995年に現在の「精神保健及び精神障害者福祉に関する法律（精神保健福祉法）」に名称変更された。

本法における精神障害者とは統合失調症，精神作用物質による急性中毒，またはその依存症，知的障害，精神病質その他の精神疾患を有する者と定められている。精神障害者保健福祉手帳（1〜3級）の対象者は，精神疾患を有する

者のうち，精神障害のため，長期にわたり日常生活や社会生活への制約がある
ため，手帳の交付を希望する者であり，統合失調症や気分（感情）障害，非定
型精神病，てんかん，中毒精神病，器質性精神障害（高次脳機能障害含む），発
達障害などである。

精神障害者保健福祉手帳の交付者数は2018年現在，106万2,700人で，増加し
てきている。また，精神疾患により入院，あるいは外来治療を受けている総患
者数は2017年現在，約419万人と推計されている。このうち，入院患者数は約
30万人，外来患者数は約389万人である。疾患別では総患者数の全体の約2割
が統合失調症，気分（感情）障害が3割である。

③　障害者総合支援法までの道のり

障害保健福祉施策については，1998年6月に中央社会福祉審議会社会福祉構
造改革分科会の「社会福祉基礎構造改革について（中間まとめ）」により，福祉
サービスの利用方法を措置から契約による利用制度に転換する方向性が示され
た。これにより2000年6月に身体障害者福祉法，知的障害者福祉法，児童福祉
法などが改正され，2003年4月より支援費制度に移行した。

しかし，障害種別ごとに"縦割り"でサービスが提供されていたり，精神障
害者を対象から外したこと，地域移行や一般就労が進まなかったこと，制度の
財政基盤が弱く予算不足に陥っていたことなどを背景とし，これに代わって障
害者自立支援法が成立し，2018年4月より一部施行，同年10月には全面的に施
行された。

2009年の政権交代後，障害者制度の集中的な改革を行うため，同年12月には
内閣総理大臣を本部長とする「障がい者制度改革推進本部」が内閣に設置され
た。また，そのもとで障害当事者や障害者福祉に関する事業に従事する者およ
び学識経験者等で構成される「障がい者制度改革推進会議」が開催され，障害
者制度の見直しに向けた検討が始められた。

この会議で「障害者制度改革の推進のための基本的な方向（第一次意見）」が
取りまとめられ，これを踏まえ，政府は「障害者制度改革の推進のための基本
的な方向について」を2010年6月に閣議決定した。これにより応益負担を原則
とする現行の障害者自立支援法を廃止し，制度の谷間のない支援の提供，個々

のニーズにもとづいた地域生活支援体系の整備等を内容とする「障害者総合福祉法」（仮称）の制定について合意された。

　さらに，障害者総合福祉法（仮称）の制定に向け，2010年4月に障がい者制度改革推進会議のもとに設置された「障がい者制度改革推進会議総合福祉部会」（総合福祉部会）において検討が始められ，2011年8月，「障害者総合福祉法の骨格に関する総合福祉部会の提言──新法の制定を目指して」が取りまとめられた。

　また，この議論が行われている間，障がい者制度改革推進会議での議論などを踏まえ，障害の有無にかかわらず，すべての国民が共生する社会を実現するため，そのための基本原則を定めることなどを盛り込んだ「障害者基本法の一部を改正する法律」が2011年7月に成立した。

　総合福祉部会による提言や改正障害者基本法などを踏まえ，厚生労働省において新たな法律の検討が進められ，2012年3月に障害者自立支援法を障害者総合支援法と改称する内容を含む「地域社会における共生の実現に向けて新たな障害保健福祉施策を講ずるための関係法律の整備に関する法律案」が閣議決定され，国会に提出，同年6月に成立して公布され，2013年4月に施行された（図表6-39）。

　④　障害者総合支援法の概要

　2013年4月に施行された本法は障害者を権利の主体と位置づけた基本理念を定め，制度の谷間を埋めるため，障害児については児童福祉法を根拠法として整理し直すとともに，難病を対象に含めるなどの改正を行った。また，2018年4月の改正により障害者自らの望む地域生活を営むことができるよう，「生活」と「就労」に対する支援の一層の充実や，高齢障害者による介護保険サービスの円滑な利用を促進するための見直しが行われ，障害児支援におけるニーズの多様化にきめ細かく対応するための支援の拡充が図られた。法の概要は以下のとおりである。

　〈基本理念〉

　○すべての国民が障害の有無にかかわらず，等しく基本的人権を享有する，
　　かけがえのない個人として尊重されること

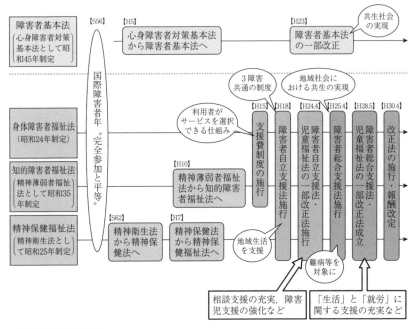

図表 6-39 障害者施策の歴史

「ノーマライゼーション」理念の浸透

| 障害者基本法（心身障害者対策基本法として昭和45年制定） | 【S56】 | 【H5】心身障害者対策基本法から障害者基本法へ | | | | | 【H23】障害者基本法の一部改正 | 共生社会の実現 |

3障害共通の制度／地域社会における共生の実現

利用者がサービスを選択できる仕組み

身体障害者福祉法（昭和24年制定）

知的障害者福祉法（精神薄弱者福祉法として昭和35年制定）

精神保健福祉法（精神衛生法として昭和25年制定）

国際障害者年 "完全参加と平等"

【H10】精神薄弱者福祉法から知的障害者福祉法へ

【S62】精神衛生法から精神保健法へ

【H7】精神保健法から精神保健福祉法へ

地域生活を支援

【H15】支援費制度の施行

【H18】障害者自立支援法施行

【H24.4】障害者自立支援法・児童福祉法の一部改正法施行

【H25.4】障害者総合支援法施行

【H28.5】障害者総合支援法・児童福祉法の一部改正法成立

【H30.4】改正法の施行・報酬改定

難病等を対象に

相談支援の充実，障害児支援の強化など

「生活」と「就労」に関する支援の充実など

出典：厚生労働省資料。

○すべての国民が障害の有無によって分け隔てられることなく，相互に人格と個性を尊重し合いながら共生する社会を実現すること

○すべての障害者及び障害児が可能な限りその身近な場所において必要な日常生活，または社会生活を営むための支援を受けられること

○社会参加の機会が確保されること

○どこでだれと生活するかについての選択の機会が確保され，地域社会において他の人々と共生することを妨げられないこと

○障害者および障害児にとって日常生活，または社会生活を営むうえで障壁となるような社会における事物，制度，慣行，観念その他一切のものの除去に資すること

〈対象範囲〉

　　法が対象とする障害者の範囲を身体障害者，知的障害者，精神障害者（発達障害者を含む），難病など（治療方法が確立していない疾病その他の特殊の疾病であって政令で定めるものによる障害の程度が厚生労働大臣が定める程度である者）とする。

〈支給決定〉

　　障害支援区分（区分1～6）に従って福祉サービスが支給される。訪問による認定調査の結果にもとづいてコンピューターによる一次判定を行い，さらに障害保健福祉の学識経験者などからなる審査会において審査・判定を行う。

〈サービス体系〉

　　本法における障害福祉サービスとは居宅介護や重度訪問介護，同行援護，行動援護，療養介護，生活介護，短期入所，重度障害者等包括支援，施設入所支援，自立訓練，就労移行支援，就労継続支援，就労定着支援，自立生活援助，共同生活援助である。障害福祉サービス事業とは，障害福祉サービス（障害者支援施設等）その他厚生労働省令で定める施設において行われる施設障害福祉サービスを行う事業である（図表6‐40）。

　本法にもとづく障害者への支援は，義務的経費である自立支援給付（介護給付と訓練等給付等）と裁量的経費である地域生活支援事業に分けることができる。

　⑤　障害者権利条約の締結をめぐって

　障害者の権利に関する条約（障害者権利条約）は2006年12月，国連総会で採択，2008年に発効した。障害者の尊厳と権利を保障するものである。障害者に関する初めての国際的な約束であり，日本は2007年9月に署名している。条約の締結に先立ち，政府は「障がい者制度改革推進本部」を設置し，集中的に国内制度の改革を進めていくことになった。

　その後，2011年8月，障害者基本法の改正，2012年6月に障害者総合支援法の成立，2013年6月に障害者差別解消法の成立，障害者雇用促進法の改正など様々な法制度の整備が行われた。これらの法整備などを経て，2014年1月，障害者権利条約の批准書を国連に寄託している。

図表6-40　障害者総合支援法における給付・事業

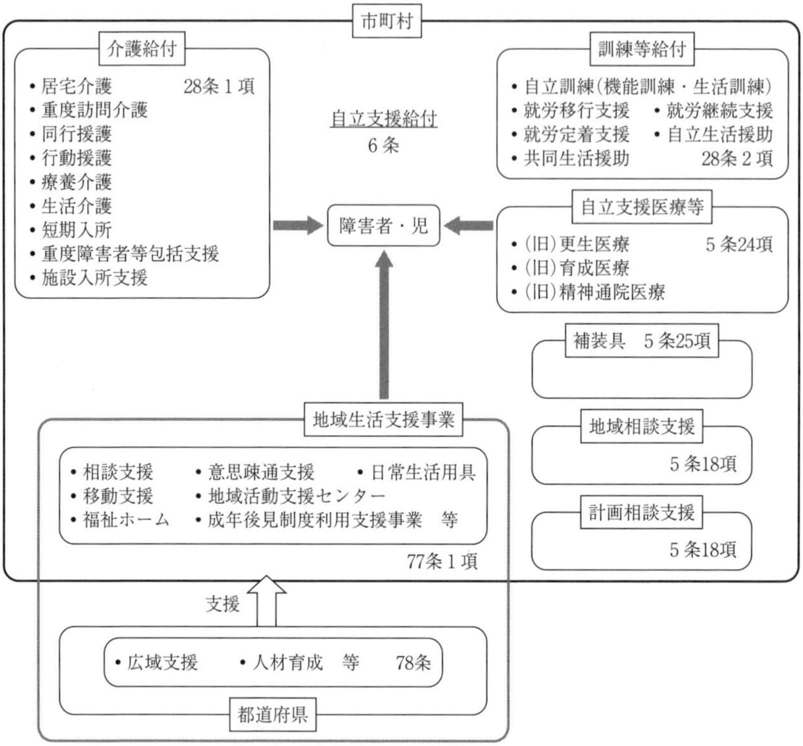

出典：厚生労働省資料に一部加筆。

3）高齢者福祉

　「老人の福祉に関する原理を明らかにするとともに，老人に対し，その心身の健康の保持及び生活の安定のために必要な措置を講じ，もつて老人の福祉を図ることを目的」（第1条）とする老人福祉法が1963年に制定された。

①　老人福祉法

　老人福祉法では，「老人は，多年にわたり社会の進展に寄与してきた者として，かつ，豊富な知識と経験を有する者として敬愛されるとともに，生きがいを持てる健全で安らかな生活を保障されるものとする」（第2条）という基本理念が謳われ，国および自治体は老人の福祉を増進する責務を有することが規定されている。

同法は，高齢者の生きがい対策から介護に関わる支援まで幅広い内容を有するが，高齢者の介護サービスについては2000年以降，その多くは介護保険法に基づいて提供されている。「やむを得ない事由により介護保険法に規定する」サービスを利用することが著しく困難であると認められる場合，老人福祉法による措置が行われている。

高齢化が進む一方で介護保険制度は後退し，しかも，高齢者の孤立化と貧困化が深刻になる中で老人福祉法による措置の必要性は増してきているが，現実には高齢者虐待の場合に適用される以外，きわめて限定的である。経済的な問題，あるいは家族の協力が得られないため，施設の利用が困難になるケースが散見されるが，多くの場合，何ら権限を有することのない民間機関の適切とは思えない対処に委ねられている。

高齢者福祉に関する法制として，この他にも高齢社会対策の総合的な推進を目的とした高齢社会対策基本法（1995年），高齢者の住まいの確保を目的とした「高齢者の居住の安定確保に関する法律（高齢者住まい法）」（2001年），高齢者，障害者等の移動上および施設の利用上の利便性・安全性の向上の促進を図り，公共の福祉の増進に資することを目的とした「高齢者，障害者等の移動等の円滑化の促進に関する法律（バリアフリー新法）」（2006年），高齢者虐待の防止，養護者に対する支援等を目的とした「高齢者虐待の防止，高齢者の養護者に対する支援等に関する法律（高齢者虐待防止法）」（2005年）などがある。介護保険制度がその適用範囲を限定的にするため，これらの施策をさらに充実させ，高齢者福祉を総合的に高めていく必要がある。

②　高齢者虐待防止法

「高齢者虐待の防止，高齢者の養護者に対する支援等に関する法律（高齢者虐待防止法）」は2005年11月，議員立法で可決，成立し，翌2006年4月に施行された。

本法における「高齢者」とは65歳以上の者と定義されている。養介護施設従事者などによる高齢者虐待とは老人福祉法および介護保険法に規定する「養介護施設」，または「養介護事業」の業務に従事する職員が行う先に示した虐待行為である。また，養護者による高齢者虐待とは高齢者を現に養護する者であ

って養介護施設従事者など以外の者（家族，親族，同居人など）が行う身体的虐待や介護・世話の放棄・放任，心理的虐待，性的虐待，経済的虐待である。

この高齢者虐待防止法の施行後，「相談・通報件数」は，要介護施設従事者等による虐待，養護者による虐待，いずれにおいても一貫して増加傾向にある。「虐待判断件数」についても要介護施設従事者等による虐待については一貫して増加傾向にあり，2019年度は644件であった。同じく養護者による虐待については高止まりしている感があり，2019年度は1万6,928件が虐待と判断されている。虐待者の4割が息子であり，2割強が夫である。介護の負担を担いきれずに虐待に至っている様子がうかがえるのである。

発生してしまった虐待に対する対応にも課題はあるが，虐待を生じさせない社会をいかにつくるかが課題である。介護保険法や老人福祉法などの充実，本当の意味での介護の社会化が求められている。

注
(1) 国連は65歳以上を高齢者と位置づけ，全人口に占める65歳以上の者の割合が7％を高齢化社会，14％以上を高齢社会，21％以上を超高齢社会としている。日本では1970年に高齢化社会，1994年に高齢社会，2007年に超高齢社会を迎えている。
(2) 広域連合とは，地方自治法に基づき，複数の都道府県，区（特別区）を含む市町村が共同して構成する自治体である。広域にわたり処理することが適当であると認められる事務に関し，共同して処理を行う。一部事務組合も同じ内容であるが，広域連合の場合，事務の処理について広域計画を作成する，国，都道府県から権限などの委任を受けることができる，住民による直接請求が認められているなどの違いがある。
(3) 要介護（要支援）認定の有効期間は，新規の認定の場合，原則6カ月，更新の認定の場合，原則12カ月。
(4) 保険者である市町村に設置され，最終的な要介護（要支援）認定について審査判定を行う組織となる。委員は保健，医療，福祉に関して高い知識を持った者の中から市町村長が任命する。
(5) 要介護認定の結果を受ける前にサービス利用した場合，全額を自己負担し，要介護認定後に保険者に申請して9割（8割，または7割）の現金の払い戻しを受ける「償還払い」となる。
(6) ケアプランを作成する居宅介護支援事業所に介護予防ケアプランの作成を委託す

ることが可能である。

(7)　介護療養型医療施設はすべてが介護医療院に変わるわけではなく，機能の違いで介護老人保健施設などにも変わることになっている。

(8)　地域包括支援センターの運営として行われる事業として，総合相談支援業務，権利擁護業務，包括的・継続的なケアマネジメント支援業務がある。

(9)　社会保障を充実させるための事業として在宅医療・介護連携推進事業，生活支援体制整備事業，認知症総合支援事業，地域ケア会議推進事業がある。

(10)　第1号被保険者の保険料は，1人当たりの保険料を基準額として前年度の所得に応じ，9段階で設定する。

(11)　要介護認定されていないものの，生活機能の低下があるため，要支援，要介護になるおそれがあると認定された高齢者。

(12)　実質的価値とは決まった額ではなく，物価や所得水準に応じた経済的価値。

(13)　船員保険は，保険者はかつて社会保険庁であったが，現在は全国保険協会である。また，年金は1986年に厚生年金に統合され，労災，失業は2010年に労働者災害補償保険および雇用保険に統合されている。

(14)　合算対象期間の例としては，日本人で海外に居住していたため，国民年金の対象とならなかった場合などが挙げられる。

(15)　障害認定日とは初診日から1年6カ月を経過した日，または1年6カ月以内で症状が固定した日のことである。

(16)　全国国民年金基金は2019年4月，47の地域型国民年金基金と22の職能型国民年金が合併して設立された。これにより，職能型は弁護士，歯科医師，司法書士の3種類となった。

(17)　国民年金の保険料については1万7,000円で固定されることになっているが，実際はこの額に物価や賃金の変動に合わせた保険料改定率を乗じた額となる。

(18)　老齢厚生年金の支給開始年齢は過去に2度引き上げられており，創設当時は55歳であったが，1954年に男性のみ60歳に引き上げられ，1985年，国民年金（基礎年金）の導入に伴い，男女ともに国民年金の支給開始年齢と同じ65歳に引き上げられた。

(19)　1921年制定の健康保険法による適用については業務災害も対象としていた。つまり，当時の健康保険は労災保険を兼ねていたことになる。

(20)　雇用福祉事業は，転職者への宿舎提供やレクリエーション施設の拡充など非効率な運営や民間で代替可能等の理由で2007年廃止されている。

(21)　特定作業従事者とは厚生労働省が指定した農作業や農機操作を行う農業従事者，職業訓練等を受けている求職者，家庭内で作業する家内労働者などである。

(22)　労災病院とは厚生労働省が所管する独立行政法人労働者健康福祉機構が運営している保険医療機関である。労災指定病院とは保険医療機関が申請し，都道府県労働

局が指定した保険医療機関である。

⑫　労災保険制度における遺族（補償）給付の遺族の範囲では，妻以外の遺族については一定の年齢以上，または以下であるか，一定の障害状態にあることが必要となる。

⑭　基本手当は公共職業安定所（ハローワーク）に求職の申込みをした後，すぐには支給されず，7日間の待機期間がある。

⑮　印紙保険料とは日雇労働者の雇用保険制度にかかる保険料のことである。日雇労働被保険者を雇用する事業については，印紙保険料も納めなくてはならない。

⑯　教育訓練支援給付金は訓練期間中に失業状態にある45歳未満の者に対し，支給される給付金である。

⑰　父母ともに育児休業を取得する「パパ・ママ育休プラス制度」を利用する場合，育児休業の対象となる子の年齢が原則1歳2カ月までとなる。

⑱　従来，保育所には入れないなどの一定の要件に該当すれば1歳6カ月まで延長可能であったものを2017年の育児・介護休業法の改正により，再度申請して2歳まで延長可能とした。

⑲　厚生労働省によれば，第1のセーフティネットは社会保険制度であり，第2のセーフティネットは生活福祉資金貸付制度，社会手当制度やその他の低所得者対策などである。

㉚　『生活保護手帳 2019年度版』中央法規出版，2019年，715頁。

㉛　絶対的扶養義務者と相対的扶養義務者がいる。『生活保護手帳 2019年度版』中央法規出版，2019年，253頁。

㉜　一部の週刊誌が2012年4月「年収5千万円の人気芸人の母親が生活保護を受給している」と報道。その後，国会議員のブログなどで次長課長の河本準一さんの名前が明らかになり，騒動になっていた。一連の報道を受け，母親が受給の打ち切りを申し出た（「日本経済新聞」2012年5月25日付）。

㉝　『生活保護手帳 2019年度版』中央法規出版，2019年，393頁。

㉞　「平成31年ホームレスの実態に関する概数調査」では2019年度より422人減少。

㉟　「東京都は，緊急事態宣言の発出にともない，ネットカフェから出される人への緊急支援策としてビジネスホテルの提供を開始したが，都内に約4000人いると言われるネットカフェ生活者のうち，支援を受けられた人は約3割にとどまった」。稲葉剛「ホームレス・クライシスに立ち向かう」『世界9』岩波書店，2020年，45頁。

㊱　岡部卓「社会福祉の対象④所得ニーズ」『エンサイクロペディア社会福祉学』中央法規出版，2007年，375頁。

㊲　同前。

㊳　岩田正美「社会福祉の対象⑦社会統合の促進」『エンサイクロペディア社会福祉学』中央法規出版，2007年，438頁。

(39)　岩永理恵・卯月由佳・木下武徳『生活保護と貧困対策』有斐閣，2018年，6-7 頁を要約。

(40)　2014年からは共益費が追加された（生活保護法施行規則第23条の 2）（『生活保護手帳 2019年度版』中央法規出版，2019年，134頁）。

(41)　2018年から要保護者が自己破産した場合，返還金を国税徴収の例により徴収することができるようになった。また，支給される保護金品からの徴収も可能になった（法第77条の 2，法78条の 2）。

(42)　現在も生活保護減額をめぐる訴訟が行われている（生活保護減額を巡る訴訟「朝日新聞デジタル」2020年 7 月 7 日）。「2013年の生活保護費の引き下げは基準の決定手続きに問題があったなどとして，愛知県内の受給者が国や名古屋市など 3 市を相手取り減額処分の取り消しを求めた訴訟で，原告側は 7 日，請求を棄却した一審・名古屋地裁判決を不服として控訴した。

(43)　不正受給の問題は重要であるが，たとえば2017年度の不正受給件数は 3 万9,960件で，1,553億円と保護補総額 3 兆8,000億円の0.4％である点にも注意が必要（厚生労働省「全国厚生労働関係部局長会議・社会援護局詳細資料 2」2019年 1 月18日）。

(44)　生活保護を申請した人の親や兄弟，姉妹などの親族に連絡し，当事者を援助できるかどうかを尋ねる「扶養照会」が生活保護の申請をためらわせ，受給する際の心理的な負担になっていることが困窮者支援団体によるアンケートでこうした実態が明らかになった（「毎日新聞」2020年 2 月 8 日付）。

(45)　「子どもの貧困対策に関する大綱――日本の将来を担う子供たちを誰一人取り残すことがない社会に向けて」2019年11月，22頁。

(46)　同前資料，22頁。

(47)　児童扶養手当等の手当額については児童扶養手当法（昭和36年法律第238号）等に基づき，「自動物価スライド制」が採られており，その具体的な改定額は，政令によって規定することとされている。なお，2017年10月からは物価スライド制が児童扶養手当の加算額にも導入された。

(48)　神野直彦「地域福祉の『政策化』の検証――日本型福祉社会論から地域共生社会まで」『社会福祉研究』132，21頁。

(49)　一番ケ瀬康子編著『新・社会福祉とは何か［第 3 版］』ミネルヴァ書房，1990年，15-45頁。

(50)　一番ケ瀬康子『社会福祉とは何か』労働旬報社，1994年，213-217頁。

(51)　宮田和明『現代日本社会福祉政策論』ミネルヴァ書房，1996年，ⅰ頁。

(52)　宮田和明「現代の生活問題と社会福祉――『格差社会』における社会福祉の役割」『社会福祉研究』102，2008年，27頁。

参考文献

・第1節

広井良典・山崎泰彦編著『社会保障』(MINERVA 社会福祉士養成テキストブック
⑲) ミネルヴァ書房，2014年。

坂口正之・岡田忠克『よくわかる社会保障 第5版』ミネルヴァ書房，2018年。

『社会保障の手引 2019年版 施策の概要と基礎資料』中央法規出版，2019年。

日本社会保障法学会編『医療保障法・介護保障法』(講座社会保障④) 法律文化社，
2001年。

国立社会保障・人口問題研究所編『社会保障統計年報 平成30年版』法研，2019年。

厚生労働省編『厚生労働白書 平成30年版』。

厚生労働省 HP（2020年8月1日アクセス）。

日本医師会 HP（2020年8月1日アクセス）。

国民健康保険中央会 HP（2020年8月1日アクセス）。

・第2節

厚生労働統計協会編『保険と年金の動向 2019/2020』厚生労働統計協会，2019年。

厚生労働統計協会編『国民の福祉と介護の動向 2019/2020』厚生労働統計協会，2019
年。

厚生労働省編『厚生労働白書 平成30年版』日経印刷，2019年。

坂口正之・岡田忠克編『よくわかる社会保障 第5版』ミネルヴァ書房，2020年。

広井良典・山崎泰彦編著『社会保障』(MINERVA 社会福祉士養成テキスト⑲) ミネ
ルヴァ書房，2017年。

・第3節

厚生労働統計協会編『保険と年金の動向 2019/2020』厚生労働統計協会，2019年。

厚生労働省編『厚生労働白書 平成30年版』日経印刷，2019年。

坂口正之・岡田忠克編『よくわかる社会保障 第5版』ミネルヴァ書房，2020年。

広井良典・山崎泰彦編著『社会保障』(MINERVA 社会福祉士養成テキスト⑲) ミネ
ルヴァ書房，2017年。

・第4節

厚生労働統計協会編『保険と年金の動向 2019/2020』厚生労働統計協会，2019年。

厚生労働省編『厚生労働白書 平成30年版』日経印刷，2019年。

坂口正之・岡田忠克編『よくわかる社会保障 第5版』ミネルヴァ書房，2020年。

広井良典・山崎泰彦編著『社会保障』(MINERVA 社会福祉士養成テキスト⑲) ミネ
ルヴァ書房，2017年。

労働調査会出版局編『新よくわかる労災保険・安全衛生』労働調査会，2016年。

労働調査会出版局編『新よくわかる雇用保険 改訂3版』労働調査会，2016年。

・第5節

岩永理恵・卯月由佳・木下武徳『生活保護と貧困対策——その可能性と未来を拓く』有斐閣，2018年。

岡本民夫・田端光美・濱野一郎・古川孝順・宮田和明編『エンサイクロペディア社会福祉学』中央法規出版，2007年。

金子充『入門貧困論——ささえあう／たすけあう社会をつくるために』明石書店，2017年。

川村匡由編著『公的扶助論』（シリーズ・21世紀の社会福祉⑥）ミネルヴァ書房，2007年。

広井良典・山崎泰彦編著『社会保障』（MINERVA社会福祉士養成テキストブック⑲）ミネルヴァ書房，2017年。

『生活保護手帳 2019年度版』中央法規出版，2019年。

『生活保護手帳別冊問答集 2020年版』中央法規出版，2020年。

・第6節

阿部彩『子どもの貧困——日本の不公平を考える』岩波新書，2008年。

厚生労働省「母子家庭等自立支援対策大綱」2002年。

厚生労働省子ども家庭局福祉課「ひとり親家庭等の支援について」2020年。

内閣府「子どもの貧困対策に関する大綱——日本の将来を担う子供たちを誰一人取り残すことがない社会に向けて」2019年。

・第7節

厚生労働省『厚生労働白書 令和2年版』2020年。

厚生労働統計協会『国民の福祉と介護の動向 2020／2021』2020年。

川村匡由編著『改訂 社会保障』建帛社，2020年。

田畑洋一・岩崎房子・大山朝子・山下利恵子編著『社会保障——生活を支えるしくみ 第3版』学文社，2020年。

　社会保障は，所得の再分配により必要な給付やサービスを提供する制度だが，少子高齢化や人口の減少に伴い，自然増の社会保障給付費の中，「検査漬け」「注射漬け」「薬漬け」のため問題となっている医療保険は聖域扱いの半面，年金保険や介護保険，生活保護，社会福祉の給付を抑制している。また，その財源と称し，1989年に消費税を導入，その後，相次いで引き上げているが，大半は新幹線や高速道路の延伸などの土建型公共事業に係る費用充当がかなりの割合を占める赤字国債の返済に充てられている。

　そこで，このような新自由主義に基づく政官財の癒着による大企業や大地主の利益誘導型の政治から，国民の生命，財産，生活の確保を最優先した政治へと転換し，2065年の本格的な少子高齢社会および人口減少に向け，その持続可能性を追求したい。

<table>
<tr><td>第7章</td><td>諸外国における社会保障制度</td></tr>
</table>

学びのポイント

　社会保障制度は，それぞれの国の歴史的背景やその時代の変化に合わせて制度設計されてきた。日本においては，諸外国の制度を参考にしながら社会保障制度を考えてきた。また，最近では新型コロナウイルス感染症（COVID-19）の世界的大流行（パンデミック）が発生し，各国が医療体制をはじめ，社会福祉に関しても様々な対応策を講じている。そこで，諸外国における社会保障制度の歴史と概要を学び，そして国際的な視点を持つことは今後の日本における施策を考える上での参考にもなる。

1　諸外国における社会保障制度の概要

（1）先進諸国の社会保障制度の歴史と概要

　社会保障制度は，それぞれの国において政治，経済，歴史，文化，産業などの状況に応じて制度設計されている。また，財源，運営方法，給付方法などの仕組みも異なるため，単純に社会保障制度そのものを国際比較することは困難である。

　しかし，それぞれの国に共通する目的は，自国民に対してそれぞれの国の責任のもとに貧困，疾病，死亡，高齢，障害，失業などのリスクから生活を守り，健康や暮らし，経済的な安定を保障することにある。

　デンマークのG.エスピン‐アンデルセンは1990年，『福祉資本主義の三つの世界』を発表し，この中で「3つの福祉レジーム」を示し，先進諸国の社会保障制度がどのレジームに分類されるのかについて分類化を行った。この3つのレジームには「社会民主主義レジーム」「自由主義レジーム」「保守主義レジーム」がある（図表7-1）。

図表 7 - 1　福祉レジームの構造

　　　　　　　　　　　　　　　　階層化　高

　　　　　自由主義　　　　　　　　　　　　　保守主義
　　（イギリス・アメリカ）　　　　　　　（ドイツ・フランス）

脱商品化　　　　　　　　　　　　　　　　　　　　　　　　　脱商品化
　低 ─────────────────────── 高

　　　　　家族主義　　　　　　　　　　　　社会民主主義
　　（日本・東アジア諸国）　　　　　（スウェーデン・北欧諸国）

　　　　　　　　　　　　　　　　階層化　低

出典：筆者作成。

　具体的には，「社会民主主義レジーム」とは国家が国民の生活に介入する割合が大きく（高福祉・高負担），たとえば，完全雇用といった政策などである。この場合，福祉は国家が責任を持って供給するということが特徴である。ここに分類化される代表的な国は，スウェーデンや北欧諸国などである。

　これに対し，「自由主義レジーム」は国家が国民の生活に介入する割合が小さく（低福祉・低負担），たとえば，低所得者に限定をして給付を行うといった政策などである。福祉は市場に任せているということが特徴である。ここに分類化される代表的な国はイギリスやアメリカなどである。

　一方，「保守主義レジーム」は福祉は基本的に家族の責任とみなされることを特徴としており，ここに分類化される代表的な国はドイツやフランスなどである。

　この3つの福祉レジームに分類化を行うため，「脱商品化」と「階層化」の2つの指標を示した。すなわち，「脱商品化」とは社会保障制度によって，たとえば疾病や加齢によって個人や家族が労働を停止しても，一定水準の生活を維持できる生活が保障されているのかについての指標である。また「階層化」とは，所得に応じた保険料の設定や税金の応能負担など，国民が不平等にならないような仕組みを講じているのかについての指標である。

　エスピン - アンデルセンはこの2つの指標によって福祉国家を分類化したが，これらの3つの福祉レジームに含まれない国もあるとして，後に新たに「脱家

族化」という指標を加え，「家族主義的福祉レジーム」を追加した。この「家族主義的福祉レジーム」とは，社会保障制度は整っているが社会保障給付水準が低く，家族が福祉を支えているということが特徴である。ここに分類化される代表的な国は，日本をはじめとする東アジア諸国などである。

1）イギリスの社会保障

①　イギリスの社会保障制度の歴史

イギリスの社会保障制度は16世紀の救貧法に始まり，1942年には W.H. ベヴァリッジが『社会保険と関連サービス』（Social Insurance and Allied Services）を発表し，社会保障制度の礎を築いた。これは「ベヴァリッジ報告」（Beveridge Report）とも呼ばれ，この中でベヴァリッジは「5つの巨人」として，貧困・疾病・無知・不潔・怠惰を克服すべき課題として挙げ，社会保障制度の確立の必要性を説いた。また，「ベヴァリッジ報告」では社会保険と関連サービスについて普遍化と統合化を行い，具体的な政策として保健医療サービス・完全雇用・児童手当などの政策などを提案した。1946年には国民保健サービス法と国民保健法が制定され，1948年には国民扶助法が制定されたほか，国民保険制度の発足や国民保健サービス（National Health Service：NHS）が設立され，財源を税金と国民保険として，すべての国民に対して原則として無料で医療が提供されるようになった。こうしてイギリスにおける社会保障制度が確立していった。

その後，1979年には M. サッチャーが首相に就任し，国営企業の民営化をはじめ，地方財政支出の制限など，「小さな政府」を推し進めていった。その中で，財政状態をひっ迫していると批判されていた福祉サービスにおいても様々な改革が進められた。1990年代に入るとコミュニティケア改革として，高齢者や障害者のケアについて，施設ケアから在宅ケアへのシフトが進められた。

その後，1997年には T. ブレアが首相に就任し，これまでの社会主義や自由（資本）主義でもない「第三の道」をめざすことにした。これは「ゆりかごから墓場まで」や「小さな政府」とは異なるものである。従来の国家による福祉供給ではなく，コミュニティの力を活用した相互扶助による援助の方法である。1998年にはホワイトペーパー『社会サービスの近代化』（Modernising Social Services）を発表し，この中でコミュニティケア改革の問題点を指摘し，「自立

図表 7－2　イギリスの年金制度の概念

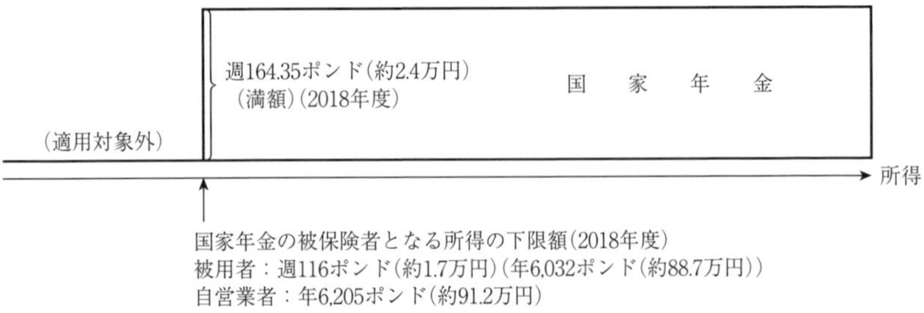
週164.35ポンド（約2.4万円）
（満額）（2018年度）
国　家　年　金
（適用対象外）
所得
国家年金の被保険者となる所得の下限額（2018年度）
被用者：週116ポンド（約1.7万円）（年6,032ポンド（約88.7万円））
自営業者：年6,205ポンド（約91.2万円）

出典：厚生労働省「英国の年金制度概要」（https://www.mhlw.go.jp/stf/seisakunitsuite/bunya/nenkin/nenkin/shogaikoku.html，2020年９月５日アクセス）。

生活の促進」「自治体間格差の解消」「利用者とその家族を中心にしたより簡便なサービス」という目標を設定するとともに，「サービス開始後のモニタリングの重視」「基準の明確化」「介護者のニーズの重視」「窓口一本化（one stop shop）」などを提言した。

②　年金保険制度

年金保険制度は1948年の国民保険制度の発足以来，制度改正を重ねてきた。現在では社会保険方式による被用者や自由業・自営業者を通じた定額の一階建て制度になっている。被保険者は一定以上の所得のある居住者で，保険料率は25.8％（本人12.0％，事業主13.8％）となっている（図表７－２）。

また，老齢年金の支給開始年齢は65歳７カ月（2046年までに68歳に引き上げ予定），最低加入期間は10年，財政方式は賦課方式であり，原則として国庫負担はない。その他，2001年より確定拠出型個人年金制度である「ステークホルダー年金」が創設され，年金制度の選択肢が増えた。

③　介護保険制度

介護保険制度は，地方自治体が運営管理を行う税方式のサービス，および国民保健サービス（NHS）が提供するサービスがある。近年では自治体が利用者の自己決定を尊重しながら，ニーズや状況をアセスメントして総予算を支給するパーソナルバジェット方式が導入されたほか，利用者自身が事業所と契約をしてサービスの提供を受ける仕組みになっている。

2）アメリカの社会保障制度

① 　アメリカの社会保障制度の歴史

　アメリカでは歴史的にも自立・自助の考え方が浸透しており，社会保障制度においてもその考え方を基本として制度設計されている。また，連邦政府による制度と州政府による制度の 2 つが存在していることも特徴である。

　1935年に F.D. ルーズベルト大統領がニューディール政策の一環として，社会保障法（Social Security Act）を制定した。内容は連邦政府による老齢年金保険や失業保険などに関するものであり，その後の社会保障制度にも大きな影響を与えた。

　なお，法律の名称に「社会保障」という言葉を使用したのはこれが世界で初めてのこととされている。

② 　医療保障制度

　医療保障では，1965年には低所得者を対象としたメディケイド，1966年には65歳以上の高齢者や障害者を対象としたメディケアを導入し，現在に至っている。メディケイドは一定の条件を満たす低所得者に対し，医療や介護を提供するものである。財源は連邦政府と州政府によりまかなわれている。また，メディケアは連邦政府が運営するものであり，一部自己負担額があるが入院や外来費用をカバーすることができる。もっとも，これらの制度は次第に連邦政府の財政を逼迫させることになり，「大きな政府」から「小さな政府」への転換を迫られた。

③ 　年金保険制度

　年金保険制度は1937年の老齢・遺族・傷害保険制度（OASDI）の発足以来，制度改正を重ねてきた。現在では社会保険方式による被用者や自由業・自営業者を対象とした一階建て制度になっている（図表 7 - 3 ）。

　被保険者は無業者を除き，居住者は原則加入となっており，保険料率は12.4％（労使折半）となっている。また，老齢年金の支給開始年齢は66歳（2027年までに67歳に引き上げ予定）で，62歳から繰り上げ受給，70歳まで繰り下げ受給も可能である。最低加入期間は40四半期（10年相当），財政方式は賦課方式であり，原則として国庫負担はない。無業者（学生・主婦等）は適用の対象外で

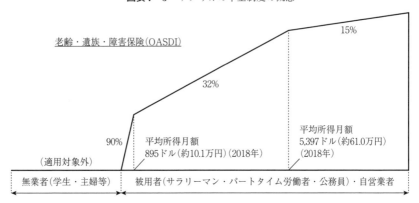

図表7-3 アメリカの年金制度の概念

老齢・遺族・障害保険(OASDI)

15%

32%

90%

平均所得月額
895ドル(約10.1万円)(2018年)

平均所得月額
5,397ドル(約61.0万円)
(2018年)

(適用対象外)

無業者(学生・主婦等)　被用者(サラリーマン・パートタイム労働者・公務員)・自営業者

出典：厚生労働省「アメリカの年金制度概要」(https://www.mhlw.go.jp/stf/seisakunitsuite/bunya/nen kin/nenkin/shogaikoku.html, 2020年9月5日アクセス)。

ある。

④　医療保険制度

医療保険制度は，連邦政府や州政府が運営する公的なものは存在せず，民間の保険会社が扱っている医療保険を利用することになる。さらに，公的な介護保険制度も存在せず，メディケアによって対応しているが，対象となるサービスは医療対応型のナーシングホームのみであり，また，資産調査においてクリアした者のみが対象となっている。このため，ほとんどの国民は民間企業が提供している介護サービスを全額自費で利用している。

3）ドイツの社会保障制度

①　ドイツの社会保障制度の歴史

ドイツでは1833年に「ビスマルク疾病保険法」が制定され，この法律が世界で初めての社会保障制度（医療保険制度）である。ドイツの社会保障制度は社会保険方式を中心とし，疾病・災害・年金・失業・介護の分野があることが特徴である。これらの制度は日本の社会保障制度の制度設計の参考にされている。

②　年金保険制度

年金保険制度は1891年の労働者年金保険制度，1913年の職員年金保険制度の発足以来，制度改正を重ねてきた。近年では2016年にフレキシ年金制度が制定

図表 7 - 4　ドイツの年金制度の概念

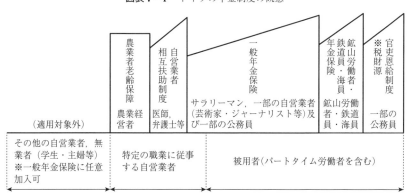

出典：厚生労働省「ドイツの年金制度概要」(https://www.mhlw.go.jp/stf/seisakunitsuite/bunya/
nenkin/nenkin/shogaikoku.html, 2020年 9 月 5 日アクセス)。

され，定年後も継続して就業した場合に，将来の年金額を増額できるようにな
った。また，2017年の年金改革では，東ドイツと西ドイツとで異なっているも
のを2024年までに段階的に統一化させることになった（図表7-4）。

　現在の年金保険制度は，職種ごとに社会保険方式による所得比例年金制度と
なっている。被保険者は居住している被用者（一部の自由業・自営業者，一部の
公務員）は原則加入となっており，保険料率は18.6％（労使折半）となっている。
また，老齢年金の支給開始年齢は65歳 8 カ月（2029年までに67歳に引き上げ予定）
で，63歳から繰り上げ受給（35年以上の被保険者期間等を有する場合），年齢上限
なく繰下げ受給も可能である。最低加入期間は 5 年，財政方式は賦課方式であ
り，国庫負担は給付費の23.1％である。

③　医療保険制度

　医療保険制度は，一般制度（一般労働者・職員・学生・年金受給者など）と農業
者疾病保険（自営業者・農業者）の 2 つがある。給付は原則として現物給付であ
り，医療給付，医学的リハビリテーション給付，予防給付，在宅看護給付があ
る。給付率は被保険者・家族ともに原則として10割給付であり，入院と薬剤は
一部自己負担になっている。

④　介護保険制度

　1994年には「介護保険法（Pflegeversicherrungsgesetz）」が公的制度として成立された。在宅介護サービスは1995年より，施設介護サービスは1996年よりサービスの提供が開始された。また，ドイツの介護保険給付対象者は年齢での区分けではなく，要介護状態の者に対して現金給付や現物給付されるものとなっている。

　介護保険給付は，「医療サービス機構（Medizinischer Dienst der Kranken-versicherung：MDK）」による要介護度の審査を経てから利用者及び家族の希望に基づき，介護金庫が介護サービスの選択肢を示して決定される。また，現金給付と現物給付の両方，もしくはいずれかで各介護区分の上限まで給付される。

4）フランスの社会保障制度

①　フランスの社会保障制度の歴史

　P. ラロックが1945年に，フランスの社会保障の基本的方向を示した「社会保障の組織に関する計画（ラロック・プラン）」を発表した。ここでは完全雇用をめざし，労働収入だけでは不足する場合に社会保障制度で補うものとした。さらには，国民連帯の理念に基づき，すべての国民を社会保障の対象とすることにした。イギリスの「ベヴァリッジ報告」と同様，戦後の社会保障体系の基礎とされている。

②　医療保険制度

　医療保険制度は職域ごとに一般制度，国家公務員制度，地方公務員制度，国鉄，パリ市民交通公社，船員，自由業・自営業者などがある。これらは強制加入の制度であり，「金庫」と呼ばれる各職域保険の管理運営機構が設置されている。フランスでは，退職後も就労時に加入していた職域保険に加入し続けることが可能である。医療費の給付は原則として償還払いとなっており，患者が医療費を直接医療機関に支払った後に，払い戻される仕組みである。

　ただし，入院等の場合には直接医療機関に支払われる。償還率は外来70％（かかりつけ医に相談しなかった場合は30％），入院80％となっている。

③　年金保険制度

　年金保険制度は1945年の一般制度，1949年の商工業自営業者，職人および自

図表 7 - 5　フランスの年金制度の概念

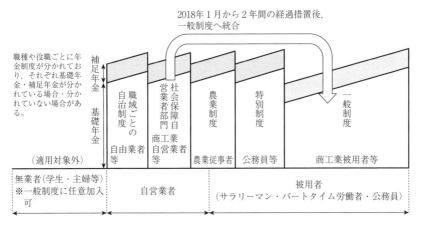

出典：厚生労働省「フランスの年金制度概要」(https://www.mhlw.go.jp/stf/seisakunitsuite/bunya/nen kin/nenkin/shogaikoku.html, 2020 年 9 月 5 日アクセス)。

由業・自営業者年金制度，1952年の農業経営者制度の発足以来，制度改正を重ねてきた。近年では2018年に自営業者社会制度を廃止し，一般制度へ統合されている（図表7 - 5）。

　現在の年金保険制度は，所得比例年金制度が職種や役職ごとに分立した社会保険方式である。被保険者は無業者を除き，居住者は原則加入で，保険料率は17.75％（本人7.3％，事業主10.45％）となっている。

　また老齢年金の支給開始年齢は，満額拠出期間を満たす場合は62歳，満額拠出期間を満たさない場合は66歳 2 カ月（2022年までに67歳に引き上げ予定）である。最低加入期間は設けておらず，財政方式は賦課方式であり，国庫負担は歳入の34.7％である。

5 ）スウェーデンの社会保障制度

①　スウェーデンの社会保障制度の歴史

　福祉国家として知られるスウェーデンは1944年，「労働運動の戦後プログラム」が発表され，所得保障や医療，社会福祉サービスの充実をめざす方向性が示された。ミュルダール夫妻は当時のスウェーデンが直面していた出生率低下という人口減少問題について，出生率の低下の原因は単なる経済的な要因だけ

ではなく，働く機会があるのに出産のためには仕事を続けることが困難な状態が問題であることを指摘した。

そこで，子どもを産み育てることに対する経済的な障害は取り除く必要があり，それは事後的，もしくは対症療法的ではなく，事前的かつ普遍主義的，平等主義的な「予防的社会政策」の必要性を提案した。そして，政府が低所得者家庭へのサービス提供などを強化した結果，人口問題の解消や経済の活性化にもつながった。

② 介護保障制度

スウェーデンの介護制度は「社会サービス法」による在宅介護サービスと，「保健医療法」による医療ケアサービスというように，業務別に2つの法律によって提供されている。運営主体は，福祉は市，医療は県というように行政の役割も明確になっている。両者ともに税方式によって運営されていることが特徴である。

1992年のエーデル改革により，社会サービス法において特別な介護を必要とする高齢者のため，「特別な住居」を提供しなければならないと規定された。この特別な住居とは24時間介護職員が常駐しているが，原則的に賃貸法の適用を受けている「住宅」であり，夫婦で生活することも可能である。高齢になってもできる限り在宅に近い環境で暮らすことができるようになっている。

③ 年金保険制度

年金保険制度は1913年の年金保険法の制定以来，制度改正を重ねてきた。現在の年金保険制度は，所得に基づく年金は賦課方式部分と積立方式部分に分かれており，また，低年金者や無年金者に対しては税金を財源とする保証年金を支給している。被保険者一定額以上の所得がある居住者であり，保険料率は17.21％（本人7.0％，事業主10.21％）となっている（図表7‐6）。

また老齢年金の支給開始年齢は，61歳以降に本人が受給開始時期を選択できるようになっている。保証年金の受給開始時期は65歳以上で，最低加入期間は設けておらず，国庫負担は原則なしである。もっとも，保証年金については全額国庫負担である。

図表 7 - 6　スウェーデンの年金保険制度の概念

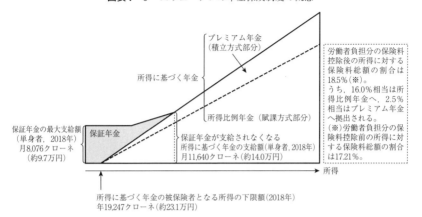

プレミアム年金
（積立方式部分）

所得に基づく年金

所得比例年金（賦課方式部分）

労働者負担分の保険料
控除後の所得に対する
保険料総額の割合は
18.5％（※）。
うち，16.0％相当は所
得比例年金へ，2.5％
相当はプレミアム年金
へ拠出される。
（※）労働者負担分の保
険料控除前の所得に対
する保険料総額の割合
は17.21％。

保証年金の最大支給額
（単身者，2018年）
月8,076クローネ
（約9.7万円）

保証年金

保証年金が支給されなくなる
所得に基づく年金の支給額（単身者，2018年）
月11,640クローネ（約14.0万円）

所得

所得に基づく年金の被保険者となる所得の下限額（2018年）
年19,247クローネ（約23.1万円）

出典：厚生労働省「スウェーデンの年金制度概要」（https://www.mhlw.go.jp/stf/seisakunitsuite/
bunya/nenkin/nenkin/shogaikoku.html，2020年 9 月 5 日アクセス）。

2　社会保障制度の国際比較

（ 1 ）高齢化と社会保障の給付規模

　各国の社会保障の水準を比較するための一つの指標として国民負担率がある。

　この国民負担率とは，国民全体の所得に占める税金（国税や地方税の合計）と
国民が支払う医療保険や年金保険などの社会保障に関する保険料の負担の割合
のことである。租税収入（国税や地方税の合計）を国民所得で除した「租税負担
率」と，医療保険や年金保険などの社会保障負担額を国民所得で除した「社会
保障負担率」を合計したものである。また，租税負担率と社会保険料負担率の
合計に，財政赤字の国民所得に対する比率を合計したものを潜在的国民負担率
といい，現在だけでなく，将来の負担についても参考にすることができる。

　各国の国民負担率をみてみると，負担率が高い国では社会支出が高く，負担
率が低い国では社会支出が低くなっている。2017年の各国の国民負担率をみる
と，フランスは68.2％（社会保障負担率26.5％，租税負担率41.7％），フィンラン
ドは62.4％（社会保障負担率17.5％，租税負担率44.9％），スウェーデンは58.9％
（社会保障負担率5.2％，租税負担率53.8％），ドイツは54.1％（社会保障負担率

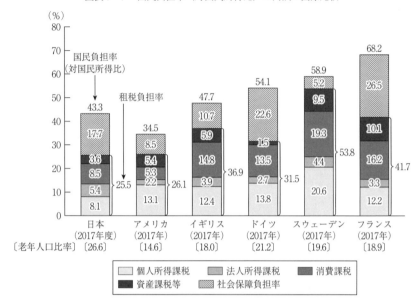

図表7-7　国民負担率（対国民所得比）の内訳の国際比較

注：四捨五入の関係上，各項目の計数の和が合計値と一致しないことがある。
出典：財務省「負担率に関する資料」（https://www.mof.go.jp/tax_policy/summary/condition/a04.htm，
　　　2020年9月5日アクセス）。

22.6%，租税負担率31.5%），イギリスは47.7%（社会保障負担率10.7%，租税負担率36.9%），日本は43.3%（社会保障負担率17.7%，租税負担率25.5%），アメリカは34.5%（社会保障負担率8.5%，租税負担率26.1%）となっている（図表7-7）。

　なお OECD（経済協力開発機構）では各国の「公的社会支出対 GDP（国内総生産）比率（Public Social Spending, % of GDP）」を公表している。この場合，公的社会支出とは公的機関からの財源による社会保険や公的扶助などへの支出である。

　また社会支出の基準として，①高齢，②遺族，③障害・業務災害・疾病，④保健，⑤家族，⑥積極的労働市場政策，⑦失業，⑧住宅，⑨その他，の9つを挙げ，これらの分野の現金給付および現物給付を集計し，「公的社会支出対 GDP 比率」を算出している。

　ちなみに2018年に公表したデータによると，OECD の平均は20.1%であり，平均値よりも高い国はフランスで31.2%，以下，フィンランドは28.7%，スウ

図表 7 - 8　公的社会支出対 GDP 比率（2018年）

国	公的社会支出対 GDP 比率
フランス	31.2
フィンランド	28.7
スウェーデン	26.1
ドイツ	25.1
日　本	21.9
イギリス	20.6
アメリカ	18.7
韓　国	11.1
メキシコ	7.5
OECD	20.1

出典：OECD「社会支出データベース（Social Expenditure Database）」2019年（https://www.
oecd.org/social/expenditure.htm, 2020年 9 月 5 日アクセス）を基に筆者改変。

ェーデンは26.1％，ドイツは25.1％，日本は21.9％，イギリスは20.6％となっ
ている。その一方で，平均値よりも低い国ではアメリカは18.7％，韓国は
11.1％，メキシコは7.5％となっている（図表 7 - 8 ）。

（2）社会保障給付費の内訳

　社会支出を政策分野別に構成割合を比較すると，2015年の日本は「高齢」
46.1％，「遺族」5.5％，「障害・業務災害・傷病」4.6％，「保健」33.9％，「家
族」6.3％，「積極的労働市場政策」0.7％，「失業」0.8％，「住宅」0.5％，「他
の政策分野」1.5％となっている。

　このうち，割合の大きい「高齢」と「保健」について他国と比較をしてみる
と，イギリスは「高齢」32.2％，「保健」34.2％，アメリカは「高齢」26.0％，
「保健」57.0％，スウェーデンは「高齢」33.9％，「保健」23.5％，ドイツは
「高齢」30.5％，「保健」32.8％，フランスは「高齢」39.4％，「保健」27.3％

図表7-9 社会支出の政策分野別の構成割合の国際比較（2015年度）

| | 高齢 | | 遺族 | | 障害，業務災害，傷病 | | 保健 | | 家族 |
| | 積極的労働市場政策 | | 失業 | | 住宅 | | 他の政策分野 | | |

日本：46.1 / 5.5 / 4.6 / 33.9 / 6.3 / 0.8 / 0.7 / 0.5 / 1.5
イギリス：32.2 / 0.2 / 8.6 / 34.2 / 15.4 / 0.8 / 1.2 / 6.8 / 0.5
アメリカ：26.0 / 2.7 / 6.1 / 57.0 / 2.6 / 0.8 / 1.1 / 3.2
スウェーデン：33.9 / 1.2 / 17.0 / 23.5 / 13.2 / 4.7 / 0.4 / 1.7 / 1.2 / 3.5
ドイツ：30.5 / 6.8 / 12.6 / 32.8 / 8.4 / 2.3 / 2.0 / 3.3 / 1.1
フランス：39.4 / 5.3 / 5.6 / 27.3 / 9.1 / 3.1 / 2.6 / 5.0 / 2.5

出典：国立社会保障・人口問題研究所「社会保障費用統計（平成29年度）」。

図表7-10 社会支出の対国内総生産比の国際比較（2015年度）

（単位：％）

日　　本	イギリス	アメリカ	スウェーデン	ドイツ	フランス
22.66	22.47	24.50	26.74	27.04	32.16

出典：国立社会保障・人口問題研究所「社会保障費用統計（平成29年度）」を基に筆者作成。

となっている（図表7-9）。

　このデータからわかるように，日本は諸外国に比べて高齢の割合が高いことが特徴である。また，どの国も全体に占める高齢と保健の割合が大きく，両者ともほぼ同程度の割合となっているが，アメリカに関しては保健の割合が特に高いことが特徴である。

　次に，社会支出を対国内総生産比で比較すると，2015年度現在，日本は22.66％，イギリスは22.47％，アメリカは24.50％，スウェーデンは26.74％，ドイツは27.04％，フランスは32.16％となっている。このデータからわかるように日本はイギリスと同程度の水準となっている。もっとも，その他の国と比較すると，低い水準になっている（図表7-10）。

　なお，アメリカでは，2014年に施行された個人に対して医療保険への加入が原則義務化になった<u>オバマケア</u>（Patient Protection and Affordable Care Act：PPACA）の導入により，これまで別項目にて計上されていた医療保険支出が2015年より社会支出に計上されることになったため，オバマケア施行前と比べ，社会支出の数値が増加している。

参考文献

埋橋孝文・大塩まゆみ編著『社会保障 第 2 版』ミネルヴァ書房，2018年。

エスピン - アンデルセン，G. ／岡沢憲芙・宮本太郎監訳『福祉資本主義の三つの世界』ミネルヴァ書房，2001年。

坂口正之・岡田忠克編『よくわかる社会保障 第 5 版』ミネルヴァ書房，2018年。

芝田英昭・鶴田禎人・村田隆史編『新版 基礎から学ぶ社会保障』自治体研究社，2019年。

西村周三・京極髙宣・金子能宏編著『社会保障の国際比較研究』ミネルヴァ書房，2014年。

国民は今 ---

　新型コロナウイルス感染症のパンデミック（世界的大流行）は，健康被害だけではなく，経済面，生活面も含めて私たちの暮らしを一変させてしまった。海外においては医療崩壊，都市封鎖といった厳しい状況になっている場所もある。また，日本をはじめ，諸外国においても国民に現金一律給付を行ったり，収入減となった自営業者への支援策など様々な施策を実施している。このコロナ禍は日本の社会保障制度をはじめ，たとえば，オンラインによる各種申請や診療などといった IT を活用した取り組みの重要性が浮き彫りになった。いずれにせよ，海外の取り組みを参考にし，今後の新しい生活に活かしたい。

<table>
<tr><td>第8章</td><td>社会保障の課題と展望</td></tr>
</table>

学びのポイント

> 　日本の社会保障の整備・拡充のため，現代社会における現状や概念，対象，理念，行財政，社会保険と社会扶助，民間保険，医療・介護・年金・労災・雇用・公的扶助（生活保護）・社会手当・社会福祉，および先進国の動向と国際比較を述べてきたが，その前提として，国民主権，基本的人権の尊重，平和主義を三大原則とする日本国憲法との関係を重視することがきわめて重要である。また，その背景となっている社会保障制度審議会（現・社会保障審議会）の「95年勧告」の検証や国連のSDGs（持続的な開発目標）への対応，世界平和への国際貢献も忘れてはならない。

1　日本国憲法との関係重視

　社会保障の課題と展望の第1は，日本国憲法との関係重視である。なぜなら，政治・経済・社会のすべては国民主権，基本的人権の尊重，平和主義を三大原則とする日本国憲法を国是として成り立っているが，ややもすると自国の経済の発展ばかりを追いがちである。これらの法的なバックボーンである同法の三大原則が見落とされがちだからである。

　そこで，社会福祉士および精神保健福祉士の養成課程における教育にあっては「社会保障」や「社会福祉の原理と政策」をはじめ，「権利擁護を支える法制度」を学ぶことになっているわけである。それだけに，晴れて必要な単位を所得し，卒業後，社会福祉士，または精神保健福祉士の国家資格を取得し，ソーシャルワーカー（SW）として現場で従事することになっても常に同法の三大原則を踏まえ，利用者やその家族など関係者の支援に努めるべきである。

2 「社会保障体制の再構築（95年勧告）」の検証

　第2は，「社会保障体制の再構築（95年勧告）」の検証である。なぜなら，前述したように，社会保障の概念について，社会保障制度審議会（現・社会保障審議会）が1950年，同法第25条第1項で定めた国民の生存権の保障として「疾病，負傷，分娩，廃疾，死亡，老齢，失業，多子その他困窮の原因に対し，保険的方法又は直接公の負担において経済保障の途を講じ，生活困窮に陥った者に対しては，国家扶助によって最低限度の生活を保障するとともに，公衆衛生及び社会福祉の向上を図り，もって全ての国民が文化的社会の成員たるに値する国家である」とし，「社会保険，公的扶助，社会福祉，公衆衛生の4部門から成立する」旨を勧告した。これが「社会保障制度に関する勧告（50年勧告）」である。

　この結果，社会保険，公的扶助（生活保護），社会福祉，公衆衛生および医療の4つを狭義の社会保障，これに恩給と戦争犠牲者援護，住宅および雇用対策を加えたものを広義の社会保障と概念づけ，国民皆年金・皆保険体制が確立されたものの，その後の高度経済成長に伴う平均寿命の伸長や少子高齢化，景気低迷，国民の福祉ニーズの多様化・高度化を受け，社会保障制度審議会は1995年，「社会保障体制の再構築（勧告）——安心して暮らせる21世紀の社会をめざして（95年勧告）」を勧告，政府はこれと相前後し，消費税の導入や措置制度から契約制度へ，介護保険および後期高齢者医療制度の創設，「社会保障と税の一体改革」を行ったりしたが，格差と貧困の拡大や社会の分断をもたらしているからである。

　そこで，社会福祉士および介護福祉士などソーシャルワーカーはもとより，国民も政府および自治体の公的責任としての公助をベースにGHQ（連合国軍最高司令官総司令部）の「社会救済（SCAPIN775）」による非軍事化・無差別平等・国家責任・最低生活保障の原点に立ち帰り，2065年の本格的な少子高齢社会および人口減少を見据え，名実とも所得の再分配によって社会保障の持続可能性を追求し，再生すべきである。

3　SDGs（持続可能な開発目標）への対応

　第3は，SDGs（持続可能な開発目標：グローバル・ゴールズ）への対応である。
これは国連サミットが2015年，日本など170カ国と地域が2030年まで今後15年
かけ，貧困の軽減や民主的ガバナンス（統治・協治）と平和構築，気候変動，
災害リスク，経済的不平等を主要な分野とし，国家開発計画と政策に統合する
ため，各国が共生して貧困に終止符を打ち，かつ温暖化が進む地球を保護し，
すべての人が平和と豊かさを享受できるよう，定めた持続可能な開発目標であ
る。このため，日本も国際社会が直面する気候変動や経済的不平等，イノベー
ション（改革），持続可能な消費，平和と正義はもとより，極度の貧困と飢餓，
致命的な疾病の予防，HIV（ヒト免疫不全ウイルス）およびエイズ（後天性免疫不
全症候群），マラリア，結核など治療可能な感染症や疾病への対策に取り組むこ
とになった。2020年春以降，パンデミックが憂慮されている新型コロナウイル
ス感染症の感染拡大の防止も新たに追加し，取り組むこともしかりである。
　そこで，社会福祉士および精神保健福祉士などのソーシャルワーカーは，そ
の一員としてこれらの問題の解決のため，多機関・多職種連携によって率先し
て取り組み，国家社会保障および国際社会保障の持続可能性の追求に寄与すべ
きである。

4　ベーシックインカム是非の論議

　第4は，ベーシックインカム（BI）の是非の論議である。なぜなら，ベーシ
ックインカムとは国民の最低限度の所得を保障するため，すべての国民に対し，
公的扶助（生活保護）や雇用保険の一部扶助，医療扶助，子育て養育費などを
一元化して保障，無差別な定期給付に変え，年金保険や雇用保険，公的扶助
（生活保護）などの個別的な社会保障を縮小，または全廃する制度・政策だから
である。
　このベーシックインカムの考え方は，イギリスの哲学者，T.スペンスが

1796年に刊行した『土地配分の正義』の中で，人間が21歳の時，15ポンド（2,205円）を成人として生きていく元手として，50歳以降の人々に対し，10ポンド（約1,470円）(1)の年金をともに政府が支給すべきであるという提言に由来，後にベヴァリッジは「ベヴァリッジ報告」の中で，社会保険を中心としつつ補足的なものとして公的扶助（生活保護）を設けることを提唱したことを基盤としている。その後，ベーシックインカムは格差と貧困が拡大しつつある最近の内外の動向を見据え，フィンランドが2017年，世界で初めて国家レベル，自治体レベルではオランダのユトレヒト村，アメリカのオークランド両市およびカナダのオンタリオ州で2年間，試験的に導入された。

　また，最近ではスイスで2016年，有権者約10万人の署名を受け，成人（18歳以上）は月額2,500スイスフラン（27万5,000円），未成年（18歳未満）は625スイスフラン（6万8,750円）(2)として全国的な導入の是非をめぐる国民投票を行い，否決されたが，チューリヒ近郊のゲマインデ（基礎自治体）の一つ，ライナウ（人口約1,300人）は翌2017年，試験的に実施したものの，財源の確保難によって中止した。もっとも，スイスではその後も模索するゲマインデやカントン（州政府）は少なくない。

　いずれにしても，このベーシックインカムの是非をめぐる論議は社会保障の一部を廃止することにより行財政改革が加速されるという懸念はあるものの，その実施いかんでは，集権国家から分権国家への転換に向けた第一歩として論議する意義はある。

5　真の行財政改革の断行

　そして，最後に第5は，真の行財政改革の断行である。なぜなら，政府は国と地方の債務残高が2020年度末現在，約1,125兆円と対GDP（国内総生産）197％に相当(3)，先進国の中で最悪なため，「税と社会保障の一体改革」などによって少子高齢化に伴い，年々，自然増の社会保障給付費を抑制しているが，保険調剤（医薬品）費も含めた医療費のカットおよび年間平均約2,500万円，自民党議員の場合，同数千万～1億円に達するなどと試算されている世界最高額の

国会議員の歳費や期末手当（賞与：ボーナス）および定数の削減をせず，2019年度現在，42.8%の国民負担率を必要以上に重視し，消費税など租税や社会保険料のさらなる引き上げの半面，年金や医療，介護，子育てなどの給付やサービスの提供のカットに躍起である。

　このあおりを受けているのが国民，それも全雇用者の約4割にも達している非正規雇用者やフリーランス（個人事業主）で，コロナショックに伴って解雇や雇い止め，一時休業，賃金の引き下げ，賞与（ボーナス）の不支給によって生活不安が増幅，格差と貧困が拡大する一方，東京一極集中および地方の過疎化，限界集落・限界自治体化が加速し，社会保障の整備・拡充や災害対策など国民の生存権の保障は軽んじられるばかりである。

　しかも，財務省公表の2020年度見通しの日本の国民負担率は44.6%，潜在的国民負担率は49.9%と，フランスの各68.2%，72.1%（2017年現在）はともかく，スウェーデンの各58.9%，58.9%（同）などに迫る勢いである。にもかかわらず，1989年，「高齢者保健福祉推進十か年戦略（ゴールドプラン）」や介護保険，および後期高齢者医療制度の導入など国民の負担は増える半面，少子高齢化や人口減少に伴う自然増の社会保障給付費は抑制され，社会保障の財源として導入されたはずの消費税の大半は赤字国債の返済などに充てられている。(5)

　その結果もあってか，国連の「世界幸福度ランキング（2019年版）」によると，日本は2019年，ランクを第58位とまた下げた。ちなみに，第1位はフィンランドで，以下，デンマーク，ノルウェー，アイスランド，オランダ，スイス，スウェーデンと続いている。このため，「高齢者保健福祉推進十か年戦略（ゴールドプラン）」から介護保険および後期高齢者医療制度の導入など，一連の社会保障構造改革および社会福祉基礎構造改革は政府の公的責任としての公助を縮減し，国民に自助と互助を推奨するトリックではないか，などとの指摘さえある。

　いずれにしても，日本の政治は対米従属および大企業や大地主，それも一般社団法人日本経済団体連合会（経団連）など経済三団体の利益誘導型に特化しており，真の行財政改革にほど遠いことは確かである。このため，政府を第一義的とする公的責任としての公助をベースに，しかし，自治体の第二義的な公(6)

助および国民の自助・互助，さらには他地域の市民やNPO，福祉施設，保険
医療機関，企業・事業所による支援物資や支援金・寄附金，ボランティアなど
共助の事業・活動によって社会保障の整備・拡充に努め，2065年の本格的な少
子高齢社会および人口減少下の「人生100年」時代においても，その持続可能
性を追求すべく真の行財政改革を断行するとともに，社会福祉士および精神保
健福祉士などソーシャルワーカーは多機関・多職種と連携し，その先頭に立つ
べきである。

注

(1)　1ポンド147円で換算だが，当時の貨幣価値。
(2)　1スイスフラン110円で換算。
(3)　2020年度政府案。
(4)　財務省2020年度見通し。
(5)　川村匡由『老活・終活のウソ，ホント70』大学教育出版，2019年，10頁。
(6)　経団連，経済同友会，日本商工会議所（日商）で，いずれも毎年，自民党および
　　同党国会議員に多額の政治献金などをしている。大手メディアへのスポンサーでも
　　ある。

参考文献

川村匡由編著『改訂 社会保障』建帛社，2020年。
川村匡由・島津淳・木下武徳編著『社会保障』久美出版，2016年。
川村匡由編著『社会保障論』（シリーズ・21世紀の社会福祉①）ミネルヴァ書房，
　　2005年。
川村匡由「『世界連邦』の樹立と日本のありよう」岡伸一・原島進編著『国際社会福
　　祉』（新世界の社会福祉⑫）旬報社，2020年。
川村匡由『防災福祉先進国・スイス』旬報社，2020年。

― 国民は今 ―

　香港では「一国二制度」を踏みにじる中国の強権に対する学生や一般国民・住民・市民の抗議集会やデモンストレーション（デモ）に対し，国民への締めつけが一層強化されており，他国へ亡命する者までみられるが，日本の場合，政府の失政に対する抗議活動は国会周辺など一部でみられる程度にすぎず，旧態依然としたお任せ民主主義にとどまっている。また，三権分立であるべき司法および検察・警察はもとより，「社会の公器」であるべき多くのメディアも官邸を忖度した報道に明け暮れているが，これがGDP世界第3位で，かつ戦後約75年を経てもいまだに対米従属，および大企業や大地主の利権誘導型政治の姿に変わりないことを国民一人ひとりが社会保障の視点からも考えたい。

あとがき

　「まえがき」でも述べたように，社会福祉士および精神保健福祉士の国家資格取得志望の学生向けの養成課程の指定科目の教育内容である現行の新カリキュラムは約12年ぶりに改定され，2021年4月以降，全国の福祉系の大学や短期大学，専門学校などの一般養成施設および短期養成施設はその資格取得を志望する入学者に対し，この新々カリキュラムにもとづいた養成教育を実施，2024年度（2025年2月）以降，国家試験に合格し，ソーシャルワーク（SW）のプロフェッショナルとして輩出するよう，改めて努めることになった。

　その中で，新カリキュラムの「社会保障」では教育内容が「現代社会における社会保障制度の課題」や「社会保障の概念や対象およびその理念」をはじめ，「社会保障の財源と費用」や「社会保障と社会扶助の関係」「公的保険制度と民間保険制度の関係」「社会保障制度の体系」「年金保険制度の具体的内容」「医療保険制度の具体的内容」「諸外国における社会保障制度」となっている内容に対し，新カリキュラムでは「現代社会における社会保障制度の現状」や「社会保障の概念や対象およびその理念」「社会保障と財政」「社会保障と社会扶助の関係」「公的保険制度と民間保険制度の関係」「社会保障制度の体系」「諸外国における社会保障制度」となり，「年金保険制度の具体的内容」と「医療保険制度の具体的内容」のみが縮減された。

　しかし，「年金保険制度および医療保険制度の具体的内容」が軽視されているのではなく，「社会保障制度の体系」の中でよりくわしく，かつ具体的な内容について学ぶよう，「社会保障」と異なり，重複されずに学ぶように改定されている。また，本書では新々カリキュラムから脱落している「社会保障制度の課題と展望」を第8章として加え，その内容を充実させ，2065年の本格的な少子高齢社会および人口減少を見据えたものとした。このため，本書は類書に比べ，より完璧なテキストとして活用していただけるものと自負している。

最後に，本書を刊行するにあたり，企画から編集まで多大なご助言およびご苦労をおかけした共著者各位ならびにミネルヴァ書房編集部音田潔氏に改めて深く感謝したい。

2021年3月

武蔵野大学名誉教授
川村匡由

索　引

著者紹介 <small>（所属，分担，執筆順，＊は編者）</small>

<ruby>村<rt>むら</rt>上<rt>かみ</rt>武<rt>たけ</rt>敏<rt>とし</rt></ruby>（佛教大学社会福祉学部准教授：第1章，第2章，第6章7）

<ruby>齋<rt>さい</rt>藤<rt>とう</rt>香<rt>かお</rt>里<rt>り</rt></ruby>（千葉商科大学商経学部教授：第3章）

<ruby>小<rt>こ</rt>林<rt>ばやし</rt>哲<rt>てつ</rt>也<rt>や</rt></ruby>（静岡福祉大学社会福祉学部講師：第4章，第5章，第6章2〜4）

<ruby>今<rt>いま</rt>村<rt>むら</rt>浩<rt>こう</rt>司<rt>じ</rt></ruby>（西南女学院大学保健福祉学部教授：第6章1）

<ruby>石<rt>いし</rt>坂<rt>ざか</rt>誠<rt>まこと</rt></ruby>（敬和学園大学人文学部准教授：第6章5・6）

<ruby>勅使河原隆行<rt>てしがわらたかゆき</rt></ruby>（千葉商科大学人間社会学部教授：第7章）

＊<ruby>川<rt>かわ</rt>村<rt>むら</rt>匡<rt>まさ</rt>由<rt>よし</rt></ruby>（編著者紹介参照：第8章）

編著者紹介

川村匡由（かわむら・まさよし）

1969年，立命館大学文学部卒業。
1999年，早稲田大学大学院人間科学研究科博士学位取得。博士（人間科学）。
現　在　武蔵野大学名誉教授（社会保障・地域福祉・防災福祉），行政書士有資格，シニア
　　　　社会学会理事，世田谷区社会福祉事業団理事，福祉デザイン研究所所長，地域サロ
　　　　ン「ぷらっと」主宰。
主　著　『社会福祉概論』（共著，2007年），『社会保障論』（編著，2005年），『地域福祉論』
　　　　（編著，2005年）以上，ミネルヴァ書房，『改訂 社会保障』（編著，2020年）建帛社，
　　　　『現代社会と福祉』（監修，2018年）電気書院，『地域福祉の理論と方法』（共編著，
　　　　2009年）久美出版，『地域福祉とソーシャルガバナンス』（2007年），『三訂　福祉系
　　　　学生のためのレポート＆卒論の書き方』（2018年）以上，中央法規出版，『地域福祉
　　　　源流の真実と防災福祉コミュニティ』（2016年）大学教育出版，『防災福祉先進国・
　　　　スイス』（2020年）旬報社ほか。

＊川村匡由のホームページ（https://www.kawamura0515.sakura.ne.jp/）

入門　社会保障

2021年5月30日　初版第1刷発行　　〈検印省略〉

定価はカバーに
表示しています

編著者　　川　村　匡　由
発行者　　杉　田　啓　三
印刷者　　中　村　勝　弘

発行所　株式会社　ミネルヴァ書房
607-8494　京都市山科区日ノ岡堤谷町1
電話代表　(075)581-5191
振替口座　01020-0-8076

© 川村匡由ほか，2021　　中村印刷・藤沢製本

ISBN978-4-623-09177-5

Printed in Japan

入門 地域福祉と包括的支援体制

川村匡由 編著

Ａ５判／274頁／本体2800円

福祉政策とソーシャルワークをつなぐ

椋野美智子 編著

四六判／264頁／本体2800円

福祉の哲学とは何か

広井良典 編著

四六判／332頁／本体3000円

社会を変えるソーシャルワーク

東洋大学福祉社会開発研究センター 編

Ａ５判／242頁／本体2600円

主体性を引き出す OJT が福祉現場を変える

津田耕一 著

Ａ５判／232頁／本体2500円

福祉専門職のための統合的・多面的アセスメント

渡部律子 著

Ａ５判／272頁／本体2800円

──────── ミネルヴァ書房 ────────

https://www.minervashobo.co.jp/